沥青路面厂拌再生利用设计与施工技术

杨林江 编著

Design and Construction Technology for Plant-mixed Reclaiming Asphalt Pavement

内 容 提 要

本书结合工程实践以及交通运输部西部建设科技项目“沥青路面再生利用关键技术研究”的科研成果，分别系统介绍了高等级公路再生沥青的再生设备选用、再生剂研制及选用、旧沥青路面材料性能评价与再生方式选择、厂拌热再生利用关键技术、厂拌冷再生关键技术，主要内容包括路面结构组合设计、混合料配合比设计、路用性能研究、施工工艺及质量控制等。

本书可供从事沥青路面再生技术研究和旧沥青路面再生改造的工程技术人员参考使用。

图书在版编目(CIP)数据

沥青路面厂拌再生利用设计与施工技术 / 杨林江编著.
北京：人民交通出版社，2008.12
ISBN 978-7-114-07530-8

Ⅰ.沥… Ⅱ.杨… Ⅲ.再生资源—应用—沥青路面—道路工程 Ⅳ.U416.217

中国版本图书馆 CIP 数据核字（2008）第 206287 号

书　　名：沥青路面厂拌再生利用设计与施工技术
著 作 者：杨林江
责任编辑：王　霞
出版发行：人民交通出版社
地　　址：（100011）北京市朝阳区安定门外外馆斜街 3 号
网　　址：http://www.ccpress.com.cn
销售电话：（010）59757969，59757973
总 经 销：北京中交盛世书刊有限公司
经　　销：各地新华书店
印　　刷：廊坊市长虹印刷有限公司
开　　本：787×960　1/16
印　　张：11.75
字　　数：223 千
版　　次：2008 年 12 月　第 1 版
印　　次：2008 年 12 月　第 1 次印刷
书　　号：ISBN 978-7-114-07530-8
定　　价：48.00 元

前　言

我国现有公路里程357万公里，其中绝大多数为沥青路面，由于自然和人为及其他因素的影响，每年都会出现大量网裂、松散、坑槽等公路路面病害。为此，国家每年都要花费大量资金进行公路路面的维修和养护。同时，也有大量的废旧沥青混合料被废弃或作填层处理，一方面造成环境污染，另一方面对于我国这种优质沥青资源极为匮乏的国家来说是一种资源的浪费。再则大量地使用新石料，开采石矿又会导致森林植被减少、水土流失等严重的生态环境破坏。

按照沥青路面的设计寿命计算，从现在起，每年有约10%的沥青路面进入大、中修期，产生的废旧沥青混合料将达到每年数百万吨之巨，如能将旧沥青混合料再生利用，每年可节省材料费数亿人民币，而这个数字是以每年约15%的速度增长的。10年以后，沥青路面大、中修产生的旧沥青混合料将达到1 000万吨以上，通过再生利用每年可节约材料费15亿元以上。

因此，沥青路面再生利用技术的研究、推广和相关专用设备的开发，并提出切实可行的符合我国国情的沥青路面再生利用设计与施工指南是十分必要的，对降低公路建设成本、保护生态环境以及对我们国家的公路建设都有极大而又深远的意义。

编者

2008. 11

Contents 目录

第一章 绪　　论

公路沥青路面再生是通过重复利用沥青和石料，将需要翻修或废弃的旧沥青路面，经翻挖、回收、破碎、筛分，用新集料、新沥青（及再生剂，必要时）适当配合，重新拌制获得满足路用性能要求的再生沥青混合料，用于铺筑路面面层或基层的整套技术。

对旧沥青路面材料循环利用而生产出新的沥青路面，不但可以节约材料、费用和能源，还有助于解决废物处理的问题。由于对旧材料进行重复利用，在施工过程中，路面的几何线形及厚度能得到很好地保持。与其他沥青路面修复技术相比，沥青路面再生还能在一定程度上减少连续交通中断的现象。总结起来，沥青路面再生技术有下列优点：①降低施工成本；②节约集料和沥青胶结料；③保持原路面的几何特性；④保护环境；⑤节约能源；⑥减少交通的中断。

废旧沥青路面材料再生利用的试验研究，最早从 1915 年在美国开始进行的，但以后由于大规模的新路建设，且由于再生沥青混合料的性价比与新拌沥青混合料差距较大和关键设备不能满足施工，故对这项技术没有引起足够的重视。1973 年由于石油危机的爆发，燃油供应困难，而且严格的环保法律，又使砂石材料的生产受到限制，导致建设资金减少和筑路材料供应不足，废旧沥青路面材料的再生利用才又引起人们的重视。1974 年美国重新开始研究这项技术，且伴随着施工关键设备如间歇式拌和机及路面铣刨车的研制成功，再生沥青路面迅速在全美推广应用。

美国沥青路面热再生技术可以分为两种形式：其一为就地热再生，通过一系列重型设备将旧沥青路面加热到一定的温度后软化分散、加入再生剂进行路拌和压实；其二为厂拌热再生，采用铣刨机将旧沥青路面清除，铣刨料经过热再生技术处理后与新拌沥青混合料混合重新用于沥青路面的铺筑。至于采用何种热再生技术，需要对旧沥青路面的破损程度及沥青的老化程度进行试验与评估，并根据路面的使用要求进行确定。1981 年美国交通运输研究委员会出版了《路面废料再生指南》，同年美国沥青协会出版了《沥青路面热再生技术手册》，1983 年又出版了《沥青路面冷拌再生技术手册》。根据美国联邦公路管理局统计，到 1995 年 25 个州再生沥青混合料的用量就达到近 2 亿吨，差不多为美国全国路用沥青混合料使用量的一半，这表明美国的沥青路面再生技术已经达到了相当成熟的地步。沥青路面的再生利用在美国已是常规实践，目前其重复利用率高达 80%，相比全部使用新沥青材料的路面，节约成本约 10%～30%。

日本由于其本土资源非常匮乏，于 1974 年开始重视沥青路面再生技术方面的研究，1980 年厂拌再生的热拌沥青混合料累计达 50 万吨，1984 年日本道路协会出版了《路面再生利用技术指南》，对废料的利用与设计，再生用材料配合比设计、拌和厂、施工与质量检测等方面均做出了一些指导性的建议与规定。到 2000 年全国再生沥青混合料的生产量已达 50 万吨，超过全年沥青混合料的 58%，路面废料再生利用率已超过 70%，日本每个拌和厂均具备生产再生沥青混合料的能力。

欧洲一些国家对沥青路面再生技术的研究也在同一时期展开。20 世纪 70 年代中期，德国、荷兰和芬兰等国家相继进行了小规模的试验研究，并迅速推广应用。相比之下，德国沥青路面再生技术研究的发展速度较快，居欧洲之首位，前联邦德国是最早将再生料应用于高速公路路面养护的国家，该国 1978 年就已将全部废弃沥青路面材料加以回收利用，芬兰几乎所有的城镇都组织旧路面材料的收集和储存工作。过去再生材料主要用于低等级公路的路面和基层，近几年已开始应用于重交通道路上。法国对再生技术的研究也颇为重视，在高速公路和一些重交通道路的路面修复工程中开始逐步推广应用这项技术。

前苏联在 1966 年就出版了《沥青混凝土废料再生利用技术的建议》，但实际应用甚少，1979 年出版了《旧沥青混凝土再生混合料技术准则》，提出了适用于各种条件下的沥青路面材料再生利用方法，规定再生沥青混合料只可以用于高等级路面的基层或低等级路面的面层。1984 年又出版了《再生路用沥青混凝土》一书，该书详细地阐述了路拌再生和厂拌再生的方法。

从欧美等发达国家沥青路面再生利用技术研究发展的状况来看，这些国家都特别重视再生实用性的研究，他们在再生剂的开发以及实际工程应用中的各种挖掘、铣刨、破碎、拌和等机械设备的研制方面都取得了很大的成就，正逐步形成一套比较完整的再生实用技术，并且达到了规范化和标准化的程度。虽然国外对沥青再生机理的理论研究较少，但在再生剂的再生效果、再生沥青混合料的路用性能等方面积累了丰富的数据，进行了深入的研究，为沥青路面再生技术的实用可操作性提供了科学依据。

我国对沥青路面材料的再生利用研究相对较晚，在早期曾不同程度地利用废旧沥青料来修路，但都将其作为废料利用考虑，一般只用于轻交通道路、人行道或道路垫层。1982 年山西省结合油路的大中修工程铺筑沥青再生试验段 80 余公里，同年由同济大学组织协调山西、湖北、河北、山东、江西等省开展了“旧有沥青(渣油)路面再生利用研究”，累计铺筑再生路面 600km，1989 年 12 月出版了《沥青路面再生技术》一书，书中介绍了同济大学对旧沥青路面的再生机理和再生设计方法的研究成果。

1983 年建设部下达了“废旧沥青混合料再生利用”的研究项目，由上海市政工程研究所为主，组织相关单位进行专题研究，当时的主攻方向是把渣油路面加热使之软化，来代替常规沥青混合料。1991 年 6 月发布的《热拌再生沥青路面施工及验收规程》(CJJ 43—91)，提出了再生沥青混合料所用的矿料、沥青的品质和混合料的技术要求，应符合不用废料的普通沥青混合料的有关要求，但该规程对原路面性能评价、再生剂的选择、施工工艺等方面阐述较少，不能很好地指导施工。

我国引进再生技术以来，各省进行过一些零星的研究。1983 年湖南省将乳化沥青加入渣油表处面层料，并分别用拌和法和层铺法修筑了再生试验路(冷再生)用于低等级公路沥青路面。甘肃省原兰州公路总段从 1983 年以来采用阳离子乳化沥青作再生剂对夏兰路、兰包路、甘川路铺筑冷法再生沥青路面，同时对兰空—榆中机场专用道路、中川路、西兰路、兰三路进行热法再生路面施工。云南省 1983～1988 年分别对昆洛、昆畹、贵昆路进行再生沥青路面试验研究，这些旧沥青路面再生利用工作都取得成功，为我国旧沥青路面再生提供了宝贵经验。1998 年 10 月邯郸市交通局引进了世界最先进的再生机——德国维特根公司的 WR2500，首次利用现场再生技术对河北省境内的一段公路进行了改造。

近年来，我国热再生技术方面也已开始深入研究，并正在结合我国国情开发这项技术。尽管其配套技术尚待完善，从目前的试应用和研究结果来看，对于已有较厚旧路面的道路改造具有较好的应用前景。沪宁高速公路上海段大中修工程采用沥青路面就地热再生技术进行表面作业，该设备和技术由上海浦东路桥建设股份有限公司从国外引进，并于 2002 年底在浦东的几条主要公路上成功应用。2002 年京津塘高速公路对部分老化严重的沥青路面进行了就地热再生，同年广佛高速公路改造工程也采用厂拌热再生技术进行施工，2003 年河北省石安高速公路管理处也对部分老化严重的路段进行了就地热再生，以恢复路面的行驶性能，并将再生沥青混合料作为高速公路底面层。

大量国内外研究成果和实践表明，废旧沥青混合料再生技术主要难点包括如下几个方面：

(1)再生剂的研制和使用。专门的再生剂研制需要在掌握沥青化学理论和再生机理的基础上进行，并且需要长期的实验、检测和评价，才能应用于实际生产(但美国不鼓励应用专门的再生剂，而建议在控制 RAP 用量的前提下用软一级的新沥青直接调和使用)。

(2)废料的变异性问题。废料的沥青含量、沥青老化程度以及集料级配的变异性一般均较大,直接影响再生沥青混合料的质量控制。

(3)再生沥青混合料的拌和工艺。在不烧伤旧沥青的前提下,保证拌和温度并使新旧沥青均匀混合是技术关键。

(4)再生沥青混合料的配合比设计及其抗裂性能和耐久性能评价。再生沥青混合料的抗裂性和耐久性是确保其性能不低于普通沥青混合料的关键。

我国从 20 世纪 80 年代中后期开始进行大规模的公路建设,由于人力、物力的不足及对沥青再生技术不够重视,致使我国对这方面研究的深化与延伸基本处于停滞状态。目前我国的公路建设飞速发展,每年投资规模已经超过 2 000 亿元,截至 2007 年底我国公路通车总里程达 357.3 万公里。近十年来我国修筑的高等级公路大多为沥青路面,而且所用进口的沥青占很大比例,价格昂贵。许多地方石料匮乏,单价也日趋上升,原材料成本在整个路面工程中的比例也越来越大。大量使用新石料、开采石矿也造成森林植被减少、水土流失等严重的生态环境破坏。在 20 世纪 90 年代以后陆续建成的高速公路已进入大、中修期,按照沥青路面设计寿命 15~20 年计算,全国每年有约 12%的沥青路面需要翻修,可再生的沥青混合料预计将达到每年 1 900 万吨,并还将以每年 15%的速度增长。10 年以后,我国沥青路面的大、中修产生的旧沥青混合料预计将达到 8 000 万吨左右,若全部再生利用,每年可节约直接材料费 120 亿元,由沥青再生利用所产生的环境效益将更为巨大。

目前,由于我国还没有完全掌握旧沥青路面的再生技术,也没有合适的可供工程应用的沥青再生设备,这些数量巨大的旧沥青混凝土层翻挖后,大部分只能白白废弃掉。不仅浪费了资源,也对环境造成了严重的污染。因此,沥青再生技术的研究、推广和相关专用设备的开发,对降低建设成本、保护生态环境以及对我们国家的公路建设都有极其重要的意义,随着我国高等级沥青路面维修养护量不断增加,对沥青路面再生技术有必要加强理论研究,开发合适的再生剂和再生机械设备,为沥青路面再生技术在实际工程中的大量应用奠定基础。

2004 年浙江省兰亭高科和长沙理工大学等单位承接了交通部西部建设科技项目"沥青路面再生利用关键技术研究",课题组在对国内外相关技术进行充分调研的基础上,结合西部课题依托工程试验路段实施,分别对高等级公路再生沥青路面的再生设备选用、再生剂研制及选用、旧沥青路面材料性能评价与再生方式选择、厂拌热再生利用关键技术、厂拌冷再生利用关键技术、就地热再生利用关键技术等进行系统的研究,主要包括结构组合设计、混合料配合比设计、路用性能研究、施工工艺及质量控制等,寻求沥青路面再生利用的关键技术。本书在此课题研究的基础上编著而成,希望有利于我国沥青路面再生技术的推广和应用。

第二章 旧沥青路面性能评价与再生方式选择

沥青路面再生技术是有效的路面改造和维修方法。为确保旧沥青路面再生技术的成功,需对原有旧沥青路面进行全面、细致的调查分析和准确的评价,根据旧路实际情况合理选择再生方式和再生工艺。

第一节 旧沥青路面养护维修策略

一、路面的养护和维修

沥青路面建成以后并不能一劳永逸,为了使路面具有良好的使用性能,延长路面的使用寿命,需要对路面进行定期养护和维修。

路面养护工作的重点通常是防止水侵入路面结构内部。一方面要求路面形成防水层,另一方面要求路面结构有良好的排水设施,以防止路面积水。

当路面有积水时,水分通常由面层的裂缝侵入路面结构。因此,一旦发现路面出现裂缝,应当及时予以密封,并修正路缘以促进排水。如果发现及时,可以通过洒布一层乳化沥青的方法进行有效处理。在较严重的情况下,如果交通量较小,则可以进行石屑封层处理或加铺热拌沥青混合料。

以保持面层柔韧性和耐久性为目的的养护,只有在路面损坏是由环境因素造成时才推荐应用。因交通荷载造成的变形或疲劳裂缝,通过表面维修的方法不能进行有效的处理,而应当采取结构性的维修。

路面的损坏往往是一个相当缓慢的过程。道路养护部门一般借助路面管理系统(PMS)来连续监视其路网内路面的使用性能,并集中精力于那些需要重点监视的路段。图 2-1 为典型的 PMS 曲线,说明了进行定期养护和维修的有效性。

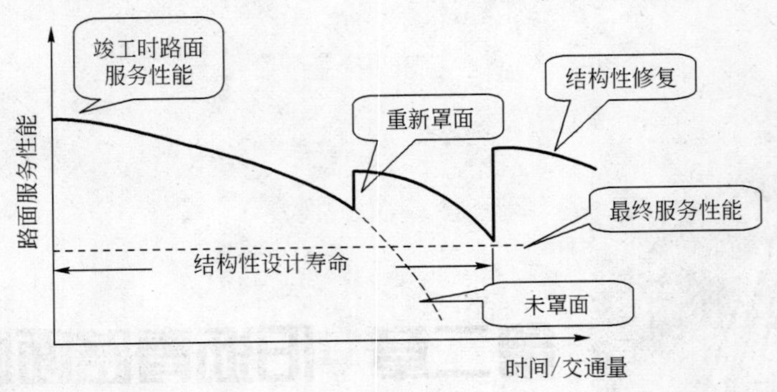

图 2-1　养护与维修管理决策

二、路面维修方案的选择

旧沥青路面的养护维修一般包括路面养护、路面维修和路面重建。是改善路面状况，还是仅维持现有行驶性能，具体采用何种维修措施，往往取决于资金状况和路面破损严重程度。短期维修方案可能经济，但不能彻底改善路面的使用性能。路面破损后，雨水容易进入路面结构内部，而高速公路上车辆行驶的速度一般较快，强大的泵吸作用加快了路面的破坏速度，进而大大降低路面的使用寿命。所以必须要采取措施防止路面病害的恶化。

正确的维修方案是在满足建设单位要求的条件下最经济的方案。通常损坏路面的维修方案有多种，由于路面病害的多样性、产生原因的复杂性、施工组织的快捷性、交通组织的方便性，有时很难确定哪种方案最佳。通过多方面的论证，确定在工程项目所在的环境条件下能够解决实际问题的最经济方案。但在项目开始时必然会提及两个重要问题，可以帮助我们选择正确的维修方案。这两个重要的问题是：

(1)现有路面究竟存在什么问题？为了搞清路面损坏的机理，进行由目测结合几种基本测试(如弯沉测试)组成的简单调查就足够了。重要的是确定路面的损坏是仅限于面层(上部结构)还是属于结构问题。

(2)建设单位的目标是什么？是希望设计寿命达到 15 年，还是只想投入少量的资金用于抑制现有路面的损坏速度并使之继续使用 5 年。

对这两个问题的回答，将大大缩小维修方案的选择范围，只有在实现建设单位主目标的条件下最经济的方案才是最佳方案。通过将损坏形式从时间角度(短期或长期)按性质(面层或结构层)分成两类，据此选择最佳方案就容易了。

影响决策的另一个重要因素是各种维修方案的实用性。交通影响、天气条件以及材料的可获取性均对项目的实施有重要的影响，并有可能据此排除一些方案。

所有上述工作的目的只有一个：那就是在工程项目所在的环境条件下，确定能够

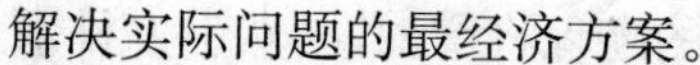
解决实际问题的最经济方案。

1. 面层维修

面层维修措施是针对路面结构上部沥青面层和封层表面所存在的问题，通常为路面结构 0～100mm 的范围内。这些问题通常与沥青的老化和表面温度应力引起的裂缝有关。

最常用的面层维修方法如下：

(1)罩面。在现有路面上铺筑一层较薄(40～50mm)的热拌沥青混合料进行罩面，这是一种最简单的面层修复方法，所需工期较短，交通压力最小。通常采用改性沥青改善混合料的性能，从而提高罩面层的寿命。然而，重复罩面将提高路面的高程并引起排水和连接等问题。

(2)铣刨加重铺。这种方法先将损坏的沥青层铣刨下来，然后铺筑新的热沥青混合料，在高等级公路维修中，新的沥青混合料往往采用改性沥青黏结料。施工过程也相当快捷，这主要是因为现代路面铣刨机具有很高的生产效率。这种方法也可以将铣刨下来的混合料进行厂拌再生利用，路面内的病害随着沥青层的铣刨而被清除，加铺后路面的高程不变。

(3)对原路面的沥青材料进行浅层再生(原路面应具有足够厚的沥青层)。可以将铣刨下来的材料运送至拌和厂进行厂拌再生，也可以采用就地热再生或就地冷再生。再生的沥青材料性能可以通过添加新材料或新的黏结料来改善。

2. 结构性维修

对路面的结构性维修一般采用长期的解决方案。在处理结构性问题时，应关注的是解决路面的结构，而非结构内的材料。另外，以提高结构强度的现有路面的升级(如将砾石路面升级为沥青路面)也应看作这种形式的维修。

粒状材料密实度的增加是一种结构改善，因为材料密实度提高，其强度等特性也提高。然而，材料密实度的增加将引起上部路面的问题，尤其对于添加黏结料的路面。

结构性维修的目的应该是使原路面的使用价值最大化。由此推及，已经密实的材料不应在维修路面时遭到破坏。经过多年连续的交通搓揉作用而达到的密实度，以及其形成的高强度应尽可能地充分利用。

常用路面结构的维修方案有多种，包括：

(1)完全重建。当维修施工与道路的升级相结合时，这往往是最佳选择，因为此时道路的线形将发生较大的变化。从根本上讲，重修意味着抛弃和重新开始。在交通量很大的情况下，一般较倾向于重建一条新路以解决交通的协调问题。

(2)以现有的旧路为基础，在此之上修筑新的路面结构(结构层材料是碎石材料，也可以是沥青稳定类的材料)。在交通量很大的情况下，加铺沥青路面的方法是解决路面结构性问题最见简单的方法，但是，如前所述，路面的高程将增加，必然引发排水和连接问题。

(3)冷再生，其再生深度可达到路面结构性破坏的地方。其结果是通过添加稳定剂，产生一个新的、具有优良强度特性的、较厚的均匀路面。再生层上要加铺沥青层从而大大提高路面的等级。再生材料中通常要加入稳定剂，尤其当现有路面材料强度不足而需要加强时更应如此。再生的目的是最大限度地利用现有的路面材料，同时在对原路面的上部层次进行再生时，不会对下部结构产生破坏。

第二节　旧沥青路面性能评价

沥青路面再生技术是有效的路面改造和维修方法。为确保旧沥青路面再生技术的成功，需对原有旧沥青路面进行全面的、细致的调查分析和准确的评价，根据旧路实际情况合理选择再生方式和再生工艺。

一、路面状况调查与评价

路面状况调查与评价主要内容包括原路面的历史资料、路面破损状况、路面结构强度、经济性等 4 项内容。

1. 路面历史资料调查与评价

路面历史信息是确定路面破损的原因分析的重要依据，如果确定路面破损原因的可靠度越高，那么就更容易评价和选择合适的维修方法。

调查内容包括旧沥青路面的设计资料、施工资料、竣工资料、维修与养护资料、交通量等 5 类资料。

(1)设计资料包括：道路和面层的使用年限；现有道路结构和沥青路面层的厚度；面层所用沥青类型以及集料最大粒径，特殊混合料如路用织物、开级配排水层、开级配抗滑层和沥青玛蹄脂等存在情况。

(2)施工和竣工资料主要包括：施工日志，应有天气情况、混合料相关资料以及摊铺和碾压温度；施工机械类型及运行情况；完工后的检测情况。

(3)维修与养护资料主要包括：路面破损状况记录；历年检测数据；修补的位置和年代；修补材料，如 HMA、冷拌沥青、喷射贯入修补等；填缝料的种类和年限。

(4)交通量资料包括：交通量的大小、轴载情况、交通预测。

这些资料对于再生方式的选择和确定再生方式后路面结构设计及再生混合料设计有重要的参考价值。

2. 路面破损状况调查与评价

对旧沥青路面进行现场调查，主要是观测旧沥青路面破坏状况。路面破坏状况主要是对旧路面进行详细的外观检查,以评定给定区域的表面不平整度、裂缝和缺陷。外观检查的评价内容主要是所有的损坏类型、各损坏类型的严重性和各损坏类型的频度。虽然路面调查方式互不相同,但基本原理是一样的,即外观观测并记录。路面破损数据采集有步行人工观察法、坐车录像屏幕测读法、激光法与摄像测量法。在摄像测量中,存在两种测量方式:一种是现场直读式测量法,另一种是现场录像室内转化读数法。路面破损调查,病害种类多,数据量大,必须熟练掌握数据采集技术、各种病害的分类分级以及计算方法,统一标准,保证调查数据的统一性和准确性。

调查内容:表面缺陷、变形、裂缝、养护活动、基层/路基问题等5类破损。根据路面等级或实际情况,可选用先进快速的仪器进行调查或采用人工进行调查。

(1)表面缺陷

通常与材料和施工缺陷有关,其次与交通和气候条件有关。表面缺陷有:松散或风化、坑槽、泛油、摩擦系数、路肩车道啃边等。

(2)变形

通常与交通荷载和材料缺陷有关,其次与施工缺陷和气候条件有关,通常是由交通因素和HMA缺乏内部稳定共同引起的。变形的种类有车辙、波浪、拥包等。

(3)裂缝

沥青路面的裂缝主要有三种,分别是荷载型、非荷载型和复合型。

(4)养护活动

主要有表面修补、破损修补、坑槽修补、公共设施沟槽修补/修复、封缝、撒铺式修补等。

(5)基层/路基问题

有问题的基层和路基易于出现路面结构材料通过裂缝唧泥或推移,也可能出现膨胀、推挤、凹陷或沉降,进而形成表面裂缝。

路面结构的损坏状况,需从三方面进行描述:损坏类型、损坏严重程度、出现损坏的范围或密度。根据路面破损状况调查,将路面损坏分成以下几种类型:表面缺陷类,变形类,裂缝类,基层/路基问题等,如表2-1所示。

表2-1 影响道路破损因素

道路破损形式		道路破损影响因素					
		基层/路基	HMA性能	交通	环境	施工	道路结构
表面缺陷	松散	★	★★★	★★	★★	★★★	★
	坑槽	★★	★★★	★★	★★	★★★	★★
	抗滑力	★	★★★	★★	★★	★★★	★
	路肩脱落	★★	★★★	★★	★	★	★

续上表

道路破损形式		道路破损影响因素					
		基层/路基	HMA 性能	交通	环境	施工	道路结构
变形	车辙	★★	★★★	★★	★★	★★★	★★
	强度	★★★	★★	★	★★	★	★★★
	波浪	★	★★★	★★	★★	★★★	★
裂缝	疲劳裂缝	★★★	★★	★★	★	★	★★★
	边缘裂缝	★★★	★	★★	★★★	★	★★★
	滑移裂缝	★★	★	★★	★	★★★	★★
	块状裂缝	★★★	★★★	★	★★★	★	★
	纵向裂缝	★	★	★	★	★★★	★
	横向裂缝	★	★★★	★	★★★	★	★
	反射裂缝	★★★	★	★★	★★	★	★★
	间断裂缝	★★★	★	★★	★	★	★★★
路基、底基层问题	膨胀	★★★	★	★	★★	★	★
	拥包	★	★★	★★	★	★	★★★
	突起	★★★	★	★	★★	★	★
	凹陷	★★★	★	★	★★	★	★
	沉降	★★★	★	★	★★	★	★
行驶质量		★★	★★	★★	★★	★★	★★

注：★★★表示可能性较大；★★表示可能性一般；★表示可能性很小。

3. 路面结构强度调查与评价

路面强度、结构强度、荷载能力或结构能力的评估可以通过评价路面材料、路基和厚度，或直接通过现场来估计。

旧沥青路面结构能力的观测可通过破坏性或非破坏性方法来确定。

破坏性方法有试钻、试掘或取芯：确定原路面层厚度；通过动力圆锥触探仪(DCP)试验、现场十字板试验、现场加州承载比(CBR)试验等评价现有强度；旧路面材料取样用于实验室随后的材料评定。

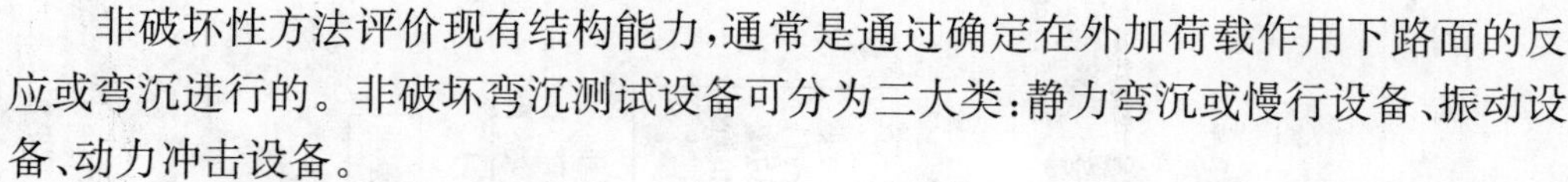

非破坏性方法评价现有结构能力，通常是通过确定在外加荷载作用下路面的反应或弯沉进行的。非破坏弯沉测试设备可分为三大类：静力弯沉或慢行设备、振动设备、动力冲击设备。

4. 路面维修经济性评价

对可能采用的不同路面维修方法进行经济对比分析评价，分析各种方法路面设计使用年限内的平均成本，包括路面维修成本、养护成本、路面残值等。对于收费公路，还应分析不同维修方法可能带来的施工期间的车辆通行费的损失。

二、路面材料性能调查与评价

旧沥青路面材料，是在进行翻修、刨除重铺、或埋设管线时产生的。这些材料主要由骨料与沥青结合料组成，按路面刨除方式的不同，由路面直接获得的材料形式，可能是经切割、挖除的沥青混凝土块，或以铣刨机刨得的沥青混凝土刨除料两种。挖除的沥青混凝土块常夹杂底层土，需经筛分、轧碎等处理才能再利用，而刨除料虽可直接应用，但往往因堆放时间较长、重压等因素，产生再黏结，而必须经轧碎、筛分等适当处理。

再生方式不同其回收料处理过程也不相同。对于现场再生的路面，回收料在现场铣刨破碎后直接用于原有道路之上；然而厂拌所用则是料场处理好或是铣刨后待处理的回收料，一般厂拌的回收料要求较高。

应根据各种再生方式对旧沥青路面材料性能进行全面调查，主要包括取样方法和性能测试。性能测试主要包括沥青老化情况试验、沥青含量试验、混合料级配试验和碎石性能试验。

依据路面观测和历史资料，可将工程分成具有相同或类似性能特征的段落。工程的每个段落可以使用两种不同方法选择取样点。一种是固定间隔取样法，另一种是随机取样法。无论使用哪一种取样方法，都应无偏见和避免最差区域的取样，否则将导致错误的材料性能评价。推荐取样方法见图 2-2，取样点应在整个道路宽度内变化，避免在固定位置。

根据研究表明，抽提回收沥青可占混合料总重的 1%，沥青试验需用回收沥青数量见表 2-2，表中混合沥青试验中回收沥青按用量一半估算；对旧混合料沥青含量、级配以及集料性质分析需用材料数量见表 2-3。对旧路的调查最基本的试验是沥青含量试验、级配筛分试验和回收沥青针入度试验，级配筛分试验可使用燃烧法沥青含量测定后剩余的集料，所以试验需取样 8kg，对所有取样位置均进行基本试验，这部分需取样 40kg；对旧料中碎石性能的检验可以利用沥青抽提后剩余的集料再做进一步清洗后使用，可以不考虑。

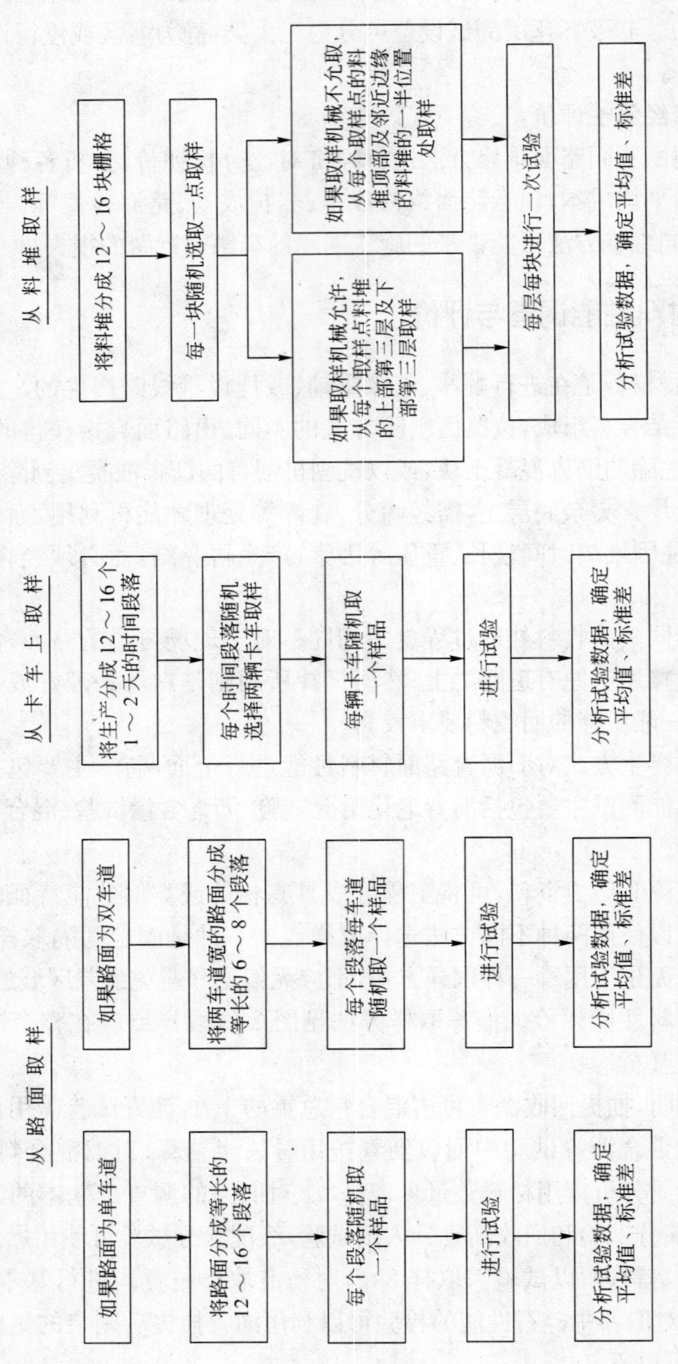

图2-2 不同地点取样方案流程

表 2-2　旧沥青路面沥青性能调查所需数量表

试验项目		需用沥青(g)	损耗(g)	需用沥青总量(g)	RAP 用量(kg)
回收沥青试验	针入度	45			
	延度	50	20	120	12
	软化点	5			
	旋转黏度	25	10	35	3.5
再生沥青试验	三大指标	50	10	60	6
	旋转黏度	12	5	17	1.7
	旋转薄膜烘箱试验	140	20	160	16

表 2-3　旧沥青路面集料性能调查所需数量表

试验项目		需用材料(kg)
沥青含量(1 个样)		2.5(混合料)
集料筛分		2.5(混合料)
碎石	压碎值	3(规格碎石)
	洛杉矶磨耗值	5(规格碎石)
	针片状含量	1(规格碎石)
	密度	1(规格碎石)
	黏附性	少量(规格碎石)
	坚固性	1.5(规格碎石)
	软石含量	2(规格碎石)

取样应有足够的数量以能合理的代表材料。作为测试的一部分，所有的取样应进行直观地检查，验证它们与历史记录是否相符。这一点对于沥青路面尤为重要，因为夹层如封层/碎石封层、橡胶改性剂、分离层、路用纤维/土工织物对维修方法的选择有很大的影响。

第三节　路面再生时机选择

现行的《公路沥青路面养护技术规范》(JTJ 073.2—2001)中对路面使用性能的评价分为 4 个单项评价指标和 1 个综合评价指标，分别为路面状况指数 PCI、路面强度指数SSI、路面行驶质量指数RQI、路面抗滑性能指数SFC和路面质量指数PQI。根据这些评价指标，可以判断旧沥青路面是否适合应用再生技术，同时对于选用何种再生技术或维修方法有很重要的借鉴意义。在规范的基础上，对应用再生技术的旧沥青路面评价进行探讨。评价的内容主要可以从功能、结构和安全三个方面考虑，分别进行行驶质量指数、路面强度系数、路面状况指数和路面摩擦系数(如图2-3)分析。旧沥青路面性能评价将形成主客观评价结合的综合评价指标。

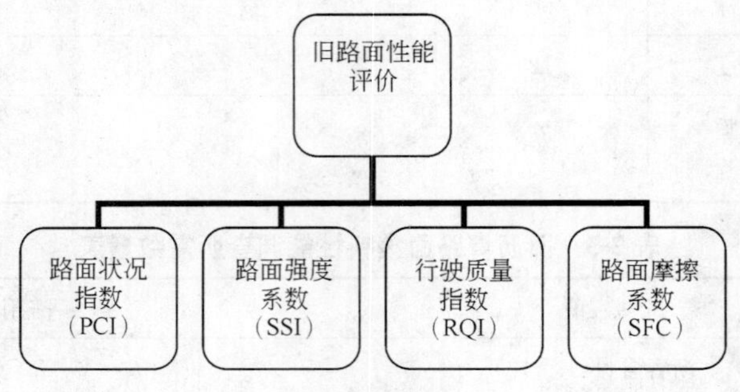

图2-3　旧沥青路面评价系统

在现行的《公路沥青路面养护技术规范》(JTJ 073.2—2001)中除了将路面使用性能评价分为4个单项指标外，还有1个综合评价指标，即路面质量指数PQI。采用路面质量指数PQI作为路面使用性能综合评价指标，PQI用分项指数加权计算得出，如式(2-1)所示。PQI的数值范围为0～100，其值越大越好。

$$PQI = PCI \cdot w_1 + RQI \cdot w_2 + SSI \cdot w_3 + SFC \cdot w_4 \tag{2-1}$$

式中：w_1、w_2、w_3、w_4——相应指标权重，规范建议高速公路和一级公路分别为0.25、0.35、0.10、0.30。

PQI路面综合评价标准见表2-4。

表2-4　路面综合评价标准

评价指标	优	良	中	次	差
PQI	≥85	70≤PQI<85	70≤PQI<85	70≤PQI<85	PQI<40

根据旧路面4个单项指标和1个综合指标的数值，以及公路等级、交通量和资金情况就可以采取相应的养护或维修对策。根据美国沥青再生协会的研究，当路面质量指数下降到60时，就应该采取相应的维修措施，与其他维修方法相比，路面再生有其独特的优点，图2-4给出了路面质量指数与路面再生的关系。

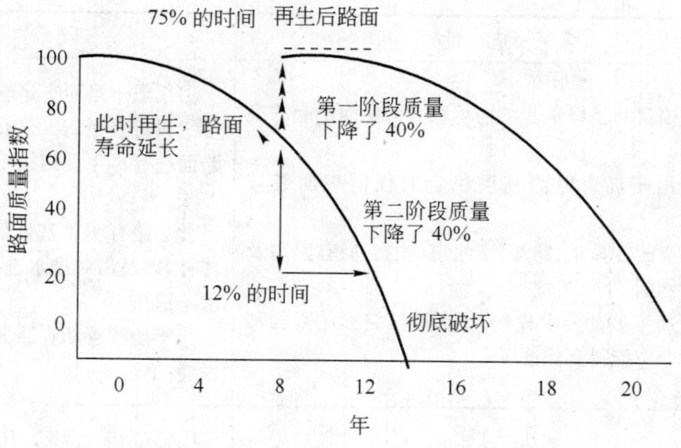

图 2-4 路面质量指数与路面再生关系图

第四节 路面再生方式选择

恰当地使用路面再生方式不仅可以节省资金，而且可以为乘客提供安全和可靠的行驶路面。

一、路面再生方式分析

前面第一节提到，路面再生方法主要有厂拌热再生、厂拌冷再生、就地热再生和就地冷再生四种，综合分析得出各再生方式的适用性和限制情况，见表 2-5 所示。

表 2-5 再生方式适应性对照表

再生方式	适 应 性	限 制 条 件
厂拌热再生	①HMA 性能优，可用于沥青路面表层。 ②可以用来修正原沥青路面的设计问题，使其性能优化。 ③可修复路表面绝大多数的破坏，如松散、泛油、推挤、集料磨光、车辙和裂缝等。 ④可以在厚度不变或变化较小的情况下改善路面结构。 ⑤可以维持原路面的线形和高程不变	①生产过程中的产量和生产效率受 RAP 用量的影响。 ②厂拌热再生施工对交通的干扰大。 ③混合料运输的费用较高

续上表

再生方式	适 应 性	限 制 条 件
就地热再生	①主要目的是修正非结构承载力不足而引起的表面破坏。 ②适用于沥青路面基层稳定的任何表面破坏形式。 ③不会改变排水、路缘、下水道、人行通道、路肩及其他结构物。 ④交通控制的要求较低，城市地区路面的高程和桥梁的净空能得到保证	①仅限于路面有足够承载能力时使用。 ②只对表面25～50mm或适当厚一点的路面进行再生。结构不足的道路不适用此方法。 ③老路有明显基层破坏、不规则的频繁修补，以及需对排水进行较大改进时，该方法不适用。 ④不能改善沥青路面的基层或底基层的性能
厂拌冷再生	①修复面层和基层的病害。 ②对反射裂缝和行驶质量低下等病害的修复效果良好。 ③可改善路面的几何线形和修复任何类型的裂缝。	①需要相对温暖、干燥的施工条件，气候条件要求高。 ②再生后路面水稳定性差，易受水分的侵蚀和剥落。 ③路面通常需要2周的养生时间。 ④维修路面等级一般较低。 ⑤ 混合料运输的费用较高
就地冷再生	①能够对大多数路面破坏类型进行结构性的处治。 ②能够拓宽路面，改善行驶质量。 ③可以使路面恢复所需的线形、断面和高程。 ④消除原路面的车辙、不规则和不平整的区域。 ⑤ 可以消除横向、纵向和反射裂缝。 ⑥对交通的影响减少	①需要相对温暖、干燥的施工条件，气候条件要求高。 ②再生后路面水稳定性差，易受水分的侵蚀和剥落。 ③路面通常需要2周的养生时间
全深式再生	①在不改变路面几何尺寸，或不改造路面的情况下，可以显著提高路面的结构强度。 ②可以将旧路面恢复到需要的线形，消除轮迹处的车辙，恢复路拱和坡度。 ③可以消除龟裂，横向、纵向以及反射裂缝，提高路面行驶质量。 ④可以提高路面的抗冻能力。 ⑤生产费用低，工程造价低，工艺环保	①需要相对温暖、干燥的施工条件，气候条件要求高。 ②再生后路面水稳定性差，易受水分的侵蚀和剥落。 ③路面通常需要2周的养生时间

二、再生方式选择

1. 初选再生方式

在决定选用任何再生方法前，首先要根据旧路面性能评价资料进行综合分析，确定路面破坏的类型、范围和差异。在此基础之上，可以初步确定可行的再生方式，然后根据效率、费用和交通各因素比较分析选择再生方法。

初选再生方式根据工程实际和工程需要利用问卷式表格初步确立可选再生方式，如表 2-6。确立的可选再生方案往往不止一种，初步选择的再生方式应根据工程实际和经济分析进行最终再生方式的确定。工程的实际也应该包括当地集料质量、交通量和气候状况等因素。可根据表 2-6 和表 2-7 进行筛选可选再生方案。

表 2-6 再生方式初选表格

<table>
<tr><th colspan="4">问 题</th><th>答 案</th></tr>
<tr><td rowspan="3">1</td><td rowspan="3" colspan="2">道路主要破损状况</td><td>类型</td><td></td></tr>
<tr><td>程度</td><td></td></tr>
<tr><td>密度</td><td></td></tr>
<tr><td>2</td><td colspan="3">道路特殊破损状况</td><td></td></tr>
<tr><td>3</td><td colspan="3">道路其他破损状况</td><td></td></tr>
<tr><td rowspan="3">4</td><td rowspan="3">道路
结构能力</td><td rowspan="2">不补强</td><td>能否达到预期设计要求</td><td></td></tr>
<tr><td>能否承载维修设备</td><td></td></tr>
<tr><td>补强</td><td>加铺层的厚度</td><td></td></tr>
<tr><td rowspan="5">5</td><td rowspan="5" colspan="2">道路维修要求</td><td>预期设计年限</td><td></td></tr>
<tr><td>预期交通量增长和
当量单轴荷载</td><td></td></tr>
<tr><td>结构强度</td><td></td></tr>
<tr><td>道路等级</td><td></td></tr>
<tr><td>其他要求</td><td></td></tr>
<tr><td>6</td><td colspan="3">是否需要线形纠正，如调整、拓宽</td><td></td></tr>
<tr><td>7</td><td colspan="3">面层和下层排水量是否足够</td><td></td></tr>
<tr><td rowspan="6">8</td><td rowspan="6" colspan="2">影响施工的因素</td><td>交通调节能力</td><td></td></tr>
<tr><td>工作时间</td><td></td></tr>
<tr><td>跨桥净空</td><td></td></tr>
<tr><td>长坡及道路宽度</td><td></td></tr>
<tr><td>路缘石和护栏</td><td></td></tr>
<tr><td>排水设施</td><td></td></tr>
<tr><td colspan="3">可选方案</td><td colspan="2"></td></tr>
</table>

表 2-7　建议的再生方法选用指南

路表损害类型		厂拌热再生	就地热再生	厂拌冷再生	就地冷再生	全厚再生
路表缺陷	表面松散	√	√①			
	泛油	√	√			
	抗滑性差	√	√①			
路面变形	波浪	√	√②			
	浅车辙	√	√②			
	深车辙③	√			√④	√⑤⑥
与荷载有关的裂缝	疲劳裂缝	√		√	√	√
	轮迹处纵向裂缝	√	√⑦	√	√	√
	边缘裂缝	√		√	√	√
	滑移裂缝	√	√⑧			
与荷载无关的裂缝	块状裂缝	√		√	√	√
	纵向接缝裂纹	√	√⑦			
	横向温缩龟裂	√		√	√	√
反射裂缝		√		√	√	√
养路修补缺陷	喷洒沥青	√				√
	表皮修补	√				√
	孔洞修补	√				√
	深洞热拌修补	√				√
软弱底层或路基						√
平整度缺陷	一般性不平整	√	√			
	路面沉陷	√⑨	√⑨			√⑩
	路面隆起	√⑨	√⑨			√⑩

注：①在面层厚度低于 4cm 时使用。

②车辙只发生于路面结构上层 3～5cm。

③指车辙由路面结构下层产生。

④若未将下层以稳定处理法加强，此种处理法只是一种暂时性措施。

⑤对不稳定底层可能要添加新集料。

⑥若路基土壤湿且软弱，可能须施以化学稳定处理。

⑦仅限裂缝只出现于面层时使用。

⑧处理深度需能达打滑发生层。

⑨若路面损坏与路基底层软弱有关，则此处理法只为暂时性措施。

⑩当路面损坏明显是由路基或底层过于软弱引起的，应采用此种方法。

2. 终选再生方式

对初选方案进行经济分析，以确定最具经济效益的方案。通常通过考虑可选再生方式的寿命周期费用终选，寿命周期费用是指在固定分析周期内，道路的所有费用和效益。分析期内应该计算的费用组成有：初期费用、后期费用、养护费用、工程管理费用等。

根据计算出的总再生费用与各再生方式的经济费用进行比较，综合确定最佳的再生方案，经济计算可依据表 2-8 进行。

表 2-8 不同再生工艺预期服务年限

再生方式	再生工艺	预期服务年限
厂拌热再生	表面厂拌热再生	6～8
	厂拌热再生＋表面处治	10～12
	厂拌热再生＋加铺 HMA 层	20
就地热再生	无表面处治的表面就地热再生	2～4
	现场热再生表面就地热再生＋表面处治	6～10
	复拌	7～14
	复拌＋加铺 HMA 层	7～15
	重铺	6～15
厂拌冷再生	厂拌冷再生＋表面处治	6～8
	厂拌冷再生＋加铺 HMA 层	12～15
就地冷再生	就地冷再生＋表面处治	6～8
	就地冷再生＋加铺 HMA 层	7～15
全厚式就地冷再生	全厚再生＋表面处治	7～10
	全厚再生＋HMA 加铺层	15～18

对可能采用的不同路面维修方法进行经济对比分析评价，分析各种方法在路面设计使用年限内的平均成本，包括路面维修成本、养护成本、路面残值等。对于收费公路，还应分析不同维修方法可能带来的施工期间的车辆通行费的损失。

3. 再生方式选择流程

综合上述分析，再生方式选择流程见图 2-5。

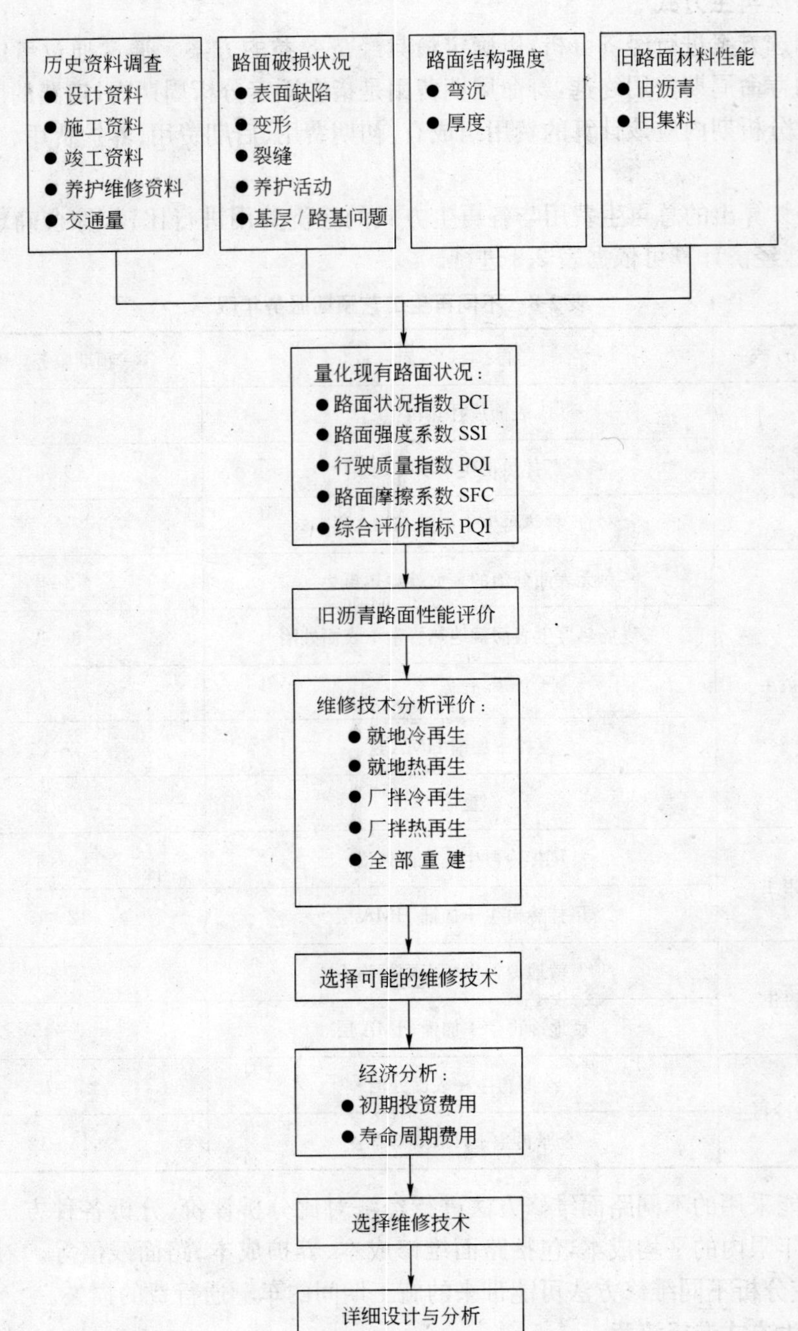

图 2-5　再生方式选择流程

小 结

道路的维修方案有多种，有时很难确定选用哪些维修方法。通常正确的维修方案，是满足建设单位要求条件下最经济的方案。无论采取哪种方案，我们首先要在决定再生技术前进行旧沥青路面状况调查，主要调查内容包括历史信息、旧路破损状况、旧路结构强度、旧路面材料性能、经济性能等 5 个方面。在再生方式应用现状调查基础上，归纳出各种再生方式的适应性及限制性。选择适当的再生方式要基于原路面的破损状况和经济分析，还要结合再生方式的适用范围。结合旧路调查情况和再生方式的适应性，设计出再生方法。

第三章 旧沥青路面再生设备

作为沥青路面再生技术的一部分，再生沥青路面机械化设备的研究与开发无疑是关键。沥青路面再生设备的发展是随着沥青再生技术的发展需要逐步发展起来的，同时随着世界装备制造技术和沥青再生设备的不断发展，推动着沥青再生技术的不断发展。

沥青路面机械化设备的运行状况直接影响着施工质量与速度，历来为公路施工单位所重视。对于沥青再生路面来说，也同样如此。研究旧沥青路面的回收和再生，都离不开设备的支持，而且不同设备产生的经济效益也会有明显的差别。本章将对目前常用的沥青路面再生设备进行归纳总结，并对不同再生设备的优缺点、利用率、经济性和适用范围进行分析评价，提出我国再生设备的发展思路和发展前景。

第一节 路面再生设备研究应用现状

一、国内外再生设备应用现状

国外由于沥青路面的再生技术研究起步较早，经过长时间的发展，各设备制造厂家根据再生技术的要求，不断推陈出新。同时随着世界装备制造水平的发展，再生设备的性能不断改进，已形成规模化、系列化的生产模式。如今，根据各个国家地区设备制造厂家生产的再生设备形式不同，各种再生设备的应用状况也各不相同。如厂拌热再生设备，美国普遍使用的是美 ASTEC 公司生产的双滚筒连续式再生设备，欧洲使用较普遍的是德国 Benninghoven 等公司制造的间歇式再生设备。国外使用的现场再生设备形式相差不大，并逐渐趋向于小型化。20 世纪 70 年代以来，欧、美、日等工业发达国家为了在道路维修中充分利用旧沥青混合料，节省资源，相继推出了沥青混凝土路面就地热再生(以下简称就地热再生)工艺，即采用就地热再生设备对需再生路面进行就地加热、翻松、搅拌、摊铺等连续作业，最后用压路机碾压，一次成型新路面。与之相对应，陆续开发了各种就地热再生设备，目前应用较广泛的就是就地热再生列车。

由于国内对沥青路面再生技术的研究起步较晚，对沥青路面再生设备的研究也相对落后。

我国公路养护市场对路面再生设备的需求主要依赖进口，先后引进了一些先进的沥青路面再生设备，并进行了实际应用，取得了一定的成果。如 1998 年 10 月，邯郸市交通局引进了世界上最先进的就地热再生机组——德国维特根公司的 RX4500/HM4500，利用该设备对河北省境内的一段路进行了就地热再生改造；2003 年 4 月，广东广佛高速公路利用引进的美国 ASTEC 公司的连续式双滚筒再生设备进行路面再生。随着 20 世纪 80 年代末和 90 年代初铺建的一批高速公路陆续进入大修期，国内对沥青路面的再生利用也越来越重视，对路面再生设备的需求明显增加。自 2002 年以来，国内一些厂家在引进和借鉴国外先进再生设备设计和制造的经验基础上，开发和生产了符合我国国情的再生设备。在某些方面不但拥有自主知识产权，而且达到了国际先进水平，尤其是在厂拌热再生设备取得了很大的进展，如西安筑路机械厂和南方路机等厂家先后开发出间歇式厂拌热再生设备，浙江兰亭高科有限公司成功开发连续式双滚筒再生设备(本课题使用的就是由浙江兰亭高科有限公司研制生产的连续式双滚筒沥青混合料再生设备)。然而，现场冷热再生机组的研制在我国还是一片空白。

尽管国产沥青路面再生设备近些年来有了一定的发展，但和国外产品相比，我们在品种规格、技术性能及总体技术水平上仍有较大的差距。国内有关沥青路面铣刨、加热和复拌工作过程的理论研究，相对薄弱，在铣刨作业阻力的实际计算以及铣刨转子切削速度、机器作业速度与铣刨厚度对铣刨作业阻力的影响上还缺乏精确的定量分析，以及再生设备的温度控制和拌和设计还需要有所改进。

二、现有再生设备的分类

根据再生方式的不同，再生设备一般分为五种类型，包括厂拌热再生设备、就地热再生设备、厂拌冷再生设备、就地冷再生设备以及全厚式再生设备(图 3-1)。

厂拌热再生设备可分为间歇式再生设备和连续式再生设备。间歇式再生设备在原间歇式沥青搅拌设备上加装一套旧料的加热计量装置(第二烘干筒)；连续式再生设备包括普通连续式再生设备、三套筒连续式再生设备和双滚筒连续式再生设备。

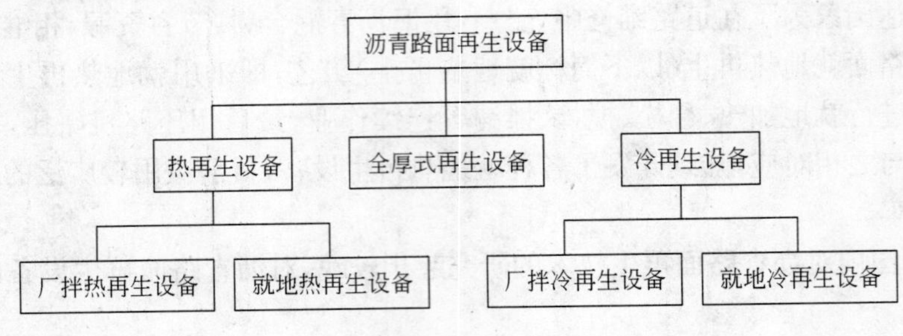

图 3-1 再生设备分类

第二节 现有路面再生设备及应用

一、厂拌热再生设备类型

目前具备现代沥青厂拌热再生设备基本技术特征的设备主要有两种：一是连续强制式双滚筒沥青混凝土再生搅拌设备；另一种是间歇强制式双烘干筒沥青再生搅拌设备。

1. 连续强制式双滚筒沥青混凝土再生搅拌设备

最早的连续式厂拌热再生设备是在20世纪60年代发展起来的，这种设备是在传统的连续式沥青再生搅拌设备上添加“中置燃烧器、加长烘干筒”形成。随后，出现了“双滚筒”沥青再生搅拌设备。此设备在20世纪80年代中期以后已经进入实用阶段，是专门为沥青再生而研发的。该机融合了连续式搅拌设备的结构简单、产量大、能耗低的特点，又吸取了间歇式搅拌设备具有强制搅拌的优点，尤其是在处理大量的废旧沥青材料方面有着特殊的优越性。

连续式沥青混凝土再生搅拌设备的技术进步是围绕着如何加热旧沥青混合料和提高再生质量，不断改进、革新而取得的。连续强制式双滚筒沥青混凝土再生搅拌设备由连续滚筒搅拌设备演变而来，但改变了其原有技术特征而成为一种全新设备。它由新料供料系统、回收料供料系统、双滚筒烘干搅拌筒、布袋除尘装置、刮板输料机、储料仓和电控系统等组成。对新集料和回收料采用了皮带秤、容积计量控制配比、总量称重控制方式、沥青和填充料也采用容积计量方式。利用现代PLC＋PID的自动化控制技术，确保计量控制精度满足沥青混合料施工规范要求，可实现新沥青混合料和再生沥青混合料生产。设备的关键技术是采用了双层滚筒结构，在烘干筒内加热烘干新集料，在夹套里加热旧料，夹套相当于一个连续搅拌机，通过安装在内筒外壁的搅拌叶桨，在加热和强制搅拌条件下，完成旧沥青混合料的再生搅拌与推进运动。其工艺流程见图 3-2。

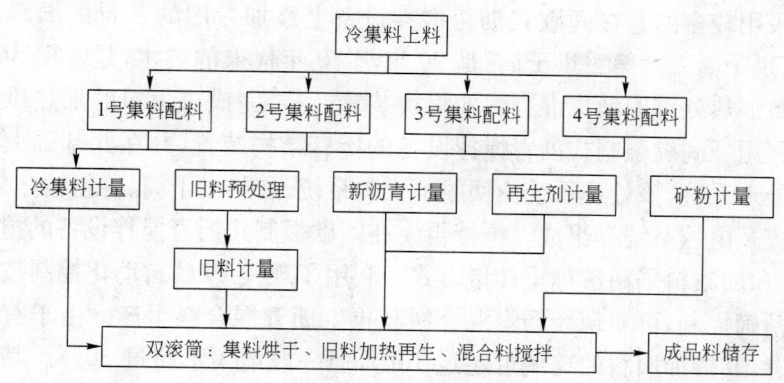

图 3-2　双滚筒连续式再生设备工艺流程

双滚筒再生设备具有连续式搅拌设备的结构简单、产量大、能耗低等特点，同时，又吸取了间歇式搅拌设备具有强制搅拌的优点，尤其是在处理大量的废旧沥青材料方面有着特殊的优越性，主要具有以下特点：

(1)新集料在内筒加入，逆流烘干加热。旧料在内外筒之间的夹层中加入，吸收新集料和内筒的辐射热量间接加热，新、旧集料与新沥青、新矿粉在夹层中强制搅拌、再生；

(2)旧沥青混合料、新沥青均在外筒加入，旧料间接加热完全与火焰隔开，不会产生新旧沥青老化；矿粉在外筒加入，搅拌后被沥青吸附，不会被内筒的气流吸走，不会出现跑粉现象；

(3)连续长时间(净再生搅拌时间长达 60～90s)的强制搅拌，搅拌效果最好，再生质量最好，可掺加旧料比例达到 50%；

(4)沥青烟气进入除尘器之前要经过燃烧室完全燃烧，是一种自然形成的废气再燃烧的结构，不会对环境造成二次污染，延长除尘器的布袋寿命；

(5)成套再生设备结构简单，维修安装方便，购置成本低；

(6)内筒的热辐射可以被内外筒夹套中的混合料吸收，热能损耗少，热效率高，生产效率高。与生产新料相比，生产再生沥青混合料的油耗率和生产率相同；

(7)新集料和旧沥青料的计量采用差分式连续动态计量，计量精度达到间歇式拌和楼的计量精度。

2. 间歇强制式双烘干筒沥青再生搅拌设备

间歇强制式双烘干筒沥青再生搅拌设备是基于原间歇强制式沥青搅拌设备发展而来，早期的间歇式厂拌热再生设备回收料的加热在搅拌器内完成，该设备与强制间歇式沥青混合料搅拌设备配套使用，只是在原间歇式拌和楼上加装一套旧料的计量供给装置。由于没有专门的旧料预热装置，其掺加旧料的比例一般不超过 10%，目前已较少采用。

目前采用较多的是在间歇式沥青搅拌设备上添加专用的装置的旧料预热装置——“第二烘干筒”。“第二烘干筒”是20世纪70年代末的技术，是专门为间歇式沥青搅拌设备加热处理旧沥青混合料的附加装置，主要完成再生料的加热烘干和计量供料。它利用了间歇强制式沥青搅拌设备的所有结构装置，并在此基础上附加了一套再生料处理系统，该处理系统由回收料供料系统、加热烘干筒、称量输送装置、废气再燃烧装置及电控系统等组成。搅拌再生在间歇强制式沥青搅拌设备的搅拌机中完成，对新料和回收料采用了称重计量方式。利用了现代PLC自动化控制技术对整套设备进行精确控制，可实现新沥青混合料和再生沥青混合料生产。由于有专门的旧料预热装置，其掺加旧料的比例可超过10%，但一般最大不超过30%。其工艺流程见图3-3。

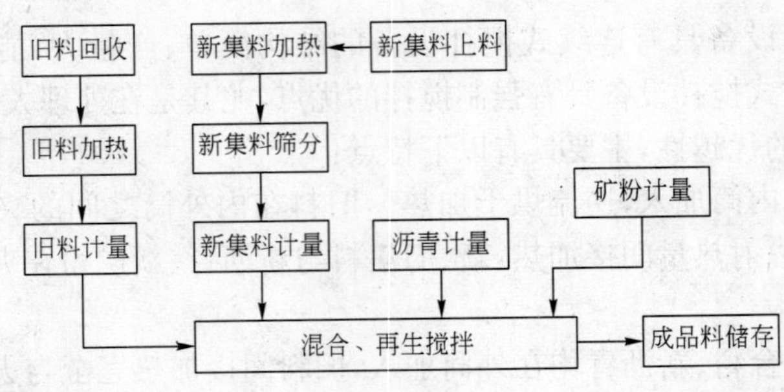

图3-3 间歇式厂拌热再生设备工艺流程

二、厂拌热再生设备对比分析

厂拌热再生是目前使用最广泛、再生效果最好的沥青路面再生利用方式，也是现阶段最适合我国采用的再生方式，由于其在沥青路面再生利用中的重要地位，下面重点对两种主要厂拌热再生设备进行对比分析。

1. 旧料加热方式对比

旧沥青回收料的加热方式有以下3种：

(1)利用过热的新集料，在混合时传热给旧料；

(2)利用烘干筒壁间接加热旧料；

(3)用一个专门旧沥青混合料的加热装置来加热旧料。

众所周知，要使旧沥青混合料获得再生利用，一定要将旧料加热到一定的温度(热再生)，而目前普遍使用的间歇式沥青混凝土搅拌设备对旧料加热所采用的均为用一个专门的旧沥青混合料的加热装置来加热旧料，即采用专门加热旧料的烘干筒用燃烧器火焰或高温热空气直接加热的方式，由于旧沥青混合料中含有沥青，而对沥青用火焰或高温热空气直接加热势必导致沥青的早期老化，影响再生沥青混合料的质量。

双滚筒连续式再生设备的旧料加热工序为：先将经计量后混合的新集料加热，加热后的新集料与旧混合料混合（旧料是通过与加热后的新集料混合而间接加热的），同时可吸收内筒上散发出来的辐射热量，加热旧料时旧料不与明火或高温热空气直接接触，可使旧料中沥青老化程度降至最低，生产出品质优良的再生沥青混合料。

2. 原料计量方式对比

由于两种再生设备在生产方式上的不同，形成两种不同的计量方式：连续式动态计量和间歇式计量。

(1)新集料的计量方式对比

①连续式动态计量

传统的连续动态计量采用的是容积式计量，通过皮带机在一定转速下料门的开度来确定集料的供给量，事先需要进行标定。这种计量方式由于我国的石料来源和质量不稳定，而且一旦料门被堵，计量误差很大。

目前连续式再生设备中采用的集料计量方式是连续差分式动态计量系统（见图3-4）。这种计量系统不同于传统的容积式计量和皮带秤，它是通过称重传感器测得的计量斗物料的减少量来控制集料的供给量，只要预先设定好集料的供给量，称重系统就可以按设定值自动控制集料的流量，如发现偏离设定值系统可以自动通过变频器调整皮带机电机的转速来进行集料流量的调整。

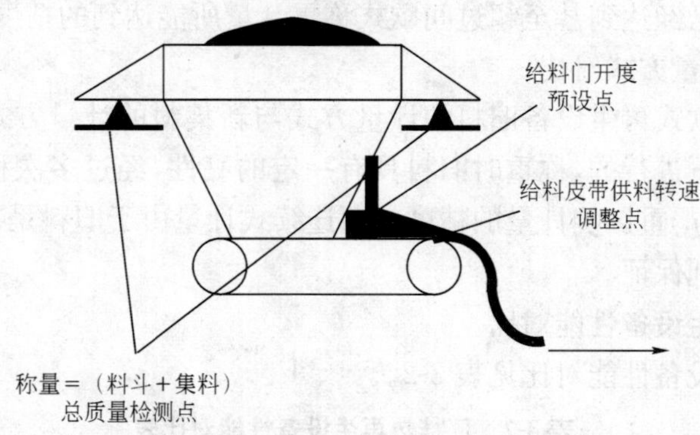

图3-4 差分式连续动态计量原理示意图

②间歇式计量

间歇式计量是采用一个计量料斗，通过称重传感器分别对各种不同规格的热集料进行间隔称量。间歇式沥青搅拌楼的一个间歇批次的标准流程时间为45s，通常称量的时间安排与搅拌时间同步，约36s，只能排下4次热集料的称量循环。若用5种以上热集料配料时（对集料的级配曲线更容易准确逼近），配料时间将超过40s。

此时，其他工序要等待计量完成才继续进行，因而使用5种以上规格的集料时将会降低搅拌楼的生产率。

间歇式计量的动态误差来源是：

a. 物料加料时的快速跌落，对称重传感器的冲击；

b.“空中飞料”带来的附加误差。

③连续式计量和间歇式计量的误差对比（见表3-1）

表3-1　连续动态计量和间歇式计量误差对比

误差来源	传感器—测量系统		加料机械系统	
计量过程种类	静态误差（测量系统本身精度）	动态误差（称量系统特性的影响）	物料密度（料斗内料位高低的影响）	料流速度（料门开度/皮带速度）
连续式计量	有	无	较小，物料高低带来的密度变化小	较小，皮带速度的波动小，可控
间歇式计量	有	有，物料冲击及飞料影响	较小，影响下次修正值的稳定性	有，需要二次称量小料门进行细调

连续式计量的误差来源：连续式计量的误差＝称量系统的静态误差；

间歇式计量的误差来源：间歇式计量的误差＝称量系统的静态误差＋动态误差。

从上面的两种计量方式的对比可以看出，由于连续式计量同样采用称重计量，在动态计量精度上已经达到甚至超过间歇式称重计量所能达到的精度。

(2)旧料的计量方式对比

连续式和间歇式再生设备旧料的计量方式与新集料的计量方式一样，但是由于间歇式是在热态下进行的，称重时旧料具有一定的黏性，经过多次称量后，旧料会黏附在计量料斗上，严重影响计量的精度。而连续式计量由于旧料是在冷态下进行，计量精度就容易得到保证。

3. 厂拌热再生设备性能对比

厂拌热再生设备性能对比见表3-2。

表3-2　厂拌热再生设备性能对比表

评价项目	间歇式再生设备	双滚筒连续式再生设备
新集料计量方式	加热、烘干、筛分后间歇称重计量，PLC控制，计量精度较高	冷态连续差分式称重计量，计量系统结构部件损耗小，PLC＋PID控制，技术先进完整，采用国际上最先进的日本原装进口差分计量仪，计量精度高

续上表

评 价 项 目	间歇式再生设备	双滚筒连续式再生设备
旧沥青混合料计量方式	加热后间歇称重计量,PLC控制,由于混合料带黏性,计量精度一般	冷态连续差分式称重计量,冷态下旧料不会黏附在计量料斗上,PLC+PID控制,计量精度高
旧料混合加热方式	采用独立的烘干筒,旧沥青混合料加热易控制,处理旧料能力45%,旧沥青直接在燃气中加热,易产生废气,旧料中的沥青易老化	在内外筒的强制搅拌区加热,可利用燃烧壁的辐射热,加入量大,处理旧料能力50%,与燃气不直接接触,沥青不易老化,加热方式绝对保证混合料质量,是与间歇式再生搅拌设备相比最大的优势
搅拌再生	间歇强制式搅拌,搅拌效果较好,再生时间短,再生效果一般,需延长搅拌时间,影响生产效率	连续强制式搅拌,拌和再生效果好,搅拌筒加热、搅拌时间长,旧沥青再生效果最好
设备运行经济性	设备结构复杂,投资成本高。新料和旧料采用两套独立的加热烘干系统运行,散热面积大,热损失大,需提高料温,增加燃料和动力。相对故障率高,维修困难,需较高的运行费用	设备结构简单,投资成本较低。共用一套加热烘干系统运行,热利用率高,节省燃料,与间歇式相比,动力燃料消耗可降低10%~15%;故障率低,维修简单
多功能性	可拌全新沥青混合料和热再生混合料	既可拌热再生混合料、冷再生混合料,也可拌全新沥青混合料

三、厂拌冷再生设备

厂拌冷再生设备生产再生沥青混合料是在各种料冷态条件下进行的,由于在再生过程中不需要加热,所以对设备的要求比较简单。

对厂拌冷再生设备生产冷再生沥青混合料的基本要求是:能把各种料均匀混合;各种料的收集计量与供给。

目前使用较广泛的厂拌冷再生设备大多采用连续式,主要有德国维特根公司的KMA200型移动式厂拌冷再生设备(图3-5)、科氏公司的Recycle plus冷再生系统,另外在前面介绍的双滚筒连续式再生搅拌设备上,在新集料加入口中加装一套水的计量供给装置,也可拌制冷再生混合料。

维特根公司的KMA200型厂拌冷再生设备安装在一个半挂车上,可以用汽车牵引头直接运到摊铺地附近的空地上,设备转移方便。设备配备泡沫沥青发生喷洒系统、洒水系统、乳化沥青喷洒系统、输料皮带系统、粉状水泥配料系统、搅拌系统及控制系统,由于自身带有泡沫沥青发生装置,只需把旧料、水泥、热沥青和水加入设备中

图 3-5 厂拌冷再生设备

就可以拌制出泡沫沥青冷再生料。控制室为图形化流程显示及监视，电脑全自动化控制。设备有两个旧料配料斗，可以生产 100%旧沥青再生混合料，产量大于 200t/h。生产出来的再生混合料用皮带直接输送到运料卡车上，立即拉到工地进行摊铺、压实，一般用于底层或基层。

科氏公司的冷再生系统具有 4 个以上的新集料斗，独立的添加水泥装置，回收料、水泥及乳化沥青能够单独计量。由于具备 4 个以上的新集料斗，生产出的再生混合料质量较高，可以用于中下面层。

双滚筒连续式再生搅拌设备拌制冷再生沥青混合料时，需在新集料的加入口加装一套水的计量供给装置。生产时新集料和水一起加入内筒，使新集料预先湿润后进入到外筒和旧料混合均匀，再加入乳化沥青和水泥等添加剂搅拌成冷再生沥青混合料。由于加乳化沥青前新料、旧沥青混合料在内筒与水及外加剂混合搅拌均匀，使新料、旧料预先湿润，可以延长冷拌沥青混合料的破乳时间。

四、就地热再生设备

就地热再生设备又称为就地热再生机组，它主要由预热机、红外线加热机、翻松机、拌和机、沥青混合料摊铺机、沥青罐、集料仓、新沥青混合料接料斗、牵引头及行走系统和控制系统等组成。就地热再生所用的设备有许多不同的配置，这取决于热再生的工艺(即表面再生、复拌或重铺)。表面再生是第一个发展的就地热再生工艺，起源于 20 世纪 30 年代，当时引入第一台具备基本性能的主设备。20 世纪 70 年代末 80 年代初，就地热再生设备有明显的发展，推动了重铺与复拌热再生工艺的发展。随着两项最新技术——热风/低红外回执机和滚筒在搅拌机中的应用，就地热再生设备和技术得到了进一步的发展。

就地热再生设备主要分为两大系统：加热系统和复拌系统。

1. 加热系统

加热系统主要由燃烧装置、加热装置、燃料罐、液压装置、发动机、操纵装置、行走装置等组成(图 3-6)。它的用途是将需要再生处理的沥青路面均匀的加热至要求的温度,加热中沥青路面表面温度一般不超过 180℃,表面以下 1～2cm 处的温度为 120～130℃,表面以下 3～5cm 处的温度为 70～100℃,通常加热深度为 2～5cm。为了加热均匀和不烧焦沥青,一般分 2 级加热或多级加热,加热系统之后跟随复拌系统。加热方式主要有 3 种:热风循环加热式、红外线辐射加热式和红外线热风并用式。所用燃料为液化石油器或柴油。

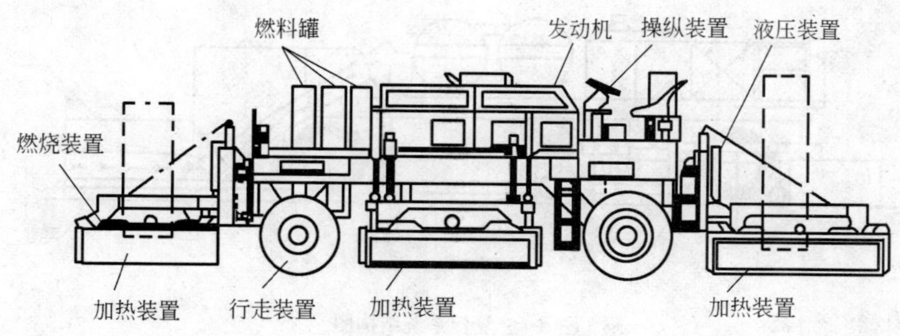

图 3-6 加热系统

(1)热风循环加热系统主要由燃烧器、加热箱、风机、自动控制装置组成。工作时燃料燃烧产生高温,由风机将温度可达 700℃的热气送到加热箱,对路面进行加热,使路面的温度逐渐升高,达到需要的温度。实际工作中,热气的热量一部分传给路面,余温 400℃的热气通过风机送回到加热器室,再次加热使其温度上升至 700℃,形成热气循环。加热温度由自动控制装置控制,作业时首先设定热风温度给定值,自动控制系统根据热电偶反馈的信号,通过温度控制器调整油门与风门大小,将温度自动稳定在设定的范围内。该方式由于热风循环使用,热效率高,节省燃料。同时可根据路面加热温度的要求,设定燃烧值,控制范围较广。

(2)红外线辐射加热方式,是燃烧器在金属网附近燃烧,加热金属,产生红外线辐射对路面加热。它比热风循环方式的加热深度深,因为红外线辐射的穿透能力强,能够有效地加热沥青路面的深层部位,使路面以下 4～6cm 处的旧沥青混合料温度迅速提高,达到 70～100℃,而表面温度不超过 180℃,从而保证了再生路面的质量,生产效率较高。但该方式要求有较完善的安全防火防爆措施。

(3)红外线热风并用式是将燃烧器燃烧的高温火焰散射在孔状的波纹板上,应用热辐射和对流的原理对路面进行加热。此方式受热面积大,热辐射的效果好。加热能力可通过调节压力进行控制,调节范围比热风循环式大。内部热风压力高,可防止冷空气侵入。

以上是目前常用的三种加热方式，实际工作中，如果要提高路面的加热温度还可以降低加热机的工作行驶速度或用两台及两台以上的加热机串联工作。特别是在环境温度较低的情况下，加热机串联作业的加热效率高、效果好。

2. 复拌系统

复拌系统主要由新料接料斗、供料装置、路面翻松装置、搅拌装置、添加剂喷洒装置、熨平装置、辅助加热装置、行走装置等组成(复拌系统结构如图 3-7 所示)。一般复拌系统具备 3 种再生作业功能，即整平、重铺、复拌作业。

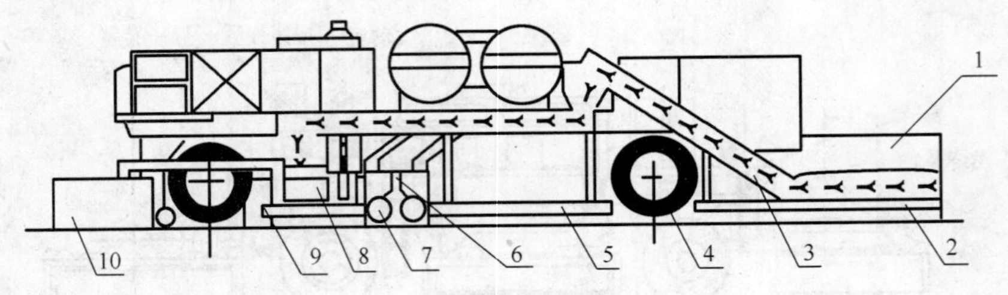

图 3-7　复拌系统结构图

1-新料接料斗；2、5、9-辅助加热装置；3-供料装置；4-行走装置；
6-添加剂喷洒装置；7-路面翻松装置；8-搅拌装置；10-熨平装置

进行重铺再生施工时，将刮板给料器的专用出料口关闭，新沥青混合料不进入搅拌器，而直接落在旧再生料铺层的上面，经熨平、压实后，形成全部由新材料组成的路面面层，有与新铺沥青路面相同的效果。具有重铺功能的再生机，一般都具有两套带螺旋摊铺器的熨平装置，目前熨平装置均采用液压伸缩式结构，可以无级调整施工宽度，并有自动找平装置。搅拌器一般为卧式双轴或单轴强制搅拌。新沥青混合料的添加量有人工控制和自动控制两种。人工控制是通过人工调整刮板送料器速度，操作台上有刮板速度和作业速度显示，操作者可根据施工要求确定刮板速度和作业行驶速度，以保证新旧材料的配比。自动控制是作业时将作业宽度、厚度、新材料密度等参数输入微处理器，自动系统即可根据作业速度自动调整新混合料和添加剂的给料量，保证各种物料的配合比。翻松装置均具有自动保护功能，当路面有硬物或路面加热不足时，可使整机暂停，避免损坏刀具。整机操作台上和机器左右两侧设有紧急停止按钮，当意外情况发生时，可使整机停止工作。

五、就地冷再生设备

就地冷再生设备分为多台式和单台式。多台式设备被排成相当长的距离，通常被称为车组，车组主要由沥青路面铣刨装置、乳化沥青喷洒装置及行走系统和控制系统等组成。不同的车组组合设备略有不同，车组之间的差别在于下列工序的实现——RAP的剥离和破碎，再生剂和改性剂的加入，拌和控制以及所有混合料的摊铺。车组一般分为单设备车组、双设备车组和多设备车组。

1. 单设备车组

单设备车组一般不包括筛分和破碎设备，使得控制最大粒径更难(图 3-8 所示)。大多数单设备车组通过操作使刀头顺时针旋转和控制前进速度能够产生最大粒径50mm 的均匀 RAP。调节前进速度有助于控制铣刨料的粗细，速度越低产生的 RAP 越细。严重龟裂的路面难以控制最大粒径。单设备车组只能提供最低程度的过程控制，因为再生添加剂的添加率与处理体积没有直接联系。车辙、边缘脱落等严重破坏的道路不适合用单设备车组，因为很难保证合适的再生剂用量。单设备车组的优点是操作简单和生产能力高。在城市区域和转变半径小的道路上，单设备车组由于其长度较短，比多设备车组可能更好。这种方法的主要不足是无法严格控制过大的 RAP 集料，难以精确控制材料的比例，拌和时间短。

图 3-8 就地冷再生设备

2. 双设备车组

双设备车组包括大型全车道铣刨机和搅拌摊铺机。搅拌摊铺机的底盘有连续计量装置，因而在冷铺拌和机中更有优势，但不含有压碎和筛分设备；RAP 最大粒径与级配的控制和单设备车组相同。混合料堆积在摊铺机的搅拌机中，搅拌机通过可称量的进料带和计算机以准确控制液体添加剂的用量。混合料离开搅拌机直接进入铺面整平螺旋系统。双设备车组提供中级至高级的过程控制，液体再生剂是根据 RAP 的质量添加，与处理体积和车组前进速度无关。双设备车组的优点是操作简单和生产能力高。在城市区域和转弯半径小的道路上，由于其长度短比多设备车组可能更好。这种方法的主要不足是无法严格控制过大的 RAP 集料。

3. 多设备车组

多设备车组通常包括铣刨机、带有筛分与压碎设备的拌和机。铣刨机铣刨路面至合适的厚度或横坡；刀头顺时针运行能产生更细 RAP，逆时针运行则生产能力更高。RAP 从筛分与破碎设备处理后由运送带送至搅拌机，使用皮带将 RAP 运到搅拌机中，其上的皮带式称量器就决定进入搅拌机的 RAP 质量。液体再生剂的用量由计算机计量系统控制，并取决于皮带式称量器上的 RAP 材料质量。液体再生剂由装有正互锁系统的泵添加到搅拌机中。连接在泵上的仪表将记录液体再生剂的流量和总量。双轴式桨叶搅拌机将液体再生剂与 RAP 均匀拌和。车组装有计算机计量系统具有最高程度的质量控制和最高的生产率。

多设备车组提供最高级的过程控制，主要优点是高生产率和高控制性，主要不足是车组较长，使得在城市区域操作时交通控制困难。目前，国际上著名的 Wirtgen（维特根）WR2500 就地冷再生机、BOMAG（宝马）MPH1212 型就地冷再生机等是冷再生技术中广泛应用的再生设备。

第三节　路面再生辅助设备及应用

沥青路面的再生利用除了上面提到的各类再生设备外，还有一些辅助设备，主要包括沥青路面冷铣刨机和旧沥青混合料破碎机。这些辅助设备是废旧沥青混合料再生利用不可缺少的。

一、冷铣刨机

1. 冷铣刨机设备

冷刨的核心设备就是冷刨机或铣刨机（如图 3-9 所示），这种设备的发展始于 20 世纪 70 年代末，至今已形成了很多种类，有对检查井与阀等附近区域进行局部铣刨的微型铣刨机，也有单行程处理宽至 4.9m 与处理厚度达 300mm 的高功率铣刨机。现代化的冷刨机的整体重力和输出功率与铣刨宽度和厚度有关，一般装有 3 或 4 组履带来分配荷载并保持机动性和牵引力。通常每一个履带/轮胎靠单独的液压发动机驱动，通过各种牵引锁定装置将动力从滑移履带转移到牵引履带，因而在光滑路面上可提高均匀牵引。冷刨机可采用前操纵、后操纵和对所有履带操纵，这使得冷刨机能接近几乎每个地方，比如铣刨某些道路交叉口的急弯道，从而提高了生产率、降低了成本。

冷刨机有各种宽度的滚筒，依据处理宽度和所需的路面纹理，可不断变化宽度。滚筒通常是逆时针运转，与冷刨机的前进方向相反。大多数冷刨机配有可变尺寸的熨平板,可给滚筒前的道路施加向下的压力。熨平板的形式和向下的压力大小将取决于铣刨路面的状况和所需 RAP 大小的要求。提高滚筒旋转速度和降低冷刨机前进速度也将有助于筛分RAP。滚筒传动系统由滚筒内柴油机、离合器、动力传动带

图 3-9 高性能冷刨机

和传动装置驱动。自动传动控制装置将根据材料状况/硬度而变化滚筒上的荷载,并调整冷刨机的前进速度以确保传动系统不超载情况下性能最大化。滚筒配备易替换的碳化钨刀具,坚硬刀具的出现促进了大型冷刨机的发展。刀具以螺旋状排列,它不断地将再生材料移向滚筒中心。刀具的使用寿命依铣刨的材料和铣刨厚度而不同,一般需要一小时或每次操作后换一次。铣刨运行中会使用少量水以控制产生的灰尘并延长刀具的使用寿命,水由冷刨机随带的贮槽供应,并由水车补充。

现代铣刨机提供剥离道路面层到规定断面与坡度所需的牵引力与稳定性,大多数装有自动坡度控制系统以控制铣刨过程,其中包括一个或多个独立运行的自动整平系统和许多不同的传感器。电缆传感器可用于机械扫描滚筒上的侧盘;非接触式超声波传感器可用于扫描侧盘和滚筒旁边、前面或后面参考面的高度。

2. 冷铣刨机的施工工艺

冷刨具体所用的设备可能因施工的不同而有所变化,但不管使用哪种,其大致的工作过程是一样的:先用冷刨机铣刨路面,铣刨下来的 RAP 被冷刨机上的装载运输机或铲运机装上卡车,运到附近的再生加工厂或合适位置堆放;对于铣刨面纹理上残存的 RAP 可用机动扫帚、机动扫路机或用其他方式清除,完成清理工作后,整个冷刨工作结束,便可开放交通或继续加铺 HMA 层。

在进行冷刨施工前,需做一些初步的准备和计划,目的在于提高铣刨面的均匀性以及增强设备的利用率。同时,施工前需进行地上管线、废弃铁路或路面电车线路、检查井、阀和其他铸件的确认。如果铣刨过程中遇到固体地下障碍,可能造成刀具、

刀具夹持、滚筒甚至传动装置损坏，可能给公众带来不便并增加了维修费用。对于检查井、阀和其他铸件，需用微型冷刨机处理。微型铣刨机在大型机器之前铣刨至所需厚度，以便在两个区域间有平整的过渡。

美国沥青再生协会(ARRA)将冷刨施工分为以下五种类型：

(1)表面修复。按需要冷刨现有路面，剥离面层的不平整。此过程包括铣刨热拌沥青到固定高度，不要求自动纵坡与横坡控制。

(2)纵坡控制。冷刨现有路面到均匀厚度，要求自动纵坡控制但不要求自动横坡控制。

(3)纵坡与横坡控制。冷刨现有路面到均匀厚度与横坡，要求使用自动纵坡与横坡控制。

(4)全部厚度。冷刨现有道路全部结构厚度，从路面到下卧粒料基层或路基。

(5)可变厚度。按计划和规范冷刨现有路面到可变厚度，可能要求自动纵坡与横坡控制。

二、破碎机

沥青路面维修时，在铣刨、翻挖过程中难免会产生块状结团的沥青混合料，带有这种块状结团的废旧沥青混合料在再生利用中，如果不进行有效的破碎和筛分，就难以加热软化得到再生，特别是冷再生时就更加不能被再生，影响再生沥青混合料的质量。

1. 破碎机设备

常用的破碎机按破碎方式不同一般可分为颚式破碎机、锤式破碎机、反击式破碎机、圆锥破碎机和辊式破碎机等五类。

(1)颚式破碎机(见图3-10)

颚式破碎机的结构主要有机架、偏心轴、大皮带轮、飞轮、动颚、侧护板、肘板、肘板后座、调隙螺杆、复位弹簧、固定颚板与活动颚板等组成，其中肘板还起到保险作用。颚式破碎机破碎方式为曲动挤压型，电动机驱动皮带和皮带轮，通过偏心轴使动颚上下运动，当动颚上升时肘板和动颚间夹角变大，从而推动动颚板向定颚板接近，与此同时物料被挤压、搓、碾等多重破碎；当动颚下行时，肘板和动颚间夹角变小，动颚板在拉杆、弹簧的作用下离开定颚板，此时已破碎物料从破碎腔下口排出，随着电动机连续转动破碎机动颚作周期性的压碎和排料，实现批量生产。

主要特点：结构简单，工作可靠，运营费用低；破碎比大，产品粒度均匀；部件更换方便，保养工作量小。

(2)锤式破碎机(见图3-11)

锤式破碎机主要工作部件为带有锤子(又称锤头)的转子。转子由主轴、圆盘、销轴和锤子组成。电动机带动转子在破碎腔内高速旋转。物料自上部给料口进入机内，受高速运动的锤子的打击、冲击、剪切、研磨作用而粉碎。被破碎的物料同时从环锤处获得动能，高速度地冲向破碎板，受到二次破碎，然后落到筛板上，受环锤的剪切、挤压、研磨以及物料与物料之间的相互碰撞作用，物料得到进一步的破碎，在转子下部设有筛板，粉碎物料中小于筛孔尺寸的粒级通过筛板排出，大于筛孔尺寸的粗粒级阻留在筛板上继续受到锤子的打击和研磨，最后通过筛板排出机外。

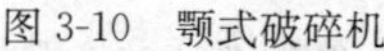

图 3-10 颚式破碎机

图 3-11 锤式破碎机

主要特点：通过更换不同规格的筛板来实现出料粒度的调节；转子与筛板之间的间隙，可根据需要通过调节机构进行调节。

(3)反击式破碎机(图 3-12)

反击式破碎机是一种利用冲击能来破碎物料的破碎机械。工作时，在电动机的带动下，转子高速旋转，物料进入板锤作用区时，与转子上的板锤撞击破碎，后又被抛向反击装置上再次破碎，然后又从反击衬板上弹回到板锤作用区重新破碎。此过程重复进行，物料由大到小进入一、二、三反击腔重复进行破碎，直到物料被破碎至所需粒度，由出料口排出。调整反击架与转子之间的间隙可达到改变物料出料粒度和物料形状的目的。

(4)圆锥破碎机(见图 3-13)

圆锥破碎机其结构主要有机架、水平轴、动锥体、平衡轮、偏心套、上破碎壁(固定锥)、下破碎壁(动锥)、液力耦合器、润滑系统、液压系统、控制系统等几部分组成。圆锥破碎机的工作部分是两个圆锥体形的截头，一个是定锥(又称外锥)，另一个是动锥(又称内锥)。定锥是静止的，是机架的一部分，动锥铰装于一点，其下端活动地插在偏心衬套中，因此，定锥中心轴线与动锥中心轴线相交成一斜角。当动锥中心轴线绕定锥中心轴线旋转时，使动锥沿着定锥内表面作偏旋运动。在动锥靠拢定锥的区段，该处物料受到动锥的挤压、撞击和弯曲作用，成为破碎腔；在动锥偏离定锥的地方，已被破碎的物料在自重作用下从锥底卸出，成为卸料口，物料从进料口装入。

主要特点:物料夹在两锥体之间,受到挤压、弯曲和剪切作用,破碎较容易,动力消耗较低。进料口尺寸不大,能够处理的都是经过初次破碎的物料,产品料度较均匀。

图 3-12　反击式破碎机

图 3-13　圆锥破碎机

(5)辊式破碎机(见图 3-14)

辊式破碎机按辊子数量可分为双辊破碎机和四辊破碎机,被破碎物料经给料口落入两辊子之间,进行挤压破碎,成品物料自然落下。遇有过硬或不可破碎物时,辊子可凭液压缸或弹簧的作用自动退让,使辊子间隙增大,过硬或不可破碎物落下,从而保护机器不受损坏。相向转动的两辊子有一定的间隙,改变间隙,即可控制产品最大排料粒度。双辊破碎机是利用一对相向转动的圆辊,四辊破碎机则是利用两对相向转动的圆辊进行破碎作业。

图 3-14　辊式破碎机

主要特点:工作可靠、维修简单、运行成本低廉,排料粒度大小可调,最大破碎力恒定。

2. 破碎机使用范围

上面介绍的各类破碎机都不是为破碎沥青混合料而专门开发的,大多为破碎矿石料等而开发的。沥青混合料不同于这些物料,其特殊的物理性能对破碎机提出了更高的要求。由于目前市场上还没有开发出专门破碎沥青混合料的机器,在现有的破碎机中选择适合破碎沥青混合料的是十分必要的。

沥青混合料由于在常温下具有一定的黏性,而且破碎时要尽可能不破坏原混合料的级配,所以对破碎机的要求特殊。可以这样认为,沥青混合料的破碎其实是沥青混合料的分散。从上面对各类破碎机的介绍中可以看出,颚式破碎机、锤式破碎机和圆锥破碎机都不适合沥青混合料的破碎,会破坏原沥青混合料的级配。而辊式破碎机由于具有遇到过硬或不可破碎物时辊子可自动退让的特点,而且最大的破碎力可以调节,因而破碎沥青混合料时通过调节最大破碎力,可以保证沥青混合料得以分散,而沥青混合料中的粗集料不会被破碎,原级配不会被破坏。反击式破碎机通过一定的改造也可以进行旧沥青混合料的破碎,达到原有级配不破坏、大料不卡死、细料不黏结的分散效果。

因此,我们认为在现有的破碎设备中,辊式破碎机和反击式破碎机是最适合沥青混合料破碎的。如果对辊式破碎机的轧辊形状进行必要的改进,辊式破碎机是完全可以符合沥青混合料破碎要求的。

小 结

通过对国内外现有再生设备的调查资料,从各种再生设备横向、纵向进行各自的性能特点、优缺点、生产工艺流程、适用性、经济性等方面的比较分析,对目前国内外使用各种再生设备进行了比较详细的分析,归纳了各类再生设备及辅助再生设备的性能及适用范围。

第四章 沥青老化以及再生机理分析

沥青的再生机理与老化机理均决定于沥青的化学组分及相关性质。旧沥青的再生过程是其老化过程的逆过程，为了了解旧沥青的再生机理，必须首先对沥青的老化机理有所了解。

第一节 沥青的组分与性质

一、沥青的组分

沥青是由碳氢化合物性质的分子含有少量结构上类似杂环的分子形式和有硫、氮、氧原子的官能团组成的复杂的混合物，还含有微量的金属，如钒、镍、铁、镁和钙，它们以无机盐、氧化物或紫菜碱结构形式存在。沥青的内部结构、形态主要取决于其分子形式的化学成分。

不同产地沥青的碳、氢元素所占的百分比相近，难以从数量上加以区分。有的学者进行了试验研究后发现，沥青的元素组成与其物理性质的关联不甚密切，杂元素的存在应与沥青的黏附性有关，但这方面的研究亦不多见。近代对沥青元素组成数据的应用，主要是与相对密度、平均分子量、核磁共振波谱等数据结合进行沥青的化学结构分析，直接与其技术性质进行关联。但某些研究指出，沥青的碳氢比在一定程度上反映出沥青结构单元中组成烃类含量的大致比例，我国石蜡基原油溶剂脱沥青的碳氢比要低于伊朗重质原油沥青。

通过研究认为沥青是一种胶体体系，是以高分子量的沥青质吸附了极性半固态的胶质，形成胶团。由于胶团的胶溶作用，而使胶团弥散或溶解于分子量较低的芳香分和饱和分组成的分散介质中，形成了稳固的胶体。在沥青胶体结构中，从极性最强的沥青质吸附极性较强的胶体逐步吸附高分子的芳香分再弥散于低分子量的芳香分中，再分散于无极性的饱和分中，形成稳定的胶团。

根据沥青中各组分的含量和性质，沥青可以有三种胶体状态：溶胶型结构、溶凝胶型结构和凝胶型结构。

沥青材料是由多种化合物组成的混合物，由于它的结构复杂，将其分离为纯粹的化合物单体，过于繁杂。有人认为石油沥青可分离3000多种化合物，在实际生产应用上，并没有这种必要。因此，许多研究者就致力于沥青化学组分分析的研究。化学组分分析就是将沥青分离为几个化学性质相近而且与路用性质有一定联系的组，这些组就称为"组分"。我国沥青化学组分分析三组分法是采用抽提法将沥青分成沥青质、胶质与油分等三个组分，或采用溶剂沉淀及色谱柱法将沥青分成芳香分(Ar)、饱和分(S)、沥青质(As)和胶质(R)等几种组分，可参考《公路工程沥青及沥青混合料试验规程》(JTJ 052—2000)。研究表明，沥青的性质与各组分的含量比例有密切的关系。沥青质含量高使沥青的黏度增大，降低沥青的感温性；而饱和分增大则使沥青黏度降低；胶质含量增加，可使沥青的延度增大。

二、沥青的性质

由于石油沥青化学组成和结构的特点，使它具有一系列特性，而沥青的性质对沥青路面的使用性质有很大的影响，因此应该对它的基本性能进行研究。

(1)黏滞性　表示沥青材料抵抗变形或阻滞塑性流动的能力。

(2)塑性　是指沥青受到外力作用时，产生变形而不破坏，当外力撤销，能保持原来状态的变形能力。

(3)感温性　是指沥青的黏度和塑性随温度变化而改变的程度。沥青没有固定的熔点，当温度升高时，沥青塑性增大，黏性减小，由固体或半固体逐渐软化，变成黏性液体；当温度降低时，沥青的黏性增大，塑性减小，由黏流态变为固态。在沥青的常规试验方法中，软化点试验和针入度指数(PI)法可以作为反映沥青温度感应性的方法。按针入度指数可将沥青划分为三种胶体结构类型：针入度指数值小于－2者为溶胶型沥青；针入度指数值大于2者为凝胶型沥青；针入度指数值介于－2～2者为溶凝胶型沥青。

一般认为选用值为－1～＋1的溶凝胶型沥青适宜修筑沥青路面，目前由于对沥青路面的热稳定性的要求逐渐提高，因此，对PI值的要求趋向于0.5～＋1.0。

(4)黏弹性　表征沥青材料黏性和弹性的联合效应，常采用"劲度模量"这一指标。劲度模量是指在一定温度和荷载作用时间的条件下，对于某一给定的沥青材料来说，弹性变形部分和永久变形部分的比例，与应力、荷载时间和温度有关。当变形量不大且荷载时间较短时，则以弹性变形为主，反之则以黏性变形为主。

(5)黏附性　是沥青的主要功能之一，是作为黏结剂将集料黏结成为一个整体。黏附性直接影响沥青路面的质量和耐久性，它主要取决于表面张力和黏度。评价沥青与集料黏附的方法很多，最常采用的有水煮水浸法。

(6)耐久性　路用沥青材料在储运、加热、拌和施工和长期使用过程中，受到蒸发、脱氢、缩合、氧化等影响使沥青逐渐变硬变脆，改变原有的黏度和低温性能，这种变化称为沥青老化。沥青路面应有较长的使用年限，因此要求沥青材料有较好的抗老化性，即耐久性。我国国家标准(GB 50092—96)规定：对中轻交通道路用石油沥青，应进行蒸发损失试验，见《公路工程沥青及沥青混合料试验规程》(JTJ 052—2000)；对重交通道路用石油沥青应进行薄膜加热试验，见《公路工程沥青及沥青混合料试验规程》(JTJ 052—2000)。

(7)安全性　沥青的闪点和燃点是保证沥青加热质量和施工安全的一项重要指标。我国国家标准(GB 50092—96)规定，对黏稠石油沥青采用克利夫开口杯法，简称COC法，见《公路工程沥青及沥青混合料试验规程》(JTJ 052—2000)测定闪点和燃点。

三、石油沥青的标准

1. 沥青主要技术指标的说明

(1)针入度

针入度是指在规定温度、附加荷载作用时间的条件下，标准针贯入沥青中的深度，以0.1mm表示。针入度用以划分沥青的标号。针入度越小，表示沥青的稠度越大；反之，则越小。

(2)软化点

软化点是指沥青在规定尺寸的铜环内，放置一规定质量(3.5±0.05)g的钢球，以5℃/min的升温速度加热，沥青软化，钢球从沥青试样中沉落至规定距离底板时的温度，以℃来表示。软化点实质上反映沥青的黏度，是一种条件黏度，即在等黏度条件下以温度表示的一种黏度。一般认为，软化点高，则其等黏温度也高，温度稳定性好。

(3)延度

延度是沥青在一定温度下，按一定速度拉伸至沥青断裂时的长度，以“cm”记。通常试验温度为25℃、15℃，拉伸速度为5cm/min。延度反映沥青的柔韧性，延度越大，沥青的柔韧性越好。一般来说，延度大的沥青含蜡量低，黏结性和耐久性都好；反之，含蜡量大，延度小，黏结性和耐久性也差。

沥青的延度与沥青的流变特性、胶体结构和化学组分等有密切的关系。

(4)闪点

闪点是指沥青加热后，油分挥发与空气混合会发生闪火时的温度。

(5)溶解度

溶解度反映沥青的有效成分，以沥青在溶剂中溶解百分率来表示。

沥青技术标准是指能够区分沥青性质明显变化的某一技术指标将沥青分级，同时对每一级沥青的其他技术指标有不同的要求。沥青技术标准有针入度分级法、黏度分级法、沥青性能分级法。针入度分级法最简单实用，很多国家都采用这一方法。

2. 道路石油沥青质量要求

我国行业标准《公路沥青路面施工技术规范》(JTG F40—2004)规定，沥青的 PI 值、60℃动力黏度、10℃延度可作为选择性指标。

第二节　沥青的老化机理

沥青的老化主要是由氧及光引起的氧化、缩合作用引起的。据研究，在沥青发生氧化缩合作用时，沥青混合料中的矿质集料起催化作用，促使高分子化合物的增加。在沥青中，油分的分子量较小，氧化缩合作用的结果使油分中芳香烃分子量增大，向胶质转化；而饱和烃由于分子比较稳定，变化不大；胶质又向沥青质转化；而沥青质本身则聚合成更大的分子。因此沥青老化的过程可以认为是沥青化学组分移行的过程，沥青组分的移行转化愈明显，则沥青老化程度愈深，沥青的针入度、延度及软化点就会发生有规律的变化：

(1)常规指标的变化：

针入度　　减小

软化点　　升高

延度　　降低

(2)流变性质的变化：

黏度　　增大

非牛顿性质　　增强

如上所述，沥青材料在老化过程中，沥青组分发生移行，胶体结构发生了改变，使黏度增大，流变指数减小，导致沥青性能下降。

沥青老化反映在沥青组分上的变化则是油分几乎消失、树脂减少、沥青质急剧增加，此过程为自发的不可逆过程。表 4-1、图 4-1 为某沥青老化前后的组分变化对比。

表 4-1　沥青老化前后的组分变化

阶　段	饱和分 S	芳香分 Ar	胶质 R	沥青质 As
老化前	36	34.3	21.2	8.5
老化后	34	21.8	29	15.2

通常情况下为了恢复沥青胶结料的路用性能，往往是通过在旧沥青混合料中加入一定量的再生剂或较软的沥青，将旧沥青混合料中的沥青组分恢复到原有的比例，以此改善沥青混合料的路用性能。但是，由于原有沥青胶结料的油源不同、品种不同，因此不同的旧沥青混合料在选用不同的再生剂时，所得到的结果会出现很大的差异。原因在于旧沥青胶结料与再生剂或新加入的软沥青必须具备良好的相容性。

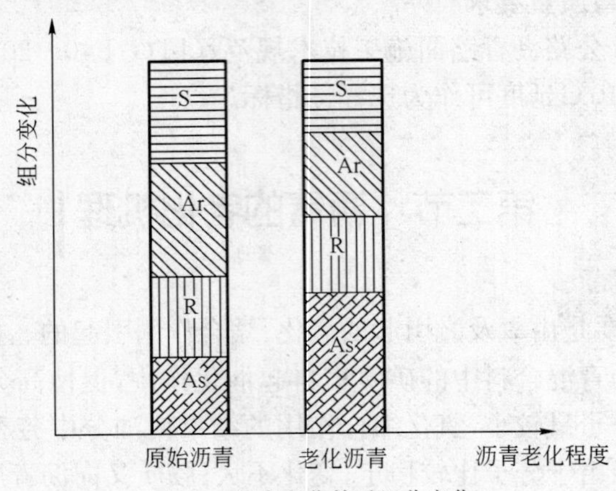

图 4-1　沥青老化前后组分变化

图 4-2 是沥青四组分分子结构图，可以直观地反映四组分分子的大小和分子结构。

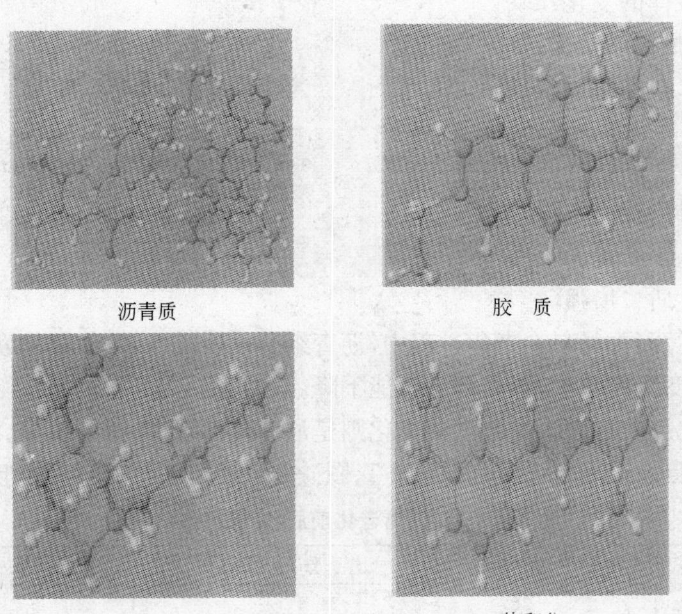

图 4-2　沥青四组分分子结构

根据以上分析，沥青不同组分反映了沥青的不同性质。现代胶体理论认为，沥青是一种胶体溶液，沥青质和饱和分、芳香分不亲和，但是和胶质亲和，从而胶质包裹沥青质形成胶团，分散在油分中，形成稳定的胶体溶液。各组分的相对含量不同，决定着沥青胶体溶液的结构类型。当油分和胶质足够多时，形成溶胶型沥青，其特点是黏结性好，但温度敏感性较强；当油分和胶质很少时，形成凝胶型沥青，其特点是弹性好，温度稳定性好。介于两者之间的形成融凝胶型沥青，其特点是黏结性、温度稳定性、弹性都比较好。

第三节 沥青的再生机理

关于旧沥青再生的机理研究目前有两种理论：一种理论是"相容性理论"，另一种理论是"组分调节理论"。

一、相容性理论

该理论从化学热力学出发，认为沥青老化的原理是沥青胶质物系中各组分相容性降低，导致组分间溶度参数差增大，认为掺入一定的再生剂使其溶度参数差减小，沥青即能恢复(甚至超过)到原来性质。

1. 沥青的相容性

一种沥青能否形成稳定的溶液，不决定于溶质粒径的大小，而是决定于溶质(沥青质)在溶剂(软沥青质)中的溶解度和溶剂对溶质的溶解能力。这就是所谓的相容性理论。根据希尔布兰德提出的"溶解度参数"理论，即在一种溶液中，溶质的溶解度参数与溶剂的溶解度参数(也可以简称为溶度参数)的差值小于某一定值时，就能形成稳定的溶液。对此可用式(4-1)表示：

$$\Delta\delta = \delta_{\mathrm{At}} - \delta_{\mathrm{M}} < K \tag{4-1}$$

式中：$\Delta\delta$——沥青质与软沥青质溶度参数差值，$(\mathrm{cal/cm^3})^{1/2}$；

δ_{At}——沥青质的溶度参数，$(\mathrm{cal/cm^3})^{1/2}$；

δ_{M}——软沥青质溶度参数，$(\mathrm{cal/cm^3})^{1/2}$；

K——要求的溶度参数差值的限值，$(\mathrm{cal/cm^3})^{1/2}$。

按法定计量单位，$1(\mathrm{cal/cm^3})^{1/2} = 2.04(\mathrm{J/m^3})^{1/2}$。

根据有关研究，国产沥青的沥青质溶度参数与软沥青质溶度参数的差值的限值($\Delta\delta$)为0.76。当$\Delta\delta<0.76$时，可得到较好的相容性。表4-2列出几种国产沥青的沥青质与软沥青质的溶度参数及其差值。从表中可以看出沥青溶度参数差值与其相容性有密切的关系。溶度参数差值小于0.76的沥青均表现为较好的相容性；反之，则相容性较差。

表 4-2 几种沥青的溶度参数与相容性

沥青名称	沥青组分	溶度参数分析		相容性评价
		溶度参数 δ $(cal/cm^3)^{1/2}$	溶度参数差值 $\Delta\delta$ $(cal/cm^3)^{1/2}$	
回收沥青	软沥青质(M)	8.0700	1.4528	差
	沥青质(At)	9.5228		
大庆氧化沥青	软沥青质(M)	8.3877	1.0373	较差
	沥青质(At)	9.4250		
胜利渣油	软沥青质(M)	8.8065	0.7409	较好
	沥青质(At)	9.5474		
胜利半氧化沥青	软沥青质(M)	8.7586	0.7298	较好
	沥青质(At)	9.4884		
阿尔巴尼亚 60 号沥青	软沥青质(M)	8.7586	0.4201	好
	沥青质(At)	9.1607		

2. 溶解度参数的测定方法

(1)化学结构法

化学结构法测定沥青的溶度参数，首先要测定沥青的密度、元素组成、分子量和核磁共振谱，解出沥青的平均分子结构，然后再根据平均结构中各组成单元的引力，按 D・A・斯马尔建议的公式(4-2)求得溶解度参数。

$$\delta=\rho\frac{\sum F}{M} \tag{4-2}$$

式中：δ——溶度参数，$(cal/cm^3)^{1/2}$；

F——各组成单元引力常数，由表 4-3 确定；

ρ——密度，g/cm^3；

M——分子量。

表 4-3 几种主要结构单元的引力常数

结构单元	$-CH_3$	$-CH_2-$	$-\underset{\vert}{CH}-$	$-\underset{\vert}{\overset{\vert}{C}}-$	$-CH=$	$-\underset{\vert}{C}=$
引力常数 F $(cal \cdot cm^3)^{1/2}$	148	131.5	86	32	117	98

由于沥青化学结构参数测定困难，除在科学研究上可以直接计算其溶度参数外，为适应工程应用，研究了相对溶解度方法，此方法可以间接确定沥青的相容性。

(2)相对溶解度法

在沥青高分子溶解中，沥青质分子在软沥青质分子中是以扩散运动和沉降运动的综合结果而显示不同性质的。扩散运动是沥青质和软沥青质分子力作用的结果，而沉降运动是沥青质分子克服软沥青质黏度的结果。从化学热力学可知，分子扩散运动可用式(4-3)表示：

$$\mathrm{d}m/\mathrm{d}t=-D(\mathrm{d}c/\mathrm{d}x) \tag{4-3}$$

式中：$\mathrm{d}m/\mathrm{d}t$——扩散速度；

$\mathrm{d}c/\mathrm{d}x$——溶质溶度的梯度；

D——扩散系数。

扩散系数D是分子力f和温度T的函数，而分子力f与沥青质和软沥青质溶度参数差值$\Delta\delta$有关，因此，可由沥青质分子的扩散状态间接地了解沥青的相容性。

在常温下，由于软沥青质的黏度较大，沥青质分子的沉降效应较小，所以很难观察到沥青质分子的扩散效应。可以采用稀释法，即加入稀释剂，使软沥青质的黏度降低，增加沥青质分子的沉降效应，从而可以根据沉降速度的不同来判断沥青的相容性。相容性好的沥青，沥青质分子的扩散效应较大，则沉降速度较慢；相反，相容性较差的沥青，沥青质分子扩散效应较小，则沉降速度较快。

为使计算精确，考虑到不同性质的沥青的沥青质密度的差异，以及软沥青质和稀释剂黏度的不同，不宜直接采用沉降速度作为相容性评价指标，因而改用“当量直径”来表征沥青的相容性。当量直径是表征沥青相容性的一种指标，并非是沥青质的真实直径。沉降速度v与当量直径D的关系可由斯笃克定律按式(4-4)计算：

$$D=2\sqrt{\frac{9\eta v}{2g(\rho_{\mathrm{a}}-\rho_{x})}} \tag{4-4}$$

式中：v——沉降速度，cm/s；

η——软沥青质加稀释剂混合后的黏度，Pa·s；

g——重力加速度；

$\rho_{\mathrm{a}},\rho_{\mathrm{x}}$——沥青质、软沥青质的密度，g/cm^3。

几种沥青的相容性与当量直径的关系如表4-4。

表4-4 沥青相容性与当量直径的关系

沥 青 名 称	相容性评价	当量直径 D(cm)
回收沥青	差	0.062 9
掺配60号沥青	较差	0.045 9
胜利60号沥青	较好	0.038 9
胜利100号沥青	较好	0.036 9
孤岛60号沥青	好	0.033 4
阿尔巴尼亚60号沥青	好	0.033 8
伊朗60号沥青	好	0.034 6

道路石油沥青的溶度参数 δ 与当量直径 D 之间的关系，根据试验可得到图 4-3 的相关关系。当 $\Delta\delta=0.76$ 时，$D=0.044$。

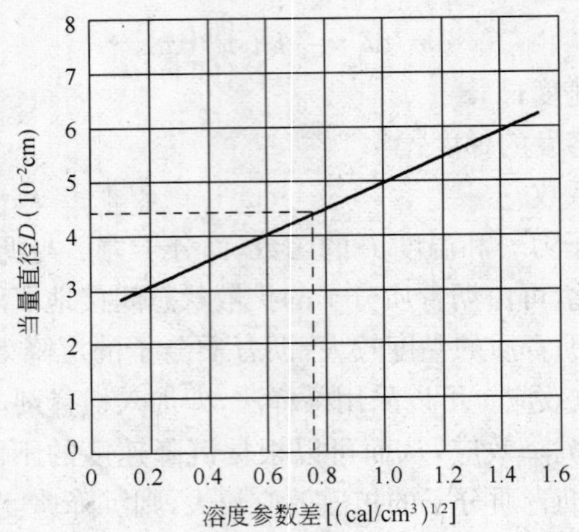

图 4-3　道路沥青溶度参数与当量直径的关系

3. 老化沥青的相容性

沥青是一种极其复杂的高分子浓溶液，它是由几千种乃至上万种化合物组成的混合物。要将其分离成纯单体，在目前的技术水平上存在一定的困难，在工程应用上也没有这样的必要。我们假设沥青是由沥青质为溶质溶解于软沥青质为溶剂的浓溶液。优良的沥青的沥青质与软沥青质应该有很好的相容性，也就是沥青质和软沥青质的溶度参数很接近，它们形成稳定的浓溶液。随着沥青的老化，沥青及其组分中各种化合物产生脱氧、聚合和氧化等化学变化，由于化学结构的变化，使其溶度参数亦随之变化。通常沥青质的溶度参数 δ_{At} 的提高较软沥青质的溶度参数 δ_M 为快，所以老化后沥青的沥青质与软沥青质溶度参数的差值 $\Delta\delta$ 增大，破坏了它们在沥青中的相容性，因而引起沥青路用性能的衰降。

因此沥青老化过程的实质为：沥青中各组分化合物化学结构的变化，引起沥青中沥青质与软沥青质溶度参数的变化，导致沥青质与软沥青质溶度参数差值增大，因而相容性降低，最终表现为沥青路用性能降低。

从化学角度来看，沥青再生就是沥青老化的逆过程。由此可见，沥青再生的方法就是采取一定的技术措施，使已经老化的沥青中的沥青质和软沥青质溶度参数差值 $\Delta\delta$ 减小，最终使已经老化的沥青路用性能得到改善。

旧沥青老化后导致相容性降低的主要原因为：

(1)老化后沥青质含量增加，超过其在软沥青质中的溶解度；

(2)老化后沥青质与软沥青质的溶度参数差值 $\Delta\delta$ 增大，超过相容要求的限值。

因此，沥青再生的途径通常是采用掺加再生剂的方法。掺加再生剂后，一方面可使沥青质的相对含量降低，因而提高沥青质在软沥青质中的溶解度；同时，掺加再生剂后又可提高软沥青质对沥青质的溶解能力，使软沥青质与沥青质的溶度参数差值$\Delta\delta$降低，从而改善沥青的相容性。表4-5是某回收沥青掺加再生剂后相容性（当量直径D）与主要技术性质的变化情况。

表4-5　沥青再生后相容性和技术性质的变化

试样名称	再生沥青组成			相容性		再生沥青技术性质		
	旧沥青		再生剂	沉降速度	当量直径	针入度	软化点	延度
	名称	用量(%)	用量(%)	v(cm/m)	$D(10^{-2}$cm)	(1/10mm)	(℃)	(cm)
回收沥青	回收沥青	100	0	1.28	6.86	121	45.5	25.8
再生沥青1号	回收沥青	95.6	4.4	0.76	4.83	171	41.5	35.0
再生沥青2号	回收沥青	93.5	6.5	0.60	4.29	203	39.5	35.5

二、组分调节理论

该理论是从化学组分移行出发，认为由于组分的移行，沥青老化后，各组分间比例不协调导致沥青路用性能降低，认为通过掺加再生剂调节其组分，可使沥青恢复原来的性质。

根据沥青“四组分”理论，采用溶剂沉淀及色谱柱法将石油沥青分成芳香分(Ar)、饱和分(S)、沥青质(As)和胶质(R)等4种组分。一般认为沥青质是沥青液态组分的增稠剂，胶质对改善沥青的延度有显著效果，芳香分对沥青质有很好的胶溶作用，形成稳定的胶体结构，而饱和分则是软化剂。归纳起来，各组分对沥青性质的影响，大致如表4-6所示。

表4-6　各组分对沥青性质的影响

组分	感温性	延度	对沥青质分散度	高温黏度
饱和分	好	差	差	差
芳香分	好	—	好	好
胶质	差	好	好	差
沥青质	好	稍差	—	好

沥青指标与各组分之间有如下关系：

(1)重质成分(沥青质和胶质)使针入度变小，轻质成分(芳香分和饱和分)使针入度变大；

(2)沥青软化点与饱和分或芳香分、胶质、沥青质3个参数回归的相关系数度很高，且重质成分(沥青质、胶质)使软化点升高，轻质成分(芳香分和饱和分)使软化点降低；

(3)沥青在高温条件下的黏度与饱和分或芳香分、胶质、沥青质3个参数回归的相关系数度大于0.9,且重质成分(沥青质和胶质)使高温黏度升高,轻质成分(芳香分和饱和分)使高温黏度降低;

(4)对针入度和高温黏度来说,它与沥青组分的关系是对数关系,所以组分的很小变化就能对针入度和黏度有很大的影响。

三、沥青再生途径

根据上述两种理论,要使老化沥青恢复原来的性能,就需要将老化沥青和原沥青的组分进行比较后,向老化沥青中加入所缺少的组分(即添加沥青再生剂),使组分重新协调。

因此,可以根据生产调和沥青的原理,在老化沥青中,加入某种组分的低黏度油料(再生剂),或者加入适当稠度的沥青材料,进行调配,使调配后的再生沥青具有适当的黏度和所需要的路用性能,以满足筑路的要求。所以再生沥青实际上也是一种调和沥青。当然,旧沥青与再生剂、新沥青材料的混合是在有砂石材料的情况下进行的,远不及石油工业中生产调和沥青调配的品质好。尽管如此,它们的理论基础是相同的。

旧沥青的再生过程是老化过程的逆过程,旧沥青路面再生利用也就是添加再生剂、新沥青和新集料而拌和成沥青混合料,满足一定路用性能并重新铺筑于路面,从而达到旧沥青路面改造的目的,并且减少废旧沥青路面对环境的污染,节约投资。

第四节　再生剂的研发与应用

一、再生剂的作用

再生剂可以定义为:能够将老化沥青的物理和化学性质改善至规范要求的有机材料。在不同的国家和地区,再生剂还有许多不同的名称,如软化剂、调和剂、延展剂等。

再生剂主要有以下方面的作用:

(1)调节旧沥青的黏度,使旧沥青过高的黏度降低,达到沥青混合料所需的黏度。使过于脆硬的旧沥青混合料软化,以便在机械和热的作用下充分分散、渗透,和新沥青、新集料均匀混合以达到再生的目的。

(2)渗入旧混合料中和旧沥青充分交融,使在老化过程中凝聚起来的沥青质重新溶解分散,调节沥青胶体结构,从而达到改善沥青流变性质的目的。在实际生产中,根据情况也可不加入再生剂,直接加入适当标号的新沥青材料。

二、再生剂性能要求

对于再生剂再生效果的评价方法目前主要有两种。一种是宏观评价方法，即对再生后的沥青进行物理性能评价，如软化点、针入度、黏度及延度等，通过与老化前的原样沥青进行对比，确定再生沥青的物理性能指标有多少程度的恢复，进而对再生剂的再生效果进行评价。另一种是微观评价方法，即对再生沥青的组分进行分析，对比再生后的沥青各组分含量如何变化，是否能恢复到原样沥青的组分含量，根据组分含量的恢复情况对再生剂的再生效果进行评价。

对再生剂主要有以下几个方面的技术要求：

1. 再生剂的黏度

再生剂是在施工前或施工拌和时，喷洒到旧料中去的。再生剂必须具有亲和与渗透能力，故应根据旧料硬化情况选用适当黏度的再生剂。若再生剂过分黏稠，则缺乏渗透能力；反之，若黏度太低，则又会在热拌时迅速挥发，失去效用。通常，再生剂的黏度约在 0.01～20Pa・s 范围内为好。

2. 再生剂的流变性

再生剂必须具有良好的流变性质，也就是说，再生剂的流变指数应具有较高的数值。由于低黏度油料是以某种组分为主要成分的近似单组分材料，不存在或极少存在沥青质，故它多呈现牛顿液体性质。因此，低黏度油料的流变指数 C 值大都接近于 1。

3. 再生剂的溶解分散能力

再生剂必须具有溶解和分散沥青质的能力，而且旧沥青中沥青质含量越高，要求再生剂具有溶解和分散的能力也就越高。芳香分具有溶解和分散沥青质的能力，而饱和分则相反，它是沥青质的促凝剂。因此，再生剂中芳香分含量的多少是衡量再生剂品质的重要技术指标之一。国外一些学者提出，再生剂中芳香分含量应大于 60％。

国外沥青的沥青质含量通常较高（约为 15％～20％），经路用老化后，沥青质含量更高，故要求再生剂含有较高的芳香分是很自然的。但国产沥青所含沥青质很少，一般都在 10％以下，即使是老化的旧沥青，沥青质含量也不高。由研究得知，旧沥青沥青质含量不同，为达到同样再生效果所需再生剂芳香分含量也不同。在旧沥青沥青质含量很少的情况下，低芳香分再生剂与富芳香分再生剂具有同样的再生效果。这就是为什么即使是使用以饱和分为主的油料，如润滑油、柴油与机油的混合油作再生剂，有时也能获得良好再生效果的原因。

4. 再生剂的表面张力

据有关研究资料，沥青质在弱极性溶剂中的溶解程度与这些溶剂的内压力有关。

由于各种溶剂的克分子体积相差不大，故可用表面张力近似地说明溶剂的内压力。换言之，采用表面张力这一指标，可以在某种程度上表示再生剂对沥青质的溶解能力。试验结果证明了这点，表面张力不同的再生剂，对旧沥青有着不同的再生效果。所谓再生效果，是指旧沥青添加再生剂后恢复原沥青性能的能力，最敏感的就是沥青延度恢复的程度，故再生效果可用再生沥青的延度与原沥青延度的比表示。由于用毛细管升高法或滴重法测定液体的表面张力颇为方便，故表面张力也可以作为评价再生剂质量的技术指标。

5. 再生剂的耐热、耐候性

在热拌再生的工艺过程中，再生剂将受到加热高温的影响，再生混合料铺筑在路面中，还将受到大气自然因素的作用，故再生剂必须具有一定的耐热性和耐候性。

此外，对再生剂的性能还有以下几点要求：

(1)不含有损沥青路面其他路用性能的有害物质。再生剂中的油分主要是芳香族和饱和族，在油分含有较多的饱和分(包括有蜡质及非蜡质的饱和物)加入到老化沥青中后对沥青的性能会产生不利的影响，主要是蜡质含量过大使沥青的高温和低性能变差，严重影响到路面的使用品质。

(2)再生剂要具有良好的抗老化能力，能有效延长再生路面的使用寿命。

(3)不含对人体有害的物质，以及在施工喷洒加热拌和时，不产生闪火或烟雾现象。

(4)再生剂在混合料中的分散均匀性，再生剂必须容易在再生混合料中分散，不会出现局部过于集中，以免造成混合料离析的现象。

(5)与老化沥青的相容性好，不会造成沥青某些组分的部分析出，破坏沥青结构。

(6)能够调和回收料中老化沥青的黏度，使其达到设计要求。

(7)生产的稳定性和连续性。

综上所述，再生剂适当的黏度、良好的流变性质、足够的芳香分含量以及较低的薄膜烘箱试验黏度比，是再生剂良好品质的重要表征。

表 4-7 和表 4-8 列出了美国 ASTM 标准 D4552 的热沥青再生剂性能指标以及美国威特科公司提出的再生剂质量标准，其中，重要的性能指标包括：

(1)60℃黏度是确定沥青等级和保准均匀性的指标。

(2)闪点可以作为再生剂中挥发有机组分和杂质成分的测试指标，闪点对再生剂的使用、运输和储藏的安全性十分重要。

(3)饱和成分比例是确保再生剂相容性的指标。

(4)高温质量损失可以评价热拌沥青混合料生产中挥发和烟雾污染的性质。

(5)老化试验能测试高温拌和时的抗硬化和耐久性。

表 4-7　美国 ASTM 热拌沥青混合料再生剂性能指标

技术指标	ASTM 试验方法	RA5	RA25	RA75	RA250	RA500
黏度 60℃(Pa·s)	D2171	0.2～0.8	1.0～4.0	5.0～10.0	15.0～35.0	40.0～60.0
闪点(℃)	D92	＞220	＞220	＞220	＞220	＞220
饱和分(%)	D2007	＜30	＜30	＜30	＜30	＜30
回转薄膜烘箱残渣黏度比	D2872	＜3	＜3	＜3	＜3	＜3
质量损失(%)		＜4	＜3	＜3	＜3	＜3
相对密度	D70 或 D1298	报告	报告	报告	报告	报告

表 4-8　美国威特科公司提出的再生剂质量标准

技术指标	目的	试验方法	L^*	M^*	H^*
黏度 60℃(Pa·s)	调节再生混合料中沥青黏度	ASTM D 2174—071	0.08～0.5	1～4	5～10
闪点(℃)	操作上注意	ASTM D 92—72	＞177	＞177	＞177
挥发性初期沸点(℃)2%～5%	防止由于挥发而引起硬化以及污染空气	ASTM D 160—61	＞149 ＞191 ＞210	＞149 ＞191 ＞210	＞149 ＞191 ＞210
黏附性 N/P	防止离析	ASTM D 2006—70	＞0.5	＞0.5	＞0.5
化学组成 (N + A1)/(P + A2)	再生沥青的耐久性	ASTM D 2006—70	0.2～1.2	0.2～1.2	0.2～1.2
密度	用密度计算	ASTM D 70—72	报告	报告	报告

注：* 各字母表示适宜的抽取温度：L=46℃，M=88℃，H=93℃。

日本的再生剂质量标准是根据以下几个方面要求提出来的：

(1)保证人体安全，再生剂中不含有毒物质。

(2)考虑施工性能和回收沥青物理性质的恢复，来确定 60℃的动力黏度。

(3)从操作安全出发，要求再生剂有足够高的闪点。

(4)为保证再生路面的耐久性，规定再生剂薄膜烘箱加热的黏度比及加热损失量。

表 4-9 为日本再生剂的质量标准。

表 4-9　日本再生剂质量标准

项　目	试验方法	指　标
动力黏度(60℃)(s)	JIS K2283	80—1000
闪点(℃)	JIS K2265	230
薄膜烘箱试验黏度比(60℃)	JIS K2283	<2
薄膜烘箱试验质量变化率(%)	JIS K2207	±3 以下
相对密度	JIS K2249	报告
组分分析	—	报告

综上所述，再生剂适当的黏度、良好的流变性质、足够的芳香分含量以及较低的薄膜烘箱试验黏度比，是再生剂良好品质的重要表征。我国目前还没有制定再生剂的相应规范标准，只是少数单位有过企业标准。表 4-10、表 4-11 为浙江兰亭高科有限公司在交通部西部交通建设科技项目“沥青路面再生利用关键技术的研究”中，提出了适合我国国情的再生剂技术指标建议值和建议实施值，其中关于芳香分含量和表面张力的建议值是按旧沥青的沥青质含量小于或等于 15%而提出来的。

表 4-10　再生剂技术指标建议值

技术指标	动力黏度 60℃(Pa·s)	流变指标 (25℃)	芳香分含量 (%)	薄膜烘箱质量损失 163℃/5h(%)	薄膜烘箱试验黏度比 (后/前)	闪点 (℃)
建议值	≤2	≥0.9	>30	±1	≤1.8	>230

表 4-11　再生剂技术指标建议实施值

技术指标	动力黏度 60℃(Pa·s)	薄膜烘箱质量损失 163℃/5h(%)	薄膜烘箱试验黏度比	闪点 (℃)
建议值	≤2	±1	≤1.8	>230

三、再生剂选择方法

1. 热再生剂的选择方法

由于再生沥青混合料的品质要求与普通沥青混合料的要求是基本一致的，故对再生沥青标号的选择也应该与普通沥青路面对沥青标号的选择一样。

再生沥青标号的选择，应根据气候条件、再生混合料所处层位、施工方法、施工季节以及各地的经验等诸多因素来确定，并满足《公路沥青路面设计规范》(JTG D50—2006)沥青标号的要求。在已知再生沥青黏度的情况下，可通过将回收的老化沥青与再生剂试配的方法来确定再生剂的掺量，即将不同掺量的再生剂与老化沥青融合，测得针入度、黏度，找到能满足再生沥青要求的掺量。

在已知再生沥青黏度的情况下，可通过将回收的老化沥青与再生剂试配的方法来确定再生剂的掺量，即将不同掺量的再生剂与老化沥青融合，测得针入度、黏度，找到能满足再生沥青要求的掺量。再生沥青的性能应符合《公路沥青路面施工技术规范》(JTG F40—2004)中附录"路用材料质量要求"。再生沥青的各项性能与再生剂、老化沥青、新沥青的性能有关。在控制再生沥青混合料中的沥青的性能时应控制好加入到老化沥青中的再生剂的性能。例如，再生沥青混合料的沥青性能预期应达到标号为AH-70的沥青性能，在考虑再生剂加入到老化沥青中的性能指标时，应以AH-70为标准。根据调配试验确定再生剂掺量与新沥青的标号。

由于旧沥青混合料沥青含量较小，加入再生剂后还需要添加一些新沥青，这不但能改善旧沥青的性能，还使再生混合料达到最佳油石比，此时新沥青的标号一般选择由调配试验确定，当不加入再生剂时，新沥青相当于再生剂，此时一般选择比目标沥青标号高的新沥青，这种情况只适用于旧沥青老化程度小的情况(针入度大于40)，否则不能达到路用性能的要求。因此，再生后的旧沥青与新沥青混溶后的性能有进一步的改善，如果再生剂、新沥青与老化沥青的掺配比例适当，单从沥青的三大技术指标来衡量，老化沥青的路用性能是可以恢复到使用之初水平的。

是否使用再生剂是根据回收的沥青老化程度而定的。若回收沥青老化程度不严重，可不选用再生剂；反之则需要采用再生剂。一般来说，当旧沥青针入度小于40(0.1mm)时，应考虑添加再生剂。在选用再生剂时，要符合再生剂的性能指标建议值。

再生剂的用量一般可以通过试配的方法获得。

再生沥青设计针入度确定后，通过改变再生剂的掺量来寻找达到设计针入度的再生剂含量。但此方法需要较大的试验量。

因此，有专家提出根据旧沥青黏度、再生混合料的设计黏度以及再生剂本身的黏度，通过式(4-5)计算确定。

$$\log\eta_R = Xa\log\eta_b + (1-X)a\log\eta_0 \quad (4\text{-}5)$$

式中：η_R——再生沥青的设计黏度，Pa·s；

η_b——再生剂黏度，Pa·s；

η_0——旧沥青的黏度，Pa·s；

X——再生剂的掺量，以小数计；

a——黏度偏离指数，一般取1.20。

此方法必须要测定再生剂和旧沥青的黏度。

在旧沥青混合料中加入新沥青、结合料的目的是调节回收沥青的黏度，改善回收沥青的性质。其用量可由式(4-6)确定：

$$X = \frac{i_R - i_o P}{i_R} \tag{4-6}$$

式中：X——新的沥青掺配比例；

i_R——再生沥青混合料设计沥青含量；

i_o——旧沥青混合料的沥青含量；

P——旧沥青混合料的掺配率。

加入再生剂或新沥青的旧沥青，经过再生后其稠度可由式(4-7)进行计算：

$$\log P_R = X1.02(\log P_b - 4.6569) + (1-X)1.02 \cdot (\log P_o - 4.6569) + 4.6569 \tag{4-7}$$

式中：P_R——再生后沥青的针入度值，0.1mm；

P_b——新沥青的针入度值，0.1mm；

P_o——回收旧沥青的针入度值，0.1mm；

X——新沥青的掺配率。

总之，旧沥青经再生剂或新沥青调配后的性能指应满足 AH-70 沥青的规范要求。

确定旧料掺量后，根据其沥青含量、针入度、集料性能和级配等各项质量指标的影响程度，在满足规范要求的前提下，选择适当的新沥青和新集料进行配合比设计，配合比设计的程序和方法基本与普通全新混合料相同。

2. 冷再生剂的选择

一般可以将冷拌再生中的黏结料乳化沥青或改性乳化沥青认为是冷再生剂。

旧沥青混合料和乳化沥青的试验室评价时，应确定其再生剂是否适用于该旧沥青混合料。不同类型和用量的乳化沥青，都应通过旧沥青混合料与新集料试配来确定最佳的组合。当材料级配(旧沥青混合料与新集料)确定后，就可以选择乳化沥青(乳化改性沥青)的类型和等级。一般情况下，开级配或粗级配的集料用中裂乳液拌和；由于 Medium Setting 这些乳液接触集料时并不立刻破乳，因此用这些乳液拌和的混合料能够保持较长时间的和易性。同时由于中裂沥青乳液在极端气温条件下对集料仍有较好的裹覆和沥青保持能力，所以这类乳化沥青可用来稳定粗级配或密级配集料。慢裂乳化沥青具有最大的拌和能力，通常用于稳定密级配或细料含量较高的集料。所有慢裂乳化沥青黏度都比较低，并可以通过加入水进一步降低其黏度。

采用现场裹覆试验(AASHTO T59) 来选用阴离子或阳离子乳化沥青，选用更能与旧料和 RAP 新集料兼容的乳化沥青。建议选用再生剂和确定用量时，首先考虑再生剂的类型和等级能够与当地工程的集料级配和交通条件相匹配，要考虑道路的使用情况，所在位置的环境条件，现有设备的类型等，此外还要考虑新沥青黏结剂的性能，如浓度、养护方法和破乳速度等。

美国有些州(如新墨西哥州)已使用改性乳化沥青来减小温度裂缝,增强抗车辙能力和改善早期强度。大量研究表明理想的再生剂应具有以下特性:

(1)较好的拌和和裹覆作用。

(2)避免使用溶剂,从而不必在大气中养护。

(3)应能迅速凝结,以便尽早开放交通。

在冷再生过程中,水的使用可以促进裹覆和压实。水可以是存在于旧料或新集料中的自然水,或旧料是在加入再生剂之前加入的拌和水,或是再生剂的一部分(例如稀释慢裂乳化沥青的水)。对于乳化沥青,并不是所有不同来源的水都能和乳液相容,应该检验水和乳液的相容性。如发现乳化沥青的任何负面影响(过早破乳),都应该寻找新的水源。通常,慢裂的乳化沥青和阴离子中裂乳化沥青拌和时要保证一定的湿度。可见为便于确定预拌水量是否能够将乳化沥青分散均匀,试验室拌和裹覆试验就显得尤为重要。

第五节　旧沥青路面材料与再生沥青性能评价

一、回收料性状分析与评价

1. 旧沥青的性质

各地旧沥青常规指标的检测结果(见表4-12)表明,沥青受施工中短期老化和使用中长期老化影响,其技术性能向着不理想的方向发生不可逆转的变化,与新沥青性质相比,其脆性明显增大。与初始沥青相比,沥青的针入度降低、软化点升高、延度下降,这是使沥青路面变形能力逐渐降低、变得过分刚硬的原因。根据沥青路面损坏情况的调查和分析,沥青路面的严重老化往往是造成路面龟裂损坏的主要原因,可见沥青的耐久性是影响沥青路面使用质量和寿命的主要因素。

表4-12　各地旧沥青技术指标

取样地点	针入度(0.1mm)	软化点(℃)	延度(cm)
沪杭甬高速公路	33	57	13.9
沈大高速公路	49	55.7	8.0
太旧高速公路	38	63.1	20.0
北京城市主干道	34.7	56.5	13.3
沪宁高速公路	36.2	52.4	12.0

美国曾在使用4年和6年的沥青路面车道不同深度挖取试样，进行沥青抽提试验，然后与沥青材料进行对比分析，其试验结果见表4-13。从表列数据可以看出，沥青路面中不同位置处沥青的老化程度是不同的，就同一深度而言，使用6年的旧沥青要比使用4年的针入度小、软化点高，说明沥青随着时间的推移，老化不断加深，这与我国高速公路现场调查情况一致。

表4-13 美国回收沥青的物理特性

时间	性质	取样位置(深度 cm)			
		原样	0～0.5	0.5～2.5	2.5～4.5
4年	针入度(0.1mm)	95.0	33.0	52.0	52.0
	软化点(℃)	45.0	60.2	52.0	53.0
6年	针入度(0.1mm)	—	24.8	47.5	43.5
	软化点(℃)	—	63.7	55.0	55.3

我国在“七五”期间修筑了许多试验路，对这些路面的使用状况进行了长期跟踪检测并在现场挖样分析。表4-14为江苏六杨一级公路跟踪挖样分析结果，表4-15为沈大高速公路10年来的跟踪观测结果。

表4-14 江苏六杨公路跟踪检测结果——原始沥青及回收沥青性质

项目	软化点(℃)	针入度(25℃,0.1mm)	延度(cm)		四组分分析(%)			
			15℃	25℃	饱和分	芳香分	胶质	沥青质
原始沥青	47.5	86	>120	>150	18.6	30.2	47.5	3.7
7年后	53	53	55	70	16.8	25.1	46.0	12.1
10年后	67	30	8	19	16.0	21.2	48.1	14.7

表4-15 沈大高速公路跟踪检测结果——辽河稠油沥青的回收沥青的性质

项目		原始沥青	铺路2年后	铺路8年后	铺路10年后	
					坚实路面	断裂路面
针入度(25℃,0.1mm)		128	82	85	55	40
软化点(℃)		40.5	46	48.5	54.4	57.5
延度(cm)	15℃	≥140	85	23	16.2	8.3
	25℃	≥140	140	71	97	69
密度(25℃,g/cm³)		1.045	1.0162	1.0334	1.028	1.011
四组分分析(%)	饱和分	24.62	23.00	24.24	23.64	21.47
	芳香分	34.27	28.41	21.34	23.79	22.43
	胶质	37.89	39.80	38.73	38.58	42.77
	沥青质	3.22	8.99	15.60	13.99	14.33

根据以上两个表中的观测结果，沥青材料经过长期作用后，回收沥青的化学组分与原沥青相比较有明显的变化，表现为：各组分之间配伍的失调，油分减少，胶质和沥青质增多。沥青组分变化的主要原因是氧化、缩合作用。在沥青中，油分的分子量较小，氧化缩合作用的结果使油分中芳香烃分子量增大，向胶质转化，而饱和烃由于分子比较稳定，变化不大，胶质向沥青质转化，而沥青质本身则聚合成更大的分子。随着沥青路面使用年限增加，旧沥青中的油分就愈少，胶质和沥青质就愈多，因而旧沥青的针入度愈小，沥青材料愈向脆硬方向转化。

2. 集料的性质

从表 4-16 所列的回收旧集料筛分检测结果可以看出，许多原来高等级沥青路面其矿质颗粒都明显地发生破碎，粉料增多，有的粉料甚至高达 14.2%，2.36mm 以下部分都有明显增加，有的 2.36mm 筛孔通过率达到了 77.5%。因此，矿质集料粒径的细化（旧料中细料和粉料偏多）是 RAP 的一个重要特征。这是由于沥青路面在车辆荷载作用下，矿质颗粒接触点处产生挤压应力和剪切应力，有时可以超过其极限强度，而使矿质颗粒发生破碎；同时，矿质颗粒间的摩擦也会引起颗粒表面的磨损，使沥青混合料的粉料增加。沥青混合料级配组成的改变，使沥青混合料内摩擦角降低、抗剪强度下降。由于集料的破碎面不涂覆沥青结合料，使颗粒之间的黏结强度降低，导致沥青路面强度衰降。位于路面表面的颗粒，则会因破碎而引起脱粒，进而造成路面坑洞。

表 4-16　回收旧集料筛分检测结果

取样地点	杭州城市主干路	北京城市主干路	沈大高速公路	沪宁高速公路
筛孔(mm)	通过百分率(%)			
30	100.0	100.0	100.0	100.0
26.5	100.0	100.0	100.0	100.0
19	100.0	98.0	90.35	94.4
16	99.3	95.4	85.26	85.3
13.2	98.7	85.3	74.34	70.2
9.5	94.9	71.1	60.79	55.2
4.75	87.1	50.1	37.19	33.5
2.36	69.9	32.3	23.39	22.5
1.18	57.7	27.8	18.45	19.8
0.6	42.8	22.5	12.72	15.6
0.3	29.3	18.1	7.56	13.2
0.15	12.0	16.2	6.06	10.3
0.075	6.7	14.2	3.84	8.5

从表 4-17 可以看出，回收集料除了针片状含量偏大外，物理力学性能均满足规范要求。美国佛罗里达州旧沥青路面调查资料也证实了这点。

表 4-17　回收旧料中粗集料的质量检验结果

指　标		单位	规范要求	旧　集　料	
			中、下面层	10～20mm 碎石	0.5～10mm 碎石
压碎值	不大于	%	28	21.5	
洛杉矶磨耗损失	不大于	%	30	22.6	
视密度	不小于	g/cm³	2.5	2.658	2.645
吸水率	不大于	%	2	1.78	1.90
与沥青的黏附性	不小于	级	4	5⁻	5⁻
细长、扁平颗粒含量	不大于	%	15	18.2	21.3

二、老化沥青回收方法

沥青回收试验是沥青再生技术的关键试验之一，直接影响再生沥青的各项路用性能评价，是确保再生沥青路面质量的重要基础。通过这个试验，我们可以得到老化沥青的性能及旧沥青混合料集料的级配，根据所得的试验数据就可以进行老化沥青的再生和掺配，以及确定新混合料的级配。

1. 抽提方法与溶剂的选择

我国《公路工程沥青及沥青混合料试验规程》(JTJ 052—2000)中规定了两种旧路面沥青回收的方法：阿布森法和旋转蒸发器法。阿布森法回收沥青试验在美国材料与试验协会的编号是 D1856，是 1933 年由美国人阿布森发明的，到了 1970 年旋转蒸发器法回收沥青装置才被发明。这两种方法的关键都是试验操作技能的掌握，如果关键技术掌握较差，则试验误差大、可重复性差。TRR1269(1990)《Solvent Removal from Asphalt》研究发现，阿布森法可以分离足够的溶剂，旋转蒸发器法可以更彻底的分离溶剂，但可重复性不如阿布森法。到了 20 世纪 90 年代，美国战略性公路研究计划推出了一种改进的老化沥青抽提回收方法，这种方法在一定程度上克服了前两种方法的不足，提高了试验数据的稳定性和准确性。

RAP 的抽提与回收操作过程，都是对旧路面沥青混合料进行抽提，然后对抽提液进行老化沥青的回收。美国材料与试验协会(ASTM)在 ASTM D2172 中对回收料沥青抽提的方法共列举了三种方法，它们分别是离心机抽提法、回流抽提法和真空抽提法。其中阿布森法与旋转蒸发法都是用离心机抽提获取老化沥青的溶解液。

用于抽提和回收过程中的溶剂也有很多种，它们包括：

(1)三氯乙烯(适用于阿布森法、旋转蒸发法、离心抽提、回流抽提);

(2)二氯甲烷(适用于旋转蒸发法、离心抽提、回流抽提、真空抽提);

(3)苯、甲苯或甲苯与乙醇混合溶液(乙醇20%)(只适用于阿布森法);

(4)三氯乙烷(离心抽提、回流抽提)。

以上四种溶剂都含有一定的毒性,其中苯是最有毒的,其余依次是三氯乙烯、二氯甲烷、三氯乙烷。以前的沥青含量也是通过抽提法得到结论,为了避免有毒性的溶剂,国外在20世纪80和90年代相继发明了高温炉法和核子测定法来得到沥青含量的数据,并发现了一些有机的和能进行生物降解的溶剂。但对于旧路面沥青回收料的回收还是要用到三氯乙烯、苯和二氯甲烷,美国战略性公路计划对回收料抽提和回收方法又提出了改进。

2. AASHTO TP2 沥青回收法

美国战略性公路计划研究发现,利用阿布森法和旋转蒸发法回收的沥青结合料有很大的可变性,主要表现在以下几个方面:

(1)沥青结合料可能与溶剂发生反应,从而改变回收沥青的物理性质。

(2)在回收完成之后,经常会有溶剂保留在所回收的沥青当中,使回收沥青性质发生变化。

(3)沥青结合料不能完全从集料中抽提出来,这对集料的性质会有很大的影响。

AASHTO TP2 改进了阿布森法和旋转蒸发法存在的不足,并在此基础上予以完善。实验取用的溶剂是溴化丙醇(n-propy bromide),克服了以前所用溶剂的不足。改进的方法是从萃取和回收两个方面进行的,其实验操作装置也被称作 SHRP 一旋转蒸发器回收装置(图4-4)。AASHTO TP2 萃取过程使用了内部旋转的圆筒,很像一个旋转的研磨机。圆筒中设有折流板,以促进混合料和溶剂的接触。回收液在进入回收瓶离心抽提之前要经过一个过滤系统,这个过滤系统有四个不同类型的筛号,其中包括8mm和1～2mm的聚丙烯单纤过滤器,这样就可以去除回收液中部分的细集料和矿粉。萃取回收过程中大约需要利用3 000mL的溶剂七次冲洗回收料,这样才能保证集料上的沥青完全洗掉。而回收装置则是改进的旋转蒸发器。

AASHTO TP2 是一种新型沥青回收装置,其方法原理在国内还很少被提及,现将其操作过程介绍如下:

(1)利用四分法从取回的样堆中取出1 000～1 100g的回收料试样,此试样可以回收大约50～60g的沥青结合料。

(2)将回收料试样放入烘箱中烘干,温度设在110℃,然后称取试样和过滤器的重量;

(3)把试样加入抽提容器中,盖好盖子,加入600mL的溴化丙醇于容器中,然后向容器中以 1 000mL/min 的速度通入 1min 的氮气(N_2)。

(4)将盛有回收料和溶剂的容器旋转 5min。

(5)将萃取容器垂直放置,并通过真空管与一个回收瓶连接起来,这时以 400mL/min 的速度向容器中通入 N_2。萃取容器通过一个真空装置(700mmHg)促使流出液进入第一个回收液瓶,然后流出液经过 0.02mm 的过滤器流入第二个回收瓶中。最后,打开真空装置的开关将第二个回收瓶的流出物导入到旋转蒸发器的回收瓶中。

(6)当回收液进入到旋转蒸发器的回收瓶中,就进行回收液的第一次蒸馏。蒸馏瓶应始终保持大约 2/3 的回收液在瓶中(700mm Hg 真空装置,温度 100±2.5℃)。

(7)重复第(3)至(6)的操作。

(8)使用 400mL 的溶剂并将旋转器开动 30min,直到抽出液变成淡黄色。这时,当蒸馏瓶在只有 1/3 液体的时候停止第一次蒸馏。

(9)将蒸馏液倒入离心瓶中,然后进行离心分离(离心机转速为 3600rpm);

(10)将离心液倒入蒸馏瓶中进行第二次蒸馏,旋转蒸发装置的油浴温度此时应控制在 174±2.5℃。

(11)继续蒸馏直到挥发液冷凝率小于 30s/滴,此时调整 N_2 的导入速率。

(12)到 1000mL/min,通入 30±1min 的时间。

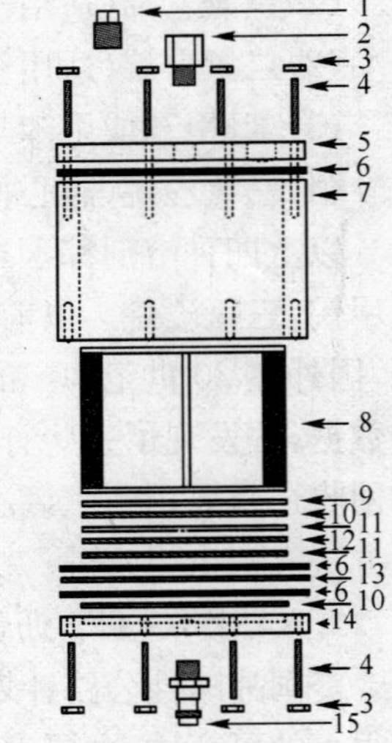

图 4-4 AASHTO TP2 抽提装置

1-ISO 12RT 进液口;2-ISO 8RT 进液口;3-12M5×50 螺帽;4-12M5×0.5×50mm 螺栓;5-抽提盖;6-3mm厚,直径 148mm 的垫圈;7-抽提室;8-铝合金挡板;9-3mm 厚,直径 148mm 的铝合金垫圈;10-10 号防锈钢筛;11-金属隔板;12-50 号筛;13-200 号筛;14-抽提室底座;15-ISO 4RT 过滤出液器

(13)最后将回收的沥青结合料从蒸馏瓶中倒入实验器皿中。

AASHTO TP2 是在阿布森法和旋转蒸发法的基础上建立起来的,其实验操作虽然复杂一些,但易于控制,实验数据相对来说也很稳定,并克服了溶剂和集料对回收沥青的影响,是一种较好的沥青回收方法(图 4-5)。

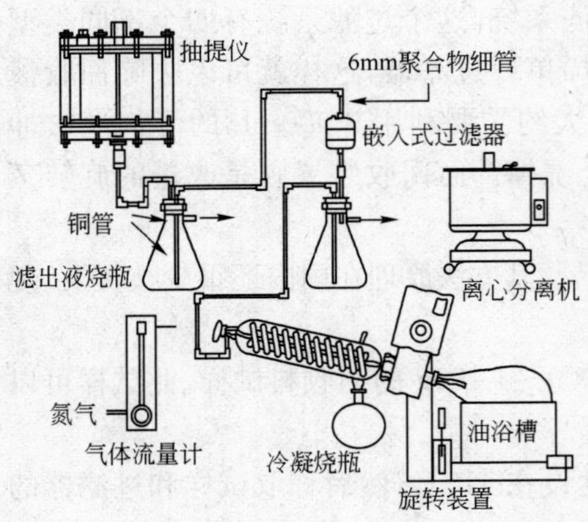

图 4-5 AASHTO TP2 实验操作装置

3. 阿布森法沥青回收

虽然 AASHTO TP2 是一种很好的实验室沥青回收方法,但是此装置推出时间不长,应用还不是很广泛,且价格昂贵,国

内至今也没有进口此设备。考虑到经济性和可靠性，目前国内一般都使用阿布森法进行沥青回收试验。

现行《公路工程沥青及沥青混合料试验规程》(JTJ 052—2000)对阿布森法试验虽然有明确的操作和规定，但在实践的过程中遇到了一系列的技术问题，经过反复实验和对实验过程及相关问题的探讨，最后找到了一些完善阿布森法沥青回收试验的措施。

(1)阿布森法回收沥青存在的问题

阿布森回收试验是一个较难掌握的试验，且人为因素影响较大。在试验中主要发现的问题有：①加热速率控制不准确，温度容易超出试验允许范围；②回收的最后阶段通入的二氧化碳不能使沥青充分扰动，加热不均匀；③三氯乙烯是否蒸馏干净不容易直接判断；④回收沥青在真空干燥箱除气泡的过程中容易发生沥青再老化；⑤离心分离无法使回收液中的矿粉去除干净，对回收沥青的性能产生影响。因此，应对阿布森沥青回收试验及回收沥青的处理作进一步完善，改进试验装置，或采用更为有效的试验方法。

(2)改进的阿布森法试验

经过不断试验总结，为达到更好的试验效果，对阿布森法回收沥青试验进行了一些改进。改进的试验具体操作步骤按以下方法进行。

①空白沥青标定试验

阿布森法试验回收沥青的可靠性基本能满足工程要求，但是很容易产生误差，且对操作人员要求较高。一般要进行多次的试验，掌握其规律，了解阿布森法与试验数据的联系。其关键是试验操作技能的掌握和试验数据的把握，如果不了解阿布森法的优缺点，就可能产生试验误差大、可重复性强、数据不准确等不良结果。为了熟练掌握试验规律和操作技巧，把握操作要领，通过不断实验总结，认为在进行阿布森法回收沥青之前，有必要进行空白沥青标定实验。

方法如下：选择一个基质沥青试样，测试其性能(包括针入度、软化点、15℃延度、60℃黏度)，然后取300g左右的沥青试样，用三氯乙烯稀释，稀释液的浓度按三氯乙烯与沥青质量比为1∶6配制，将500g左右的溶液倒入500mL的蒸馏装置，按照试验规程进行沥青回收。为了避免一次试验可能造成的误差，将多次回收的沥青倒入同一容器进行充分混合，然后测试回收沥青的性能，包括针入度、软化点、15℃延度、60℃黏度，将这些技术指标与空白沥青的相应指标进行比较。如果试验结果在试验允许的误差范围内，则证明已经掌握了沥青回收的技术要点；如果试验结果超出了误差范围，则应分析原因，适当适时调整温度和气体流量，并注意观察挥发液冷凝率。如果回收沥青与空白沥青相比针入度偏高、软化点下降、黏度下降、延度增大，说明溶剂没有蒸发完全，应适当延长加热时间，检查CO_2通气流量是否充足；如果正好相反，则需检查加热时间是否过长，加热温度是否在回收后期过高等，经过反复测定直到掌握沥青回收的每一个技术要点为止。空白试验标定的试验结果如表 4-18 和表 4-19 所示。

表 4-18　空白沥青标定试验一

项目 / 沥青	针入度 (0.1mm)	软化点 (℃)	60℃黏度 (Pa·s)	密度 (g/cm^3)
原样沥青	71	45.8	197	1.023 8
回收沥青	94	45.1	161	1.018 1

表 4-19　空白沥青标定试验二

项　目	原样沥青	回收沥青 (持续加热 20min)	回收沥青 (持续加热 25min)	回收沥青 (持续加热 40min)
针入度(0.1mm)	65	69	66	60
备注	溶液温度达 135℃时通入 CO_2(200mL/min)，温度至 156～160℃，流量 1 400mL/min，调节温度保持在 160～165℃。 持续加热时间指通入 CO_2 后至停止加热的持续加热时间			

从试验一可以看出，回收沥青与原样沥青相比，针入度增大、软化点降低、黏度下降、密度减小，这些数据说明三氯乙烯溶剂没有蒸发完全，应适当延长加热时间，检查 CO_2 通气流量是否充足。从试验二可以看出，通入 CO_2 后至加热的持续加热时间是影响试验结果的关键因素之一。加热时间过短，溶剂回收不完全，加热时间过长，回收沥青出现老化。为了充分掌握阿布森回收的关键技术，体现试验结果的重复性，以上试验结果均为二人或二人以上试验结果的总结。

通过空白沥青标定试验发现试验过程中以下几个环节对试验结果影响较大：

a. 蒸馏后期的温度控制：采用加热套进行加热时，后期温度往往过高，造成沥青老化，因此采用改进了的自动控温油浴槽，蒸馏后期可以有效控制蒸馏瓶内的温度，而且受热更加均匀，避免了沥青老化。

b. 通入 CO_2 后的持续加热时间的控制：加热时间短造成溶剂残留，残留量即使很小也会使针入度结果产生很大的影响，如果加热时间太长必然造成沥青老化。我们采用的空白沥青针入度为 65，通过采用不同的持续加热时间回收沥青直到回收的沥青针入度在 65±2 为止，并注意观察试验过程中的现象，因为不同浓度、不同试样量会稍有不同。表 4-19 中，第一次(采用加热套加热)试验持续时间 20min，回收的沥青针入度为 69，说明回收的沥青中还存在残留溶剂；第二次试验持续时间 40min，回收的沥青针入度为 60，说明沥青已经老化。经过调整后，加热时间在 25～30min，获得的沥青针入度为 65±2，同时采用油浴槽加热后，即使加热时间稍长，对沥青老化的影响也大大降低。

c. 沥青溶液的浓度：为了避免误差，保证回收沥青的一致性，溶液的浓度为 1∶6 左右(沥青质量∶溶剂质量)，这样可以保证每次回收的沥青大约为 90g，沥青溶液浓度太大，容易造成溶剂残留，浓度太小，回收期拉长，并且容易造成沥青老化。

②试样准备

取有代表性的沥青混合料，如果混合料直接从路面钻芯或铣刨回来，则应该将其晾晒干燥，并把它置于 100℃恒温干燥箱内加热 30min，使混合料成松散状态，以利于混合料易溶于三氯乙烯溶剂中。按照试验操作经验，沥青三大指标试验所需的沥青用量为 80～90g，但由于回收沥青时有一部分沥青黏附于烧瓶内壁，大约为 30g，所以，取沥青混合料时，必须先估算回收 120g 沥青所需沥青混合料的质量，约 1200±100g。然后将其置于容器内用三氯乙烯溶剂浸泡 30～60min(为确保试验的准确性，必须使重复性试验过程中回收沥青混合料与三氯乙烯溶剂的质量比大体保持一致)。由于三氯乙烯溶剂易挥发，且对人体有毒害作用，所以，阿布森法整套试验必须在通风良好的室内进行，操作人员也要配备必要的防护用品，如橡皮手套和防护面罩等。

③沥青溶液的抽提和分离

a. 按照《公路工程沥青及沥青混合料试验规程》(JTJ 052—2000)用上述选择的离心式沥青混合料抽提仪抽提沥青溶液。

b. 将全部沥青抽提液分别装入离心管中，用大容量、高速离心机分离抽提液中的细微颗粒的矿粉部分，施加离心力不小于 770 倍重力加速度(770g 以上)，离心分离的时间不少于 30min。

c. 将干净的抽提液取出一部分置减压过滤器的滤纸上过滤，一边抽气一边向滤纸上加新的三氯乙烯溶剂洗净。仔细观察滤纸上还有没有矿粉颗粒，检验高速离心分离机清除矿粉是否干净。如果采用上述的马沸炉等高温加热器，把抽提液进行高温加热，并对燃烧后的灰烬进行称重，从而检测分离机清除矿粉等细微颗粒集料是否干净。如不干净则重复步骤 b，延长分离时间，直至确认抽提液中没有矿粉为止。

④蒸馏和回收

a. 对抽提液进行水浴加热，蒸发抽提液中一部分三氯乙烯。我们通过试验发现，抽提液中三氯乙烯含量很大，直接进行充气蒸馏容易产生爆沸现象烫伤试验人员，同时一次回收的沥青量很少。在此之前对抽提液进行水浴加热，将 350～400mL 的抽提液导入 500mL 的蒸馏瓶中，蒸馏瓶固定在水浴之中，瓶口连接冷凝管，冷凝管另一头放置盛装三氯乙烯的瓶子。当冷凝率小于 30s/滴时，即可将蒸馏瓶中的回收液倒出。

b. 将约 300mL 回收液倒入一个洁净的 500 mL 蒸馏烧瓶中。在此需要特别说明的是：按试验规程的做法是“将回收液全部(350～400mL)倒入一个洁净的 500mL

蒸馏烧瓶中”。但我们经多次试验发现，倒入350～400mL抽提液很容易在蒸馏过程中发生溶液爆沸进入冷凝管并进入回收三氯乙烯的锥形瓶中，且较易发生溶液沸腾冲出烧瓶，烫伤试验人员或损坏玻璃器皿的操作事故。因此在实际操作中做了一定的改进。

c. 加热开始后，就应往烧瓶溶液中注入 CO_2 气体，气流量以能使溶液在烧瓶中缓慢翻腾为宜，以免溶液突然沸腾。不采用掺加沸石或玻璃毛细管的做法，是为了避免回收沥青内掺加杂质，同时由于每次回收沥青数量有限，从而减少黏附沥青的数量。

d. 由于油浴加热均匀，后期控温效果好，而且三氯乙烯在80～85℃之间开始被蒸馏出来。根据大量的试验操作，发现一般恒温油浴槽的设定温度从始至终可设定在165～180℃之间，视回收沥青三氯乙烯溶液中的温度计所显示的温度而定，该温度计显示温度应控制在160～165℃之间。

e. 待溶液温度达到设定温度后，CO_2 气体流量增加到1 400±50mL/min。三氯乙烯蒸馏完毕后，继续通入 CO_2 气体，达到25min（下称后续加热时间，试验规程为15min）时停止加热和通气，并及时向试模倒出回收沥青，对用于针入度测试的回收沥青，必须及时将其在试模内搅拌，以减少沥青的微小气泡，如果沥青表面扰动较大，使沥青表面不光滑、不平整、可将沥青置于100℃恒温干燥箱加热5～10min即可。

三、再生沥青配伍实例

沥青胶结料的再生是否能够成功，主要取决于回收沥青路用性能、再生剂的性能和再生沥青的配伍性。

1. 回收料老化沥青与再生剂性能

(1)老化沥青性能

通过阿布森法，对某回收料进行取样抽提回收，根据表4-20所列试验项目进行了老化沥青性能测试，试验数据如表4-20所示。

表4-20　回收料老化沥青路用性能

项　目	针入度(0.1mm)	延度(cm)	软化点(℃)	旋转黏度(60℃　Pa·s)
1	31	7	59.5	522
2	31	6	—	520
3	33	7	59.6	518
平均值	32	7	59.6	520

根据试验可以看出，老化沥青的针入度和延度数值都变得很小，而软化点与黏度都增加，这说明老化沥青变得很脆，路用性能已经很差。根据美国沥青再生的经验，回收料老化沥青针入度大于15就适合用于生产再生沥青混凝土，所以所用的回收料存在再生的潜力。

(2)再生剂性能

按照再生剂的性能要求，我们对所选再生剂进行了各项指标测试，数据如表4-21所示。从表中可以看出，软沥青A、B和复配型再生剂都达到相应的指标，且性能较稳定，而轻质油C质量损失偏大，性能不够稳定。

表4-21　再生剂试验数据

项　目		高富90(A)	高富70(B)	轻质油再生剂(C)	复配型再生剂(RA-3)
针入度(0.1mm)		84	62	—	—
延度(cm)		>100	>100	—	—
软化点(℃)		45	50	—	—
旋转黏度(60℃,Pa·s)		323	402	0.6	1.4
旋转薄膜烘箱(RTFOT)	质量变化(%)	0.28	0.31	12%	0.32
	针入度比	86	90	—	—
	15℃延度	25	38	—	—
	25℃延度	>100	>100	—	—

2. 再生剂与回收沥青调配试验

为了分析采用不同再生剂时回收老化沥青性能的恢复情况，分别做四组试验：在回收沥青内加入不同掺量的软沥青A、轻质油和复配型再生剂进行掺配。

(1)使用软沥青A再生

在试验室内，我们对回收老化沥青掺加了不同比例的软沥青A进行调和再生，测试再生沥青的常规物理指标如表4-22所示。

表4-22　软沥青A与老化沥青掺配试验

沥青A所占比例(%)	针入度(0.1mm)	软化点(℃)	延度(15℃,cm)
0	32	59.6	7
10	38	56	18
30	46	53	32
50	53	50	52

续上表

沥青 A 所占比例(%)	针入度(0.1mm)	软化点(℃)	延度(15℃,cm)
80	66	47	108
100	84	45	150
目标沥青规范要求	60～80	44～54	>100

根据表 4-22 的实测数据，我们可得到软沥青 A 与老化沥青调和后的针入度、延度和软化点掺配变化趋势图，见图 4-6～图 4-8。从图 4-6 可以看出，再生沥青的针入度对数值与沥青掺加比例成线性关系，图中公式正是公式 $\lg P_{\min}=\alpha(\lg P_2-\lg P_1)+\lg P_1$ 的表征。从图 4-7 可以知道，再生沥青软化点值与软沥青掺加比例成线性关系，$T_{\min}=-\alpha(T_1-T_2)+T_1$。从图 4-8 可以看出随着掺量的增加，再生沥青的延度可以达到指标要求，且再生后的沥青的三大指标都能够同时达到 70 号沥青的标准。但是，试验结果也显示出，只有在软沥青掺量非常大时，才可以较好地改善老化沥青的性能，也就是说，回收料在新混合料中所占比例小时，可以使用软沥青进行再生。

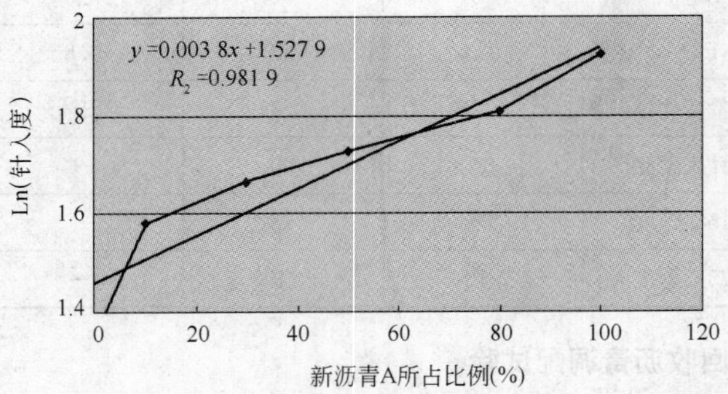

图 4-6　新沥青 A 与回收沥青调和针入度趋势图

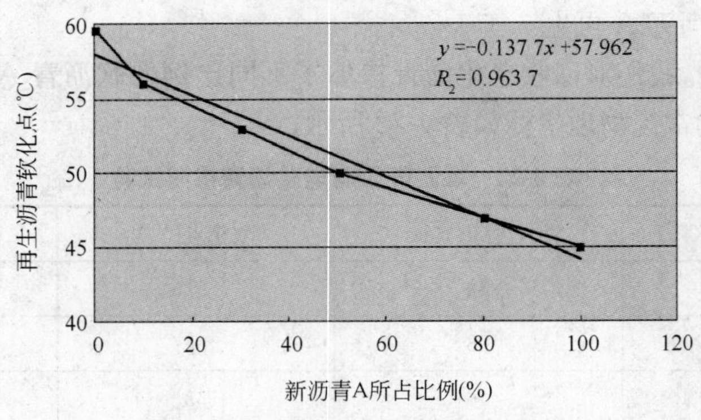

图 4-7　新沥青 A 与回收沥青调和软化点趋势图

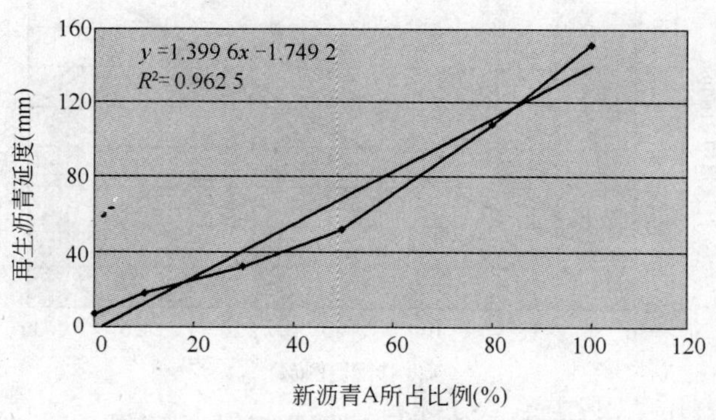

图 4-8 新沥青 A 与回收沥青调和延度变化趋势图

(2)用轻质油 C 再生

有一种观点认为沥青的老化过程就是轻质油分挥发的过程，而油分挥发以后，沥青的化学组成会生较大的变化，表 4-23 所示就是在回收沥青中加入轻质油的试验数据。

表 4-23 轻质油 C 与回收沥青掺配试验

轻质油 C 掺入比例(%)	针入度(0.1mm)	软化点(℃)	延度(cm)
0	32	59.6	7
5	40	57	18
10	51	54	46
15	64	49	52
20	79	46	75
25	94	44	110
目标沥青规范要求	60～80	44～54	>100

从图 4-9～图 4-11 中可以看出，随着轻质油掺量的增加，再生沥青的针入度和延度都有较大幅度的增加，软化点也有所降低，在一定程度上改善了回收沥青的性能。但是，当针入度和软化点达到目标沥青 70 号的要求时，延度却达不到；而当延度达到时，针入度和软化点超出了目标沥青 70 号的要求。分析其原因，可能是因为轻质油的加入仅仅是起到了软化回收沥青的作用，并没有从本质上改变回收沥青的化学结构和组成。油分和沥青质的溶解度数相差较大，轻质油的加入仅仅是机械性的加入，虽然能够降低回收沥青的黏度，但是并没有形成稳定的高分子浓溶液。因此，采用轻质油 C 作为再生剂不能适应高等级公路沥青再生的要求。

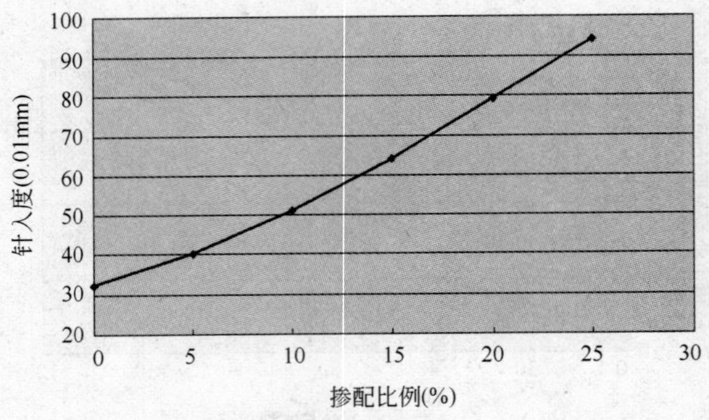

图 4-9 轻质油 C 与回收沥青调和针入度趋势图

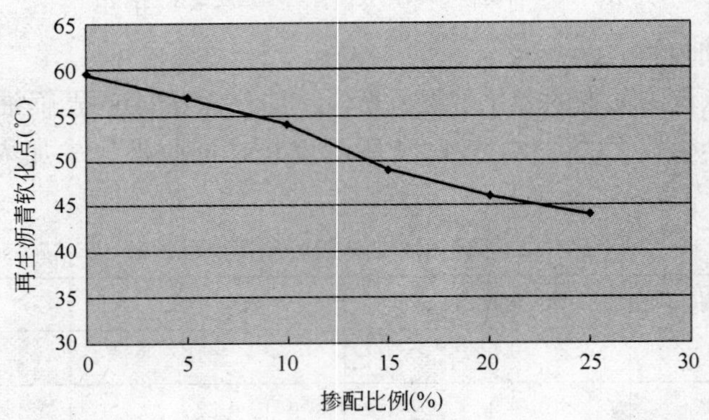

图 4-10 轻质油 C 与回收沥青调和软化点趋势图

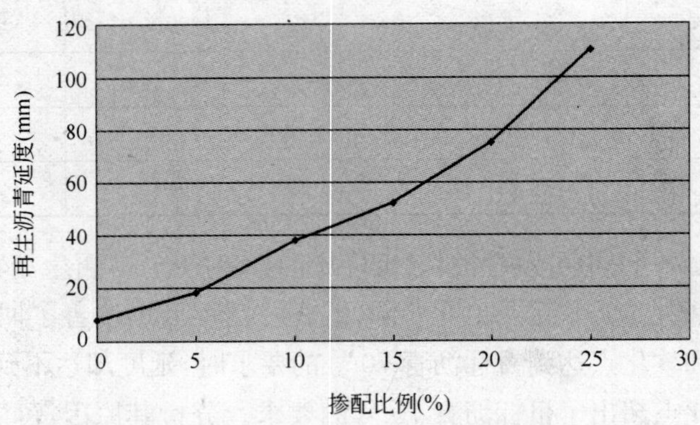

图 4-11 轻质油 C 与回收沥青调和延度变化趋势图

(3)使用复配型再生剂 RA-3 再生

RA-3 采用浙江兰亭高科生产的复配型再生剂,此再生剂由树脂与抗氧化剂等多种化合物组成,为复合型再生剂。在试验内按照表 4-24 进行了掺配实验,对掺配后的沥青进行了常规性能测试。试验结果分别见图 4-12～图 4-14。

表 4-24 复配型再生剂 RA-3 与回收沥青掺配试验

轻质油 C 掺入比例(%)	针入度(0.1mm)	软化点(℃)	延度(cm)
0	32	59.6	7
3	38	58	20
6	40	55	38
8	51	50	50
10	67	48	72
12	78	46	95
目标沥青规范要求	60～80	44～54	>100

从图 4-12～图 4-14 中可以看到，RA-3 的掺量相对软沥青 A 和轻质油 C 明显减少，随着再生剂掺量的增加，沥青的针入度和延度都有较大幅度的提升，软化点也逐步降低，且变化量相对较稳定。但是，延度上升幅度较慢，且较难达到标准要求。分析此原因，可能是再生剂 RA-3 的化学组成成分并不能满足于老化沥青化学结构的需要。

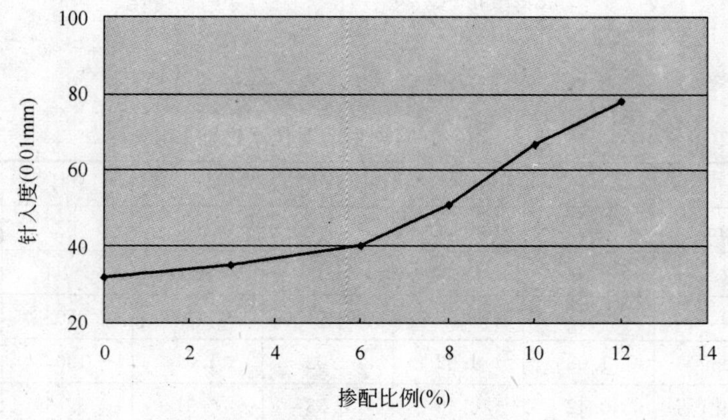

图 4-12 RA-3 与回收沥青调和针入度趋势图

3. 再生沥青技术性能

(1)再生沥青常规性能

在确定各方案再生沥青掺配比例之后，对再生沥青进行了三大指标和老化性能试验，其试验结果如表 4-25 所示。

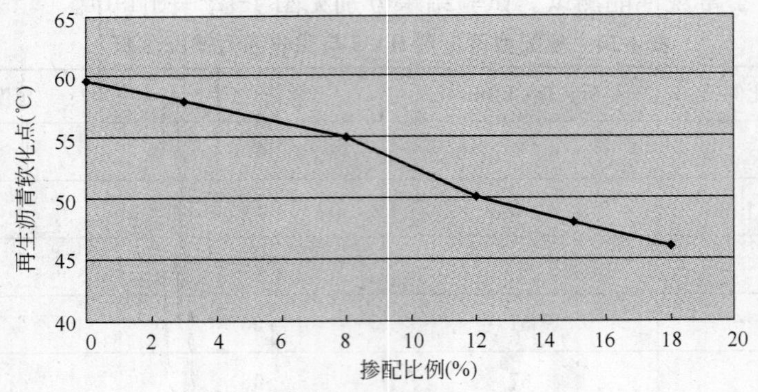

图 4-13　RA-3 与回收沥青调和软化点趋势图

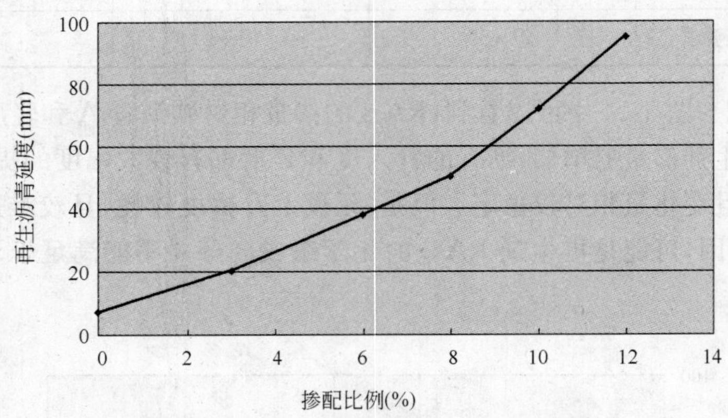

图 4-14　RA-3 与回收沥青调和延度变化趋势图

表 4-25　各方案再生沥青技术性能

项　目		1 号	2 号	3 号	4 号	5 号	相关标准
针入度(0.1mm)		66	64	67	64	62	60—80
延度(cm)		>100	>100	>100	>100	>100	>100
软化点(℃)		54	48	49	47	50	44～54
密度(25℃,g/cm^3)		1.03	1.02	1.02	1.04	1.03	实测
旋转薄膜烘箱(RTFOT)	质量变化(%)	0.42	0.45	0.33	0.51	0.46	<0.8
	针入度比	86.2	87.1	78.5	82.5	85.4	>55
	延度(15℃)(cm)	18	21	24	20.4	19	实测
	延度(25℃)(cm)	85	96	>100	72	70	>50

从表 4-25 可以看出，五种再生沥青的三大指标都在目标沥青 70 号范围之内，在掺加了软沥青 B 后的再生剂与回收沥青混合物的延度比前期试验结果要好，各项性

能均能同时满足规范要求。再生沥青经过RTFOT老化后，各项指标也均在规范之内，其中没有添加再生剂的3号再生沥青的15℃和25℃延度要高于其他添加了再生剂的沥青，这说明3号再生沥青的低温性能优于其他再生沥青。从再生沥青的各项性能来看，各方案再生沥青都适应高等级道路路用性能要求。

(2)SUPERPAVE系统再生沥青性能研究

在美国战略公路研究计划(SHRP)中发展起来的Superpave体系，是热拌沥青混凝土设计的最新方法，Superpave体系是由三种设计等级竖向组合而成的混合料设计体系：Ⅰ级设计为混合料体积设计，设计沥青用量是通过分析压实混合料的空隙率、沥青用量和集料等物理指标(体积比例)获得的；Ⅱ级设计为中等路面性能设计，它可以预测路面随时间产生的永久变形、疲劳开裂和低温开裂的程度；Ⅲ级设计为高等路面性能设计，是在体积设计后进行一系列温度范围内的混合料性能试验，可使预测更为严格。

有研究表明：采用Superpave在高温条件下的结合料试验，可以得到反映抗剪强度的$G^*/\sin\delta$值和新添加沥青含量之间的关系，其中G^*称为复数剪切模量，表示材料受重复剪应力脉冲时对其总的变形抗力，δ称为相位角，表示可恢复和不可恢复变形的相对数值指标。从两者的关系中可以看出高温时抗剪强度的双对数log〔log(G^*/δ)〕和新添加沥青含量之间存在直线关系。

我们对回收沥青和五种方案的再生沥青，用动态剪切流变仪(DSR)和弯曲梁流变仪(BBR)测定其高、中、低温性能。

动态剪切流变试验：测定沥青混合料在高、中温情况下，加载频率为10r/h的G^*和δ，用$G^*/\sin\delta$划分回收沥青和再生沥青的高温等级，用于表明其抗永久变形，RTFOT老化前后要求的$G^*/\sin\delta$最小值分别为1.0kPa和2.2kPa，并用$G^*\sin\delta$划分经PAV老化后沥青的中温等级，用于表明其抗疲劳特性，测出$G^*\sin\delta$不超过5MPa，符合要求。

弯曲梁流变试验：测定沥青混合物的低温性能，对沥青简支梁中点连续施加约100g的荷载240s，绘制劲度S的对数和时间t的关系曲线，取加载60s时的劲度S及蠕变速率m作为评价指标。其中，劲度S要求不超过300MPa，蠕变速率m值要求不小于0.3。回收沥青和再生沥青所测得的各项Superpave指标如表4-26所示。

从表4-26可以得出软沥青、回收沥青和再生沥青的Suprepave分级范围。其中，软沥青A和B高温老化前后都为64℃，因此高温分级为64℃；在低温分级过程中，软沥青A在−12℃时，$m>0.3$，模量$S<300$MPa，低温分级满足−22℃；而软沥青B在−18℃时，$m>0.3$，模量$S<300$MPa，低温分级满足−28℃；两种沥青在25℃时两种沥青经过压力老化残留物动态剪切试验后$G^*\sin\delta>5\,000$MPa。因此，软沥青A和B使用性能分别满足PG64-22与PG64-28分级要求。由此，我们也可以得出，回收沥青和五种再生沥青的 PG 分级分别为 PG76-22、PG64-22、PG 70-22、PG 64-22、PG 64-22、PG 64-22。其中 2 号再生沥青的高温性能要优于其他再生沥青。从各再生沥青的分级性能来看，都能满足路用要求。

表 4-26　软沥青、回收沥青与再生沥青 superpave 评价试验结果

项目		单位	A	B	0号	1号	2号	3号	4号	5号
黏度	135℃	Pa·s	0.326	0.351	0.89	0.463	0.495	0.418	0.462	0.482
	60℃		323	402	521	351	367	324	360	389
DSR(RTFOT 前)$G^*/\sin\delta$	64℃	kPa	1.69	1.38	14.1	1.25	2.43	2.01	1.61	1.88
	70℃		0.84	0.68	6.55	0.657	1.3	0.953	0.766	0.928
	76℃				3.05		0.662			
	82℃				1.13					
	88℃				0.56					
DSR(RTFOT 后)$G^*/\sin\delta$	64℃	kPa	2.48	2.31	16.2	2.27	4.62	2.01	2.40	2.76
	70℃		1.30	1.14	7.45	1.05	2.21	0.953	1.25	1.82
	76℃				3.98		0.986			
	82℃				2.06					
	88℃				1.08					
DSR(PAV 残留物)$G^*\sin\delta$	25℃	MPa	2.24	2.31	1.58	2.72	2.61	2.54	2.68	2.70
BBR(PAV 残留物)60s，−12℃	m 值		0.336	0.426	0.327	0.342	0.351	0.348	0.343	0.346
	模量	MPa	165	112	186	160	158	159	162	163
−18℃	m 值		0.256	0.325	0.238	0.246	0.261	0.257	0.249	0.251
	模量	MPa	298	172	326	309	288	294	311	306

注：因为回收沥青经过了长期老化，所以其分级试验不再进行 PAV 老化，仅进行 RTFOT 试验。

小　结

沥青的老化主要是由氧及光引起的氧化、缩合作用引起的。从旧沥青再生机理可以看出，要使老化沥青恢复原有性能，通过添加再生剂或新沥青，将老化沥青的组分重新协调，恢复或甚至超过原有沥青的性质，旧沥青的再生过程是老化过程的逆过程。再生剂适当的黏度、良好的流变性质、足够的芳香分含量以及较低的薄膜烘箱质量损失和黏度比、较高的闪点，是再生剂良好品质的重要表征。

第五章 厂拌热再生沥青路面设计与施工

厂拌热再生是将回收的旧沥青混合料运至沥青拌和厂(场、站),经破碎、筛分后,根据旧沥青混合料中沥青含量、集料级配和沥青老化程度等情况,添加一定比例的新集料、新沥青、再生剂(必要时)等拌制成符合规定要求的沥青混合料,按热拌沥青混合料施工工艺重新铺筑路面的技术。

厂拌热再生沥青路面是目前世界上应用最为广泛的再生沥青路面,其性能通常能够相当于甚至优于传统的热拌沥青混合料。其中配合比设计是厂拌热再生沥青路面设计的核心内容之一,其结果直接影响沥青路面的施工质量和使用寿命。再生沥青混合料因使用了相当数量的旧沥青路面材料,而使得设计方法有别于普通沥青混合料。普通混合料使用一种沥青结合料,而再生混合料可能使用二种或三种(新沥青结合料、回收旧沥青结合料和再生剂)。所以在配合比设计上的不同之处在于,再生沥青混合料需要确定再生剂用量、回收旧沥青混合料的用量等,级配设计受制于回收旧沥青混合料中集料级配。

第一节 再生沥青路面结构设计

一、结构类型及选用

厂拌热再生沥青路面结构类型主要分为厂拌热再生基层(底基层)和厂拌热再生面层。

1. 厂拌热再生基层(底基层)

在沥青路面进行大、中修时,用厂拌热再生混合料所铺筑的面层下的结构层,称为厂拌热再生混合料基层。该层主要承受由面层传递的车辆荷载,并将荷载分布到垫层或土基上。当铺筑在多层基层的最下层时，称为厂拌热再生混合料底基层。一般厂拌热再生混合料主要用作高等级公路的基层或底基层。

2. 厂拌热再生面层

在沥青路面进行大、中修时，用厂拌热再生混合料铺筑面层，直接承受车辆荷载的作用及自然因素的影响，并将荷载传递到基层的结构层。当铺筑在表面层时，称为厂拌热再生混合料表面层；当铺筑在中面层时，称为厂拌热再生混合料中面层；当铺筑在下面层时，称为厂拌热再生混合料下面层。

一般厂拌热再生混合料主要用作高等级公路的基层或底基层。对于性能好的厂拌热再生混合料，可用于铺筑沥青路面表面层、中面层和下面层。对于高等级公路，国内外绝大部分铺筑在中面层或下面层；对于低等级公路，各层均可铺筑。

对于厂拌热再生沥青路面结构类型的选择，必须考虑多种因素才能确定，这些因素主要有以下几个方面。

(1)道路等级与交通量；

(2)当地的自然气候条件；

(3)再生路面的结构与厚度；

(4)再生路面的使用要求；

(5)再生剂、新沥青材料与新集料的品质及供应情况；

(6)施工技术条件。

二、结构层厚度设计

在厂拌热再生沥青路面结构层厚度设计中，可以将再生沥青层看作是某一新沥青层，除了设计参数有所变化外，其余设计步骤与普通沥青路面结构层厚度设计完全一致。

厂拌热再生一般用于旧路翻修或改建，在进行结构设计之前，需对旧路面进行技术调查，根据调查资料以及该地区的经济发展前景，拟定该路线的发展规划，提出相应的建设方案，如决定是否提高路面等级、路面是否需要拓宽、采用何种路面结构类型等，然后依据道路的总体规划，进行结构设计，确定旧路整治方案。根据其所应用的场合不同可以分为以下三种设计方法。

(1)若将厂拌热再生混合料应用于新建沥青路面的某结构层中，则参照《公路沥青路面设计规范》(JTG D50—2006)中新建沥青路面的结构层厚度设计方法；

(2)若将厂拌热再生混合料应用于原有旧沥青路面或其他旧路面，当旧路强度不足时，则在挖取旧沥青面层后，予以补强设计，补强层的路面结构视所在地区的具体条件而定。补强层的厚度与原沥青面层的结构有关，按照《公路沥青路面设计规范》(JTG D50—2006)中改建路面的结构层厚度设计方法；

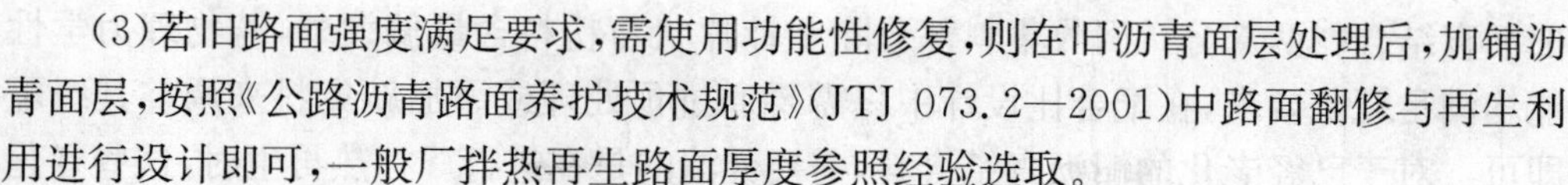

(3)若旧路面强度满足要求，需使用功能性修复，则在旧沥青面层处理后，加铺沥青面层，按照《公路沥青路面养护技术规范》(JTJ 073.2—2001)中路面翻修与再生利用进行设计即可，一般厂拌热再生路面厚度参照经验选取。

三、混合料类型及选用

用于不同层位的厂拌热再生混合料的级配类型选择，与普通沥青混合料级配方法基本上相同，参照《公路沥青路面施工技术规范》(JTG F40—2004)，主要有以下三个方面。

(1)粗粒式开级配厂拌热再生混合料。一般适用于路面下层，具有较强的嵌挤力。在气候温暖的地区和重交通道路上，粗粒式密级配沥青混凝土可用作路面面层，提高路面的耐流动性。

(2)中粒式厂拌热再生混合料。常直接用于路面面层，为防止渗水，多设计为密级配。为提高其抗滑性，对新集料的硬度和棱角性要求较高。

(3)细粒式厂拌热再生混合料。目前国内外应用不多，对其规定也比较严格，一般用于铺筑罩面或封层。

为了使厂拌热再生混合料具有良好的技术性能，在材料选择和配合比设计上，应特别予以重视。因为旧沥青路面材料的性能均有不同程度的衰降，需要通过掺加优质再生剂和沥青来改善旧沥青性能；添加质地坚硬、棱角丰富的集料来改善混合料的性能。

第二节　配合比设计

一、配合比设计方法

厂拌热再生混合料因掺加了相当数量的旧沥青路面材料，而使得在混合料的组成设计方法上，比普通沥青混合料设计复杂得多。厂拌热再生混合料通常有四个组成部分，分别为回收的沥青路面混合料、新集料、新沥青胶结料，有些时候还包括再生剂。在进行配合比设计时，需要对旧沥青路面材料进行分析，需要确定RAP(回收沥青混合料)的用量、再生剂用量、新沥青用量等，级配设计受制于RAP的级配。

1.厂拌热再生混合料配合比设计理论

再生沥青混合料不同于普通的新拌沥青混合料，其中包括一定比例的回收沥青混合料(RAM)、新沥青结合料、新集料和再生剂(必要时)，而RAM中包含了集料与旧沥青结合料两部分。回收集料部分除了针片状与粉料含量偏大外，若物理力学性能均满足规范要求，在配合比设计中只需要通过预处理或添加新集料来调整其级配即可。对于已经老化的旧沥青结合料，需要弄清的是在进行厂拌热再生时，这些老化的沥青结合料是不是与新沥青结合料发生了融合，如果融合，是部分融合还是全部融合。

美国在这个问题上作了大量的探索，他们称之为黑石研究(Black Rock Study)。研究的目的就是确定 RAM 中的老化沥青是否与新沥青在混合料里融合。如果 RAM 中的老化沥青完全不与新沥青融合，那么 RAM 就可以当作集料来考虑，RAM 中的老化沥青对于再生混合料中沥青结合料的影响也可以忽略。但是如果 RAM 中的老化沥青与新沥青融合，不管是部分融合还是全部融合，那么 RAM 中的老化沥青对于新沥青的影响将必须加以考虑。在研究中模拟了三种情形：

(1)黑石(Black Rock)。试件用新沥青、新集料、RAM 中抽提出旧沥青后剩下的旧集料制成，没有旧沥青的参与。

(2)完全融合(Total Blending)。把 RAM 抽提回收后的旧沥青与新沥青按一定比例先行混合，然后与新集料、RAM 中抽提出旧沥青后剩下的旧集料制成试件。

(3)实际实践(Actual Practice)。试件用新沥青、新集料和原样 RAM 制成。

在三种情形下的矿料级配和总体的沥青含量都一样。通过对混合料一系列的高温、中温和低温试验数据分析后发现，老化沥青与新沥青确实发生了融合。在较低的 RAM 掺量下(10%或 15%以下)，三种情形下的混合料性能没有明显的区别。但是，在较高的 RAM 掺量下，数据显示三种情形下的混合料性能产生了显著的变化，“实际实践”的性能更接近于“完全融合”而非“黑石” 理论。

当然，在这个问题上一直存在争论，考虑到基于此理论提出的沥青掺配图在美国的大量应用，其他国家均采用完全融合理论进行再生沥青混合料设计，所以本书的再生沥青混合料配合比设计也采用完全融合理论。

2. 配合比设计的任务与要求

再生沥青混合料配合比设计应通过目标配合比设计、生产配合比设计及生产配合比设计验证三个阶段，确定再生沥青混合料的材料品种及配合比、矿料级配、最佳沥青用量。

国际上有各式各样的配合比设计方法，根据我国的实际情况、经验与技术水平，一致认为采用马歇尔设计方法是符合国情的，这是我国规范采用的基本方法和依据，并允许采用其他配合比设计方法。考虑到目前施工质量检验阶段一般都采用马歇尔法，而且便于与标准的马歇尔方法、以往的实践经验进行对比，本章主要采用马歇尔法进行配合比设计。再生沥青混合料目标配合比设计主要内容有：

(1)分析旧沥青路面材料的性能;

(2)确定旧沥青路面材料的掺配比例;

(3)选择再生剂和新沥青混合料并确定它们的用量;

(4)选择砂石集料,确定新旧集料的配合比比例;

(5)检验再生沥青混合料品质,确定最佳沥青含量;

(6)检验再生沥青混合料路用性能。

再生沥青混合料配合比设计并不是单纯的技术问题,它涉及到诸多因素,正确而合理设计再生沥青混合料配合比,必须进行充分的调研,了解道路历史和交通发展的前景,掌握沥青和集料的价格以及供应情况等。并应根据对再生沥青混合料的技术要求来进行设计,这些技术要求包括以下六个方面:

(1)具有足够的强度和高温稳定性;

(2)具有良好的低温抗裂性;

(3)具有足够的抗滑性和防渗性;

(4)具有耐久性;

(5)尽可能多地使用旧路面材料;

(6)便于拌和、摊铺和压实。

3. 设计级配类型与范围

选择何种组成结构类型的再生沥青混合料,必须考虑多种因素,这些因素主要有:公路等级与交通量;当地的自然气候环境;再生路面的结构与厚度;对再生路面的使用要求,如抗车辙、抗滑、抗开裂性能等;再生剂、新沥青材料以及新集料品种和供应条件;施工条件等。

再生沥青路面工程的混合料设计级配范围同新建沥青路面混合料设计级配范围确定方法基本一致,由工程设计文件或招标文件规定,通过对条件大体相当的工程使用情况进行调查研究后调整确定,必要时允许超出规范级配范围。密级配可以直接参考规范规定的级配范围,经确定的设计级配范围是配合比设计的依据,不得随意变更。

确定各层的设计级配范围时应考虑不同层位的功能需要,经组合设计的沥青路面应能满足耐久、稳定、密水、抗滑等要求。

4. 原材料分析

材料分析的目的在于:通过取样、试验,确定材料的比例,以满足沥青混合料的要求。包括对老化的混合料(回收沥青混合料 RAP)、拟用的再生剂和新沥青与集料进行取样、分析。混合料中的 RAP 可能来自不同地点或沥青路面的不同层次,因此其构成或规格不同,为了分析变异性(如级配、沥青用量)对混合料性能的影响,必须从原路面、RAP 运输车或 RAP 料堆上取得有代表性的样品。对一些重要的特性,如级配和沥青含量的变异作出正确评价。

(1)RAP 取样

从原路面取样。通过取样对一些重要性能,如级配、沥青用量、针入度和黏度等进行分析。调查施工历史资料和原路面状况及养护记录,以了解不同路段的差异和表面破坏情况。根据这些情况可将路段按施工材料和铣刨深度分成不同的段落。路面取样应采用随机取样的方式。下面简单介绍一下取样过程:①根据历史资料,按结构组成将路面分成不同施工段落;②每一个施工段落按等长度分成 6~8 个子段落;③样品应从各子段落随机取样;④每份样品应取足够量(至少 6.8kg)用来做沥青胶结料的抽提、回收等试验;⑤每份样品应分开单独做试验。

表 5-1 列出了美国几个州在施工过程中用于试验的取样频率和取样数量大小。建议取样数量为每 1.6 车道公里取一组 3 个芯样。虽然大多数单位所取芯样都贯穿整个结构深度,但通过目测也可将芯样钻至想要的深度。取样方法可参照 AASHTO T168 沥青铺路混合料取样方法进行。

表 5-1 路面分析取样频率和尺寸

州	取样频率	取样尺寸
亚利桑那	3 个芯样/1.6 车道公里	150mm 直径 贯穿结构全深度
佛罗里达	1 组 3 个芯样/1.6 车道公里 每车道至少两组芯样	150mm 直径 贯穿结构全深度
堪萨斯	3 个芯样/1.6 车道公里 至少 30 个芯样	100mm 直径 贯穿结构全深度
内华达	1 个芯样/750 车道米	100mm 直径 贯穿结构全深度
得克萨斯	10 个芯样/项目	150mm 直径 贯穿结构全深度
威斯康星	1 个芯样/800m	至少表面积 $230cm^2$
怀俄明	2 个芯样/km	150mm 直径 贯穿结构全深度

从 RAP 运输车上取样。在运输车将 RAP 从铣刨现场运往拌和场堆放的过程中,可以从车上取样。集料取样方法可参照 AASHTO T2 进行。

从 RAP 料堆上取样。为了从 RAP 料堆上取得有代表性的样品,应从料堆 10 个不同的地方取样,且应尽量减少离析的影响,而且取样时应从料堆表面 150mm 以下的材料中取样。将试样剥开分散,去除大于 50mm 的团粒。建议取样后的试样质量不少于 5kg,一半用于混合料组成分析,另一半用于沥青混合料设计。需单独取样做抽提试验以分析集料级配和沥青胶结料性质,可参照 AASHTO T2 集料取样方法进

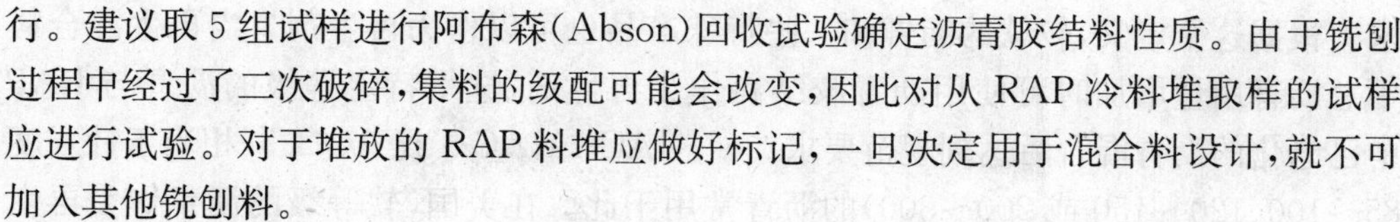

行。建议取5组试样进行阿布森(Abson)回收试验确定沥青胶结料性质。由于铣刨过程中经过了二次破碎,集料的级配可能会改变,因此对从RAP冷料堆取样的试样应进行试验。对于堆放的RAP料堆应做好标记,一旦决定用于混合料设计,就不可加入其他铣刨料。

(2)RAP分析

在进行混合料设计之前,必须对RAP材料进行分析。这是因为由于老化和氧化,沥青混合料内部发生了较大变化。对于沥青胶结料主要表现为:轻质油分丧失、沥青质增加,变硬(黏度增加),延度降低。由于交通荷载及环境的影响,集料级配有一定衰减。因此在设计开始之前,必须分析RAP的组成。一般是确定回收沥青路面的集料级配、沥青含量和60℃沥青黏度。从有代表性的RAP试样中回收已老化的沥青胶结料,用来确定其性质。下面介绍集料和胶结料的分析方法。

集料分析:可用AASHTO T30回收集料的力学分析方法或AASHTO T27粗、细集料筛分方法对从RAP中回收的集料进行分析。任何级配的缺陷都可以通过加入适当粒径的新集料或回收集料进行修正。建议对粗、细集料的棱角性进行检查。如果要回收沥青以做进一步研究,可用AASHTO T164方法进行抽提,若不准备回收沥青胶结料只确定RAP的组成(沥青含量和集料级配),也可用AASHTO T308燃烧法试验,燃烧法偶尔会使级配略有变化,应与当地的经验结合起来。

沥青胶结料分析:RAP混合料设计过程中,不但要知道RAP中的沥青含量,有时也需要测试残存胶结料的性质,沥青含量通常使用溶剂法抽提或燃烧法,而残存胶结料性质,通常用阿伯松(AASHTO T170)和旋转蒸发器法(AASHTO TP2)。对于RAP最好使用改进的AASHTO TP2,然后用AASHTO T202方法测试60℃黏度以检查回收沥青的一致性,从而确定再生混合料中新沥青的用量和等级。有的单位还测试回收沥青25℃的针入度。

如果再生混合料中RAP的用量少于15%~20%,无需对抽提出的沥青进行试验,所用新沥青的等级也无需改变,与普通沥青混合料一样。

(3)再生剂

使用再生剂有四个目的:①恢复已老化沥青胶结料的性能,使之满足施工和混合料的使用要求;②恢复再生混合料的最佳性能,保持耐久性;③提供足够的沥青胶结料以裹覆再生混合料中加入的新集料;④提供足够的沥青胶结料以满足混合料设计的需要。

再生剂是一些有机材料,通过化学和物理的作用将已老化的沥青恢复到想要的水平。再生剂选择时,老化沥青与再生剂混合物的黏度特性是决定因素。再生剂的种类主要有:软化剂、回收剂、改性剂、熔化油、混合油以及芳香油。也有人将再生剂定义为一种碳氢化合物产品,通过物理作用将已老化的沥青性能恢复,达到规范要求。根据这个定义，较软的沥青和一些特殊产品也可以作为再生剂。当再生混合料中总沥青用量增加时可使用沥青胶结料作为再生剂，选用特定等级的沥青与RAP中已老化的沥青混合后达到规范要求。一般AC-10，AC-5或AC-2.5(相当于针入度85～100、120～150或200～300)的沥青常用于此。在美国，软等级的沥青作为再生剂使用比化学再生剂更普遍。如果老化沥青的黏度特别高(或针入度特别低)或者是再生混合料中RAP的用量远大于50%，可少量添加一些化学再生剂用于改善已老化的沥青胶结料，而无需改变沥青用量。

乳化再生剂具有一定优点：增进流动性及和易性，控制温度以防止混合料在拌和筒中被过度加热；可以调整乳化液的配方以保证再生混合料中沥青胶结料的最终设计黏度。缺点是必须加热使乳化液中30%～35%的水分去除。为了保证再生剂发挥作用，建议其性能要求如下：

①在再生混合料中易于分散；

②能改变RAP中已老化沥青的黏度，使其达到要求的水平；

③与已老化的沥青相容，不会发生脱水收缩反应(蜡从沥青中析出)；

④能重新分布已老化沥青胶结料中的沥青质；

⑤能延长再生沥青混合料的寿命；

⑥性质均匀；

⑦不易冒烟和着火。

再生剂(RA)等级的选择依据旧路面中沥青的含量和硬度而定。一般地，低黏度的再生剂用于老化沥青黏度较高的情况，反之亦然。

二、配合比设计步骤流程

图5-1给出了建议的再生沥青混合料设计步骤流程图。

1. 确定RAP掺量

首先应该根据实际情况确定出旧料的掺配率(旧料的掺配率是指旧料占整个再生混合料的质量百分率)。旧料掺配率的确定，取决于多方面的考虑，主要有以下几个方面：

(1)旧沥青路面材料性能

可根据旧沥青路面的沥青含量和集料

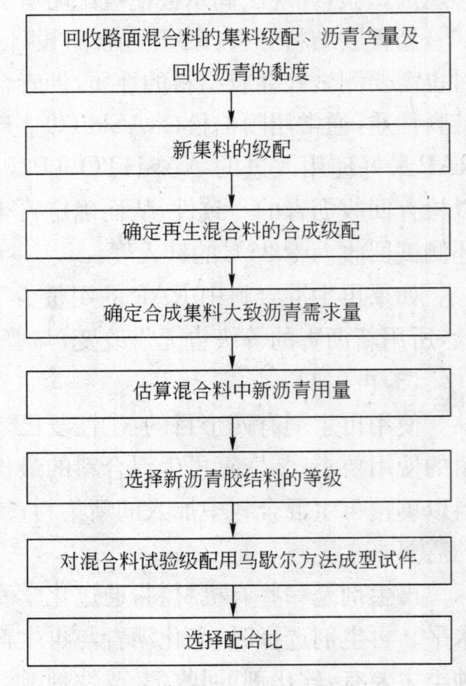

图5-1　混合料设计步骤流程图

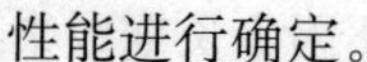

性能进行确定。

①旧料的沥青含量高时。若旧沥青老化程度高，对再生剂要求高，若用于沥青路面面层，则应取较低的掺配率。若旧沥青原有性质较好，老化程度低，则可取较高的旧料掺配率。

②旧料的沥青含量低时。再生利用时必须添加较多的新沥青，再生沥青的性质主要取决于新沥青的性质，在此情况下，旧料基本作为集料看待，在级配调整的可能范围内，可以尽可能多的使用旧料。

③旧料的集料性质和级配的好坏，在一定程度上影响旧料的掺配率。当旧集料是风化软质石料，或集料过粗，或细料过多，应取用较低的掺配率。

(2)再生沥青混合料的用途及其质量要求

当用于沥青路面面层时，若交通量大，旧料掺配率宜取低值，如不超过40%；若交通量较低，掺配率可取高值，如最高可取80%。对于双层路面结构，即将再生层铺筑于路面下层，上面加铺全新混合料面层，可适当放宽再生沥青混合料质量要求，旧料掺配率可取高值。

(3)施工设备和条件

采用机械拌制，旧料掺配率受到机械工作方式和旧料加热方法的限制。采用滚筒式拌和机再生沥青混合料的掺配率可以达到40%～80%。

采用连续式沥青混凝土再生搅拌设备，最大掺量可以达到50%～60%。考虑到将再生沥青混合料直接使用在高等级路面的上面层和下面层，综合国内外研究成果，在方案分析与设计时，一般掺量最大取值为40%。采用间歇式再生拌和设备，一般旧料的最大掺加量为20%左右。

综上所述，确保再生沥青混合料的质量，最大限度地节约沥青和集料，争取尽可能高的经济效益和社会效益，是确定旧料掺配率的基本原则。

根据再生沥青混合料的设计级配、旧料级配和掺配率(旧料的掺配率取旧料的掺配率值)来确定新矿料的比例，也即新矿料按照其比例和旧料按其掺配率混合后形成混合矿料的级配尽量接近再生沥青混合料的设计级配。在有些情况下，按照旧料和现场所备新集料无论怎样调整其配合比，都不能符合设计级配要求，这时就不能仅局限在新集料配合比上调整，应采取其他措施。如将新集料重新过筛，筛去部分粗料或细料，即调整新集料本身的级配，这样将容易满足设计级配要求。

2. 确定最佳沥青用量

我国热拌沥青混合料的配合比设计目前广泛采用马歇尔试验配合比设计方法。但用马歇尔试验法确定再生沥青混合料的用油量不尽如人意。迄今为止国内外仍然采用马歇尔试验法确定再生沥青混合料的沥青含量，如欧美和日本等许多国家。我国铺筑再生沥青路面的实践也证明，马歇尔试验方法仍不失为一种较好的试验方法。

这是因为马歇尔试验方法所用设备简单,便于为试验者所掌握,同时还因为长期以来积累了丰富的经验和资料。旧路面材料的厂拌热再生利用,若在应用马歇尔试验方法确定再生混合料用油量的同时,充分注意到旧沥青的再生,根据再生混合料的使用要求,适当地使用再生剂,改善混合料拌制工艺条件,那么确定的用油量是令人满意的。

(1)再生矿料密度测试

再生沥青混合料中加入了一定比例的旧料,因此再生矿料与新沥青混合料中的矿料相比多了一种成分,那就是旧料中的矿料。所以计算再生矿料的合成毛体积相对密度及合成表观相对密度时,只需把旧矿料考虑在内即可。参照《公路沥青路面施工技术规范》(JTG F40—2004),提出再生矿料的合成毛体积相对密度γ_{sb}及合成表观相对密度γ_{sa}分别见式(5-1)和式(5-2)。

$$\gamma_{sb}=\frac{100}{\frac{P_1}{\gamma_1}+\frac{P_2}{\gamma_2}+\cdots+\frac{P_n}{\gamma_n}+\frac{Q_1}{z_1}+\frac{Q_2}{z_2}+\cdots+\frac{Q_n}{z_n}} \tag{5-1}$$

式中:P_1、P_2、…、P_n——各种新矿料成分的配合比,%;

Q_1、Q_2、…、Q_n——旧矿料各成分的配合比,%;

γ_1、γ_2、…、γ_n——各种新矿料相应的毛体积相对密度;

z_1、z_2、…、z_n——旧矿料各相应成分的毛体积相对密度。

$$\gamma_{sa}=\frac{100}{\frac{P_1}{\gamma'_1}+\frac{P_2}{\gamma'_2}+\cdots+\frac{P_n}{\gamma'_n}+\frac{Q_1}{z'_1}+\frac{Q_2}{z'_2}+\cdots+\frac{Q_n}{z'_n}} \tag{5-2}$$

式中:P_1、P_2、…、P_n——各种新矿料成分的配合比,%;

Q_1、Q_2、…、Q_n——旧矿料各成分的配合比,%;

γ'_1、γ'_2、…、γ'_n——各种新矿料相应的表观相对密度;

z'_1、z'_2、…、z'_n——旧矿料各相应成分的表观相对密度。

(2)沥青用量预估

美国沥青协会采用经验公式(5-3)预估整个再生沥青混合料中的沥青用量。

$$P=0.035a+0.045b+kc+f \tag{5-3}$$

式中:P——再生沥青混合料中所需沥青的预计百分率,%;

k——系数,当0.075mm筛孔通过率为6%~10%时取$k=0.18$;当0.075mm筛孔通过率≤5%时取$k=0.2$;当0.075mm筛孔通过率为11%~15%时取$k=0.15$;

a——2.36mm筛孔以上集料的比例,%;

b——通过 2.36mm 筛孔以下、0.075mm 筛孔以上集料的比例,%;

c——通过 0.075mm 筛孔以下集料的比例,%;

f——系数,取决于集料的吸水率(%),$f=0\sim2\%$,缺乏资料时采用 0.7%。

按美国沥青协会的方法得到的再生沥青混合料沥青用量的估算结果显然偏大,估算再生沥青混合料沥青用量目的之一是可以将其作为选择旧料掺配率或新沥青等级时的计算参数使用。

(3)原材料用量确定

厂拌热再生沥青混合料的制取方法和一般沥青混合料的制取基本上是相同的。当再生沥青混合料的质量 M 已知,旧料的掺配比例为 p 时,按式(5-4)～式(5-6)计算旧料掺量 I_R、新沥青加入量 I_B 及新集料加入量 I_M:

$$I_R = M \cdot p[(100 - i_R)/(100 - i_0)] \cdot \left(\frac{1}{100}\right) \tag{5-4}$$

$$I_B = (M \cdot i_R - I_R \cdot i_0) \cdot \left(\frac{1}{100}\right) \tag{5-5}$$

$$I_M = [M \cdot (100 - i_R) - I_R(100 - i_0)] \cdot \left(\frac{1}{100}\right) \tag{5-6}$$

式中:I_R——旧料的掺量,g;

I_B——新沥青的加入量,g;

I_M——新集料的加入量,g;

i_0——旧料沥青含量,%;

i_R——再生沥青混合料的设计沥青含量,%;

p——旧料的掺配率,%。

应当指出的是,如果沥青再生时用到了再生剂,那么式(5-5)所指的新沥青的加入量 I_B 实际上是再生剂与新沥青的合计量,具体新沥青与再生剂的加入量可根据沥青掺配试验时确定的新沥青与再生剂的比例予以确定。式(5-6)中的新集料的加入量 I_M 是指各档新集料加入量之和,具体各档新集料的加入量可根据矿料配合比设计时确定的掺配比例予以确定。

(4)最佳沥青用量确定

根据预估沥青用量,选用 5 种沥青含量,根据以上公式计算出各种成分的掺配量,然后拌制成沥青混合料,在马歇尔击实仪上制作马歇尔试件,每组 5 个,共 25 个。

成型的标准马歇尔试件采用表干法进行压实沥青混合料密度试验,计算出试件的毛体积相对密度。然后把试件放在 60℃的恒温水槽中浸泡 0.5h,在马歇尔试验仪上测定出稳定度和流值。所拌制沥青混合料的最大理论相对密度可以用真空法直接测定,根据最大理论相对密度和试件的毛体积相对密度计算出空隙率;由再生矿料的毛体积相对密度、沥青含量及试件的毛体积相对密度计算得到矿料间隙率和有效沥青饱和度。绘制密度—沥青含量、空隙率—沥青含量、饱和度—沥青含量、稳定度—沥青含量、流值—沥青含量关系曲线，从而确定出最佳沥青用量 OAC。

处理数据时，再生料沥青含量是由新加沥青加上旧料中的沥青除以混合料总质量得到的，有一点需要说明的是与普通沥青混合料中确定最佳用油量的试验结果相比，再生混合料的试验结果有时离散性较大，凭试验结果有时难以确定最佳用油量，究其原因主要是旧料的集料级配是通过燃烧后筛分方法来确定的，而这个结果往往与实际试验时的旧料级配有一定的差别，而我们在计算新集料的级配时是以整个再生料的目标级配和旧料燃烧筛分出的级配结果为依据的，这样实际配出的再生料的级配可能与目标级配有一定的差别，并有一些波动，为尽可能减少这种因素的影响，试验时应注意以下三个方面。

①试验前取旧料时一定要具有代表性，试验时不同沥青用量所用的旧料一定要是同一批；

②成型马歇尔试件时，每种沥青用量应多成型些试件，这样对每种沥青用量的马歇尔试验结果可进行适当的数据处理；

③所有的试件应在相同的试验条件下，同一批次成型、测试，尽量减少人为的试验误差。

若有条件，可采用 SUPER 推荐的 GTM 法代替马歇尔法确定最佳沥青含量。再生沥青混合料采用马歇尔试验方法确定沥青用量，具体技术要求见表 5-2。

表 5-2　再生沥青混合料马歇尔试验配合比设计技术要求

试验项目	单位	技术要求	
		高速公路、一级公路、快速路、主干道	其他等级公路与城市道路
马歇尔击实次数	次	双面 75	双面 50
稳定度　不小于	kN	7.5	6.0
流值	0.1mm	20～40 20～50(掺纤维)	20～45
空隙率　VV	%	3～6	3～6
沥青饱和度　VFA	%	70～85	70～85
矿料间隙率　VMA 不小于 AC—25 AC—20 AC—16 AC—13	%	 12.0 13.0 13.5 14.0	

3. 混合料性能评价

(1)国内外厂拌热再生混合料性能评价

沥青混合料的性能评价一般包括混合料的高温稳定性、抗疲劳性、水敏感性、耐久性和抗低温开裂性能等,这些性能指标都是在模拟车辆荷载或各种自然因素的环境中,通过各类仪器设备试验测试得出。

国外对厂拌热再生混合料的性能研究较早,其性能结果通常与传统 HMA 进行比较。美国 NCAT(国家沥青技术中心)于 1997 年编写的《国家和地方政府路面再生指南》指出,正确设计的再生沥青路面具有与普通沥青路面(采用全部新材料)相当或在某些方面有更好的路用性能。澳洲 AUS TROADS 在其 1997 年的《沥青路面再生指南》中指出,利用 60%RAP 的沥青路面使用寿命与传统沥青路面相同,而抗车辙能力却得到增强。日本道路协会的《厂拌再生沥青铺装技术指南》也认为,将热拌再生沥青混合料应用于条件苛刻的重交通道路(D 交通)的路面使用情况调查结果表明,如果对再生热拌沥青混合料进行恰当的质量控制与管理,铺装后的性能与只用新料铺装的各种性能没有区别。上述结论是基于系统的研究和多年实践得出的。但是,对于再生沥青混合料的性能评价方法和指标范围,各国标准不一。

国内也有很多研究和施工单位对厂拌热再生技术进行了深入研究并开展了工程实践,沪宁高速公路上海段大、中修工程采用沥青路面现场热再生技术进行表面作业,该设备和技术由上海浦东路桥建设股份有限公司从国外引进,并于 2002 年底在浦东的几条主要公路上得到了成功应用。2003 年,广佛高速公路改造工程也应用了热再生技术,并将再生料用作新建路面结构中的补强基层和下面层,取得了很好的应用效果。《公路沥青路面养护技术规范》(JTJ 073.2—2001)中,已将再生沥青混合料级配及技术标准等内容作了一些规定。但是,我国的热再生技术还处在研究阶段,并没有大量推广应用,没有统一标准和要求用于再生沥青混合料的路用性能评价。

(2)厂拌热再生混合料性能评价方法分析

路用性能评价方法主要是马歇尔试验方法和美国 SHRP 开发的 SUPERPAVE 体系评价方法。

马歇尔试验方法是在我国广泛采用的沥青路面研究方法,马歇尔试验方法是否同样适用于再生沥青路面,国内外许多学者均对此产生了疑义:马歇尔试验的稳定度标准值只有最小值,而未限制最高值,对于老化严重脆硬的旧沥青路面材料,若不使用再生剂使之软化,而直接采用高黏度的沥青拌和成混合料,其稳定度往往会很高,且旧料掺配率越大,其稳定度越高。然而这并不能说明再生混合料具有良好的品质,相反,用这种混合料铺筑路面面层,会导致路面过早地出现龟裂,因此用马歇尔试验法研究再生沥青混合料在某些方面还存在不足,SUPERPAVE 包含了沥青标准和集料标准、矿料级配曲线的组成规定和混合料的体积设计方法三大内容。SUPERPAVE 沥青结合料与混合料规范的新体系将试验方法与指标同沥青路面的路用性能建立起直接关系，通过控制高温车辙、水损坏、低温开裂和疲劳开裂，来达到全面改进路面性能的目的，形成了一个基于路用性能基础上的沥青混合料设计新体系。因此以 SUPERPAVE 的方法来研究热拌再生沥青路面是众多路面工作者的首选。

(3)建议厂拌热再生混合料性能评价方法

通过马歇尔配合比设计方法，分别采用了 10%、20%、30%、40%四种不同旧料掺量和 AC-13I 和 AC-20I 两种不同级配设计共七种再生沥青混合料设计和生产，在各自最佳油石比下进行高温稳定性、水稳定性、低温抗裂性和抗疲劳开裂的室内路用性能评价。其评价方法按下列方式进行。

①抗疲劳开裂性，以 APA 疲劳试验测定的疲劳寿命表示。采用 APA 疲劳试验系统进行试验前，按照《公路工程沥青及沥青混合料试验规程》(JTJ 052—2000)成型尺寸为 300mm×125mm×75mm 的试件，试件在室温下至少保持 4h 后，连同试模一起放入 APA 中的平台上，环境温度为 20℃，试件在 APA 环境温度下恒温 1h 后进行试验。考虑到目前我国公路上重车较多，轴载偏重，因此采用荷载 0.7MPa 进行疲劳试验，当 APA 位移传感器第 N 次所测得位移变形值与在此之前 10 次所测得位移变形平均值之差大于 1.0mm 时，APA 疲劳试验自动停止。

②高温稳定性，以在 60℃温度条件下通过车辙试验测定的动稳定度表示。

③低温抗裂性，以在－10℃加载速率 50mm/min 条件进行的小梁弯曲试验得出的弯拉应力、弯拉应变和劲度模量表示。

④水稳定性，以冻融劈裂试验的劈裂抗拉强度比 TSR 作为评价指标。通过试验确定成型马歇尔试件时，击实次数为 30 次。

(4)厂拌热再生混合料疲劳特性

①疲劳特性评价方法

关于沥青混合料疲劳性能的研究，国外已有 40 余年的历史，国内在这方面的研究工作起步较晚，但也做了大量的研究工作。对沥青混合料疲劳性能的研究，国内外大致有以下方法：a. 重复弯曲试验；b. 直接拉伸试验；c. 间接拉伸疲劳试验；d. 消散能方法；e. 断裂力学方法；f. 重复拉伸或拉压疲劳试验；g. 重复三轴拉压试验；h. 弹性基础上的重复弯曲试验；i. 室内试验(直道和环道)；j. 现场轮载试验。这些方法都各有其优缺点，通过比较国内外沥青混合料疲劳性能的试验方法，可见国外疲劳试验大部分都采用应变控制方法，而国内则常采用应力控制方法。研究表明，在应变控制的疲劳试验过程中，混合料的应力应变状态更符合沥青路面的实际情况。

另外，由于沥青混合料是黏弹性材料，其模量与温度相关，并非定值，受其影响实际工程中所测得的应变转化成的应力的精确度就差。因此，应力控制式疲劳试验得

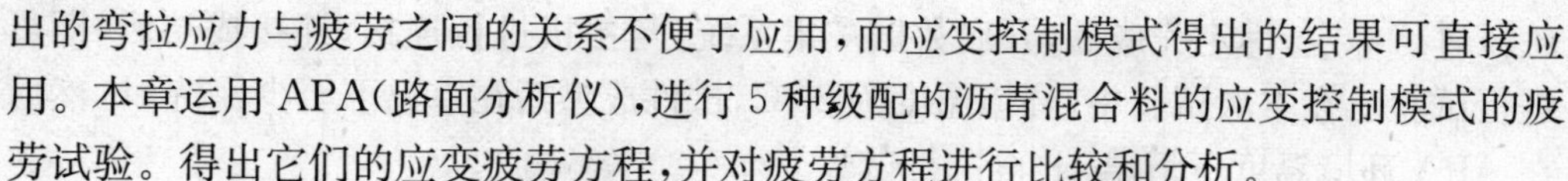

出的弯拉应力与疲劳之间的关系不便于应用，而应变控制模式得出的结果可直接应用。本章运用APA(路面分析仪)，进行5种级配的沥青混合料的应变控制模式的疲劳试验。得出它们的应变疲劳方程，并对疲劳方程进行比较和分析。

②APA沥青混合料疲劳性能研究

APA(Asphalt Pavement Analyzer)是美国佐治亚州交通运输局开发的一种多功能轮载测试仪器，用于评价干燥或者潮湿条件下的沥青混合料永久变形(车辙)、疲劳破坏和水敏感性。试验证明APA对于沥青胶结料等级、混合料类型以及混合料体积性质等都有很好的敏感性。在美国的国家沥青技术中心NCAT(National Center for Asphalt Technology)，APA已经成为评价沥青混合料性能的主流仪器。

APA设备由加载系统、温度控制系统、水浴系统操纵面板等部分组成。试验中可设置成不同的环境温度，加载轮以恒定的压力在试件表面来回运动，通过计算机的数据采集系统，自动对试件表面的位移变形量定时进行采集，并绘出位移变形与运行次数的关系曲线。APA试验有两种疲劳标准，第一种就是当APA位移传感器第N次所测得的位移变形值与在此之前10次所测得的位移变形平均值之差达到预设的位移差值时(ROC)，APA就认为试件已破坏或断裂；第二种标准是当试件表面所贴的应变片由于试件断裂而发生断裂时(应变片可与APA连接)，主机会自动检测到信号，从而试验自动停止。本试验采用第一种标准。

在美国ASTM中推荐位移差ROC为1mm，这是当试件接近断裂或挠度很大时的ROC值，大约在1mm左右。因此，根据国内外经验，我们把变形差定位1.0mm，当试验运行测得差值超过1.0mm时，试验自动停止。从试验运行的次数及采集的位移值就可了解到该混合料的疲劳寿命及疲劳性能等有关指标，同时，疲劳试验可考虑正常状态与老化以后两种情况，在进行疲劳试验时，要求环境温度20℃，加载轮轮压为1113±4.5N，加载频率为50次/min。

③APA疲劳试验及结果分析

试验制件及试验：

分别采用了0%、10%、20%、30%、40%五种不同旧料掺量和AC-13I、AC-20I两种不同级配设计共九种混合料进行疲劳试件成型，对各试件进行老化前后试验对比。所有试件按照AASHTO-PP2的方法进行短期老化，即：将混合料拌匀后在135℃的环境中放置4h后再轮碾成型。然后对部分试件进行长期老化：将试件在85±3℃的环境中放置120±0.5h，然后冷却至室温即可进行试验。试验中设置总运行次数为10万次，ROC设为1mm。进行疲劳试验时，每组同时对三个试件进行平行试验。由于APA试验试模尺寸为300mm×125mm×75mm，试件利用车辙试验成型机，按照配比制成各种混合料的成型为300mm×350mm×75mm的板状试件，然后再将其锯成APA所需要的尺寸。最后连同试模一起放在APA的平台上。在试验前对钢轮轮压进行标定,标定完成后,开启数据采集系统,与主机进行连接,连接成功后,即可进行试验。在本次试验中,环境温度为20℃,试件成型后在室温下至少保持4h,然后在APA环境温度下恒温1h再进行试验。

试验结果及其分析:

通过对七种试件进行APA疲劳试验,APA根据测得的变形自动描绘位移随运行次数的变化。各方案疲劳试验结果见表5-3和图5-2、图5-3。

表5-3 疲劳试验结果

级配	旧料掺量(%)	最大应力(MPa)	疲劳寿命(次)		最大位移(mm)	
			未老化	老化	未老化	老化
AC-13I	0	0.54	62 635	100 000	10.24	7.26
	10	0.54	70 845	100 000	9.26	7.48
	20	0.54	80 523	100 000	8.34	6.04
	30	0.54	76 267	100 000	8.58	6.32
AC-20I	0	0.54	56 214	100 000	12.56	8.51
	10	0.54	60 285	100 000	11.02	8.12
	20	0.54	71 286	100 000	9.24	8.02
	30	0.54	74 349	100 000	9.67	7.14
	40	0.54	63 415	100 000	10.62	8.24

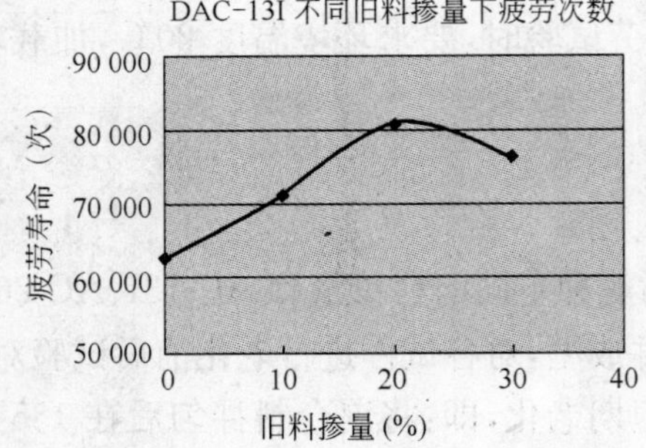

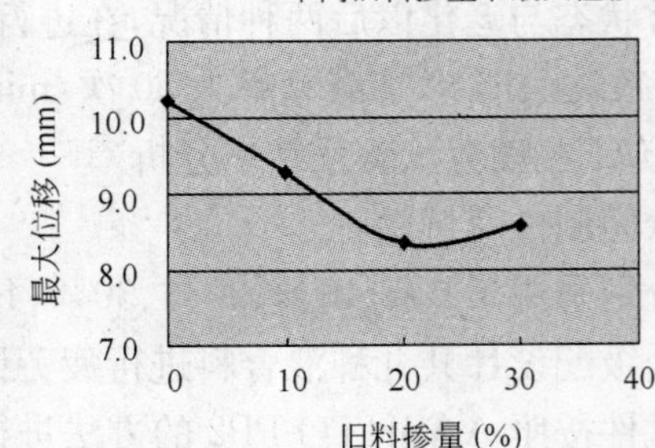

图5-2 AC-13I不同旧料掺量下的疲劳特性

试验结果分析:

a.根据美国APA老化疲劳标准,如果采用变形率控制标准的沥青混合料老化后经过10万次运行不发生疲劳破坏,则使用该沥青混合料铺筑的沥青路面在使用年限内不会发生疲劳破坏。由表5-3可知,所用再生沥青混合料均满足疲劳要求。

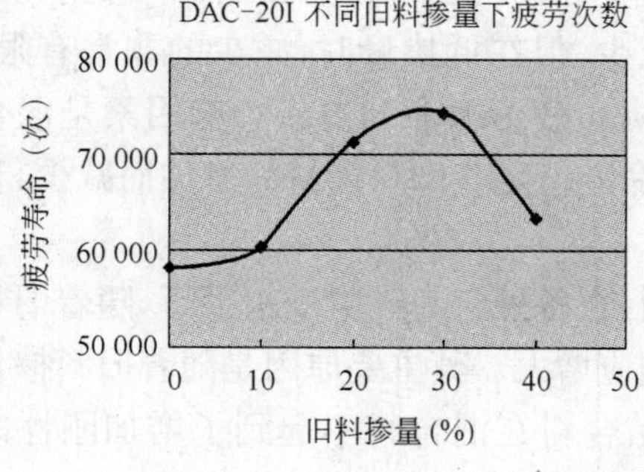

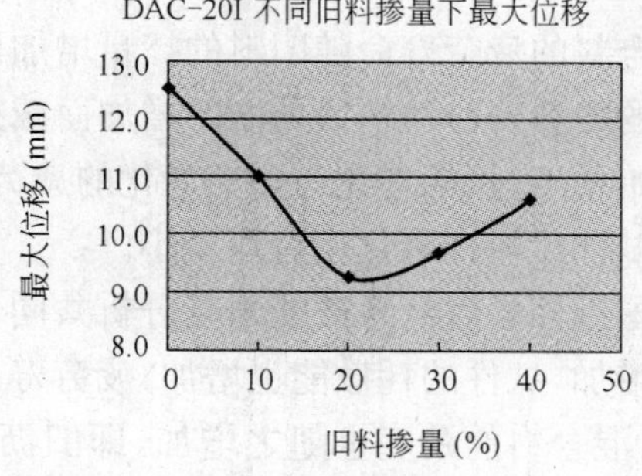

图 5-3 AC-20I 不同旧料掺量下的疲劳特性

b. 掺加回收料的再生沥青混合料与未掺加回收料的沥青混合料相比，总体最大位移减少，疲劳寿命增大；经过长期老化后的再生沥青混合料比未经长期老化的再生沥青混合料的疲劳寿命大，对应的最大位移小。由于 APA 疲劳试验更接近应力控制模式，在掺加旧料或沥青进行长期老化后，沥青结合料变硬、劲度增大，在应力控制下，其疲劳次数相对未老化的新沥青混合料试件要大。

c. 对于 AC-13I 和 AC-20I 混合料，随着旧料掺量的增加，再生沥青混合料疲劳寿命先增大后减少，对应的最大位移先减少后增大，出现峰值，AC-13I 旧料掺量达到 20％左右疲劳次数最大，AC-20I 旧料掺量达到 25％左右疲劳次数最大。出现这种情况可能是掺加旧料后，沥青混合料强度提高了，但随着旧料掺量的继续增加，混合料后期的抗变形能力下降了，总体上不利于混合料疲劳性能。

d. 从级配方面分析，不同旧料掺量下的 AC-20I 均比对应的 AC-13I 疲劳寿命小、最大位移大。出现这种情况可能是集料粒径越大，掺旧料的混合料越容易发脆开裂，导致疲劳性能稍差。

总体上，所用再生沥青混合料均满足疲劳要求，未长期老化的再生沥青混合料与新沥青混合料的疲劳寿命差异不是很大，不同旧料掺量下的 AC-20I 均比对应的 AC-13I 疲劳寿命小，AC-13I 旧料掺量达到 20％左右疲劳寿命最长，AC-20I 旧料掺量达到 25％左右疲劳次数最长。

④国内外相关研究对比分析

国内学者 2005 年采用半圆弯曲 SCB 疲劳试验对再生沥青混合料进行研究表明：不同 RAP 材料掺量的沥青混合料经长期老化后，沥青混合料抗疲劳性能基本处于同一水平；随着 RAP 材料掺量的增加，沥青混合料抗拉强度和模量（刚度）也增加；当掺量超过 20％后，沥青混合料后期抗变形性能下降，不利于混合料的疲劳性能，掺量小于 20％时，沥青混合料疲劳寿命略有增加，掺量为 30％会明显降低疲劳性能，最后建议沥青路面上面层使用 RAP 材料时掺量不要超过 20％。

Rebecca S. Mc Daniel 在 2000 年采用应变控制对再生沥青混合料研究表明：沥青混合料的疲劳寿命随旧料的掺量增加而减少，但在低掺量时，减少的非常有限；混合料的疲劳寿命随初始劲度的增加而减少，提出疲劳寿命的直接影响因素是混合料的初始劲度；长期老化与短期老化的疲劳寿命差值随着旧料掺量的增加而减少，长期老化试件比短期老化疲劳寿命小。

国内外学者从耗散能角度分析共同表明：在各种应力或应变水平下，随着旧料掺量的增加，试件的耗散能也增加，疲劳寿命相应增大。其主要原因是随着旧料掺量的增加，混合料的劲度也随之增加，即旧沥青结合料在混合料中起到了增加刚性的作用，所用耗散能也增加。

从本章研究结论与国内外相关学者的研究成果比较发现有一定的差异，产生差异的原因可能有几点：一是采用的试验方法不同，APA 法近似应力控制模式；二是所采用的 RAP 材料、新沥青混合料及级配类型不同；三是试验数据采集与处理的差异性。因此，采用近似应力控制模式方法得到了随混合料劲度的提高疲劳寿命增加的结论。因为 RAP 材料耐久性能国内外研究均很少，对于所研究结论还有待今后进一步深入探讨，供路面设计参考，而对于实际路面，沥青及级配的选取应考虑地域特点，综合沥青混合料其他性能选定。

(5)厂拌热再生混合料高温稳定性

①高温稳定性的表现形式

沥青混合料高温稳定性能，是指沥青混合料在高温条件下能否保持原有性能的能力，习惯上是指沥青混合料在荷载作用下抵抗永久变形的能力。这里所说的高温条件是指道路在使用过程中受交通荷载的反复作用，容易产生车辙、推移、拥包等永久性变形的温度范围。道路使用的实践表明，在通常的汽车荷载条件下，永久变形主要是在夏季气温高于 25～30℃左右，即沥青路面的路表温度达到 40～50℃以上，已经达到或超过道路沥青的软化点温度的情况下容易产生，且随着温度的升高和荷载的加重，变形愈大。相反，低于这个温度，就不会产生严重的变形。根据沥青材料的温度时间换算法则，长时间承受荷载与高温条件是等效的，而且时间是累计的，所以一般所说的高温稳定性能也包括长时间荷载作用的情况。

沥青混合料是一种黏弹性材料，稳定性不足，一般出现在高温，低加荷速率以及抗剪切能力不足时，也即沥青路面的劲度较低情况下。由于高速公路交通量大、重车比例高，且交通渠化，使行车道上的轮迹带上承受大量重车的反复作用。特别是在每年的高温季节，沥青混合料的强度和劲度大幅度下降，就容易产生拥包、车辙等永久性变形，使路面平整度降低、使用性能下降，严重影响了行车舒适和安全，且维修养护比较困难。高速公路的车辙是当今世界上沥青路面的最有危害的破坏形式之一。

车辙是沥青路面设计的一个重要指标。采用半刚性基层的高等级公路沥青路

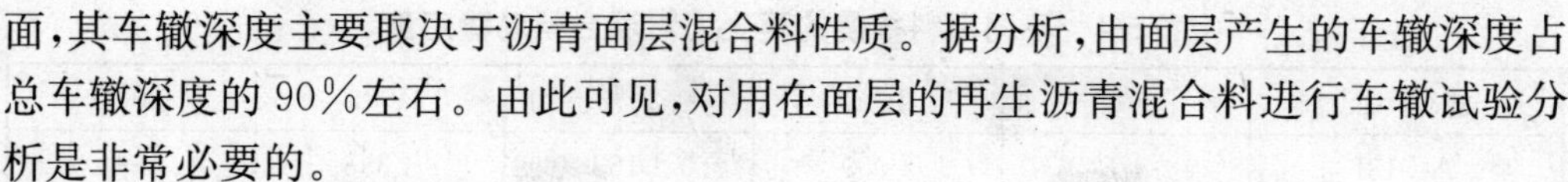

面，其车辙深度主要取决于沥青面层混合料性质。据分析，由面层产生的车辙深度占总车辙深度的90%左右。由此可见，对用在面层的再生沥青混合料进行车辙试验分析是非常必要的。

②高温稳定性评价方法

许多学者对沥青混合料的高温稳定性进行了研究，曾经采用各种测试方法和不同的力学指标予以表征和评价。归纳起来可以分为单轴加载试验，三轴压缩试验，径向加载试验（劈裂试验），弯曲蠕变试验，扭转剪切试验，简单剪切试验，车辙试验，大型直道、环道试验，野外现场试验等。

车辙试验是模拟沥青路面在车轮的反复作用下产生车辙的情况，在试验室采用一个小型车轮在沥青混合料板块状试件上进行往复行走试验，从而使板块试件形成像实际沥青路面那样的辙槽的一种工程试验方法。车辙试验由于设备简单，试验方便，原理直观，虽然它并不给出材料的力学参数，试验结果也尚不能用于路面设计，但它易于被人们理解和接受，同时轮辙试验的结果与实际沥青路面的车辙之间有良好的相关性，因而国内外应用广泛。

车辙试验结果得到车辙变形随时间变化的趋势，由于车辙试验开始时机械装置有一调整过程，产生的虚假变形使测定产生误差，故一般不以试件的总变形来评价混合料的抗车辙性能，而以变形趋于稳定的45～60min这一段时间的车辙变形计算混合料的抗永久变形能力，以动稳定度DS表示。本章主要采用车辙试验来检验再生沥青混合料的抗车辙能力。

③车辙试验结果分析

按照《公路工程沥青及沥青混合料试验规程》(JTJ 052—2000)的相关规定，对不同旧料掺量、不同级配的再生沥青混合料在各自最佳油石比条件下进行车辙试验，动稳定度（DS，次/mm）的具体结果见表5-4，并绘制旧料掺量与动稳定度关系曲线，如图5-4所示。

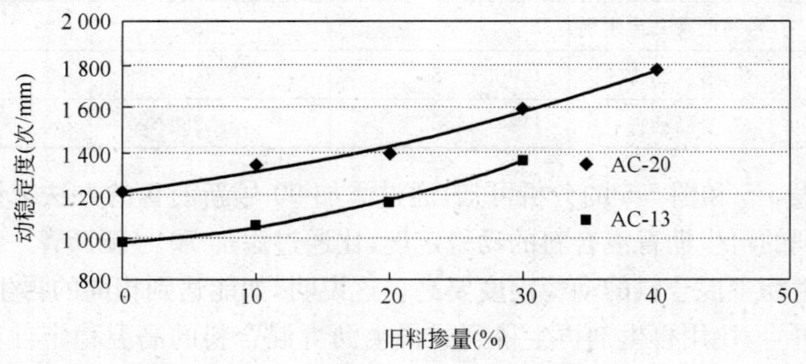

图5-4 旧料掺量与动稳定度关系曲线

表 5-4　不同旧料掺量的再生沥青混合料动稳定度

级　配	0	10%	20%	30%	40%
AC-13I	975	1 059	1 163	1 358	—
AC-20I	1 210	1 341	1 386	1 597	1 776

注：均采用 70 号新沥青＋再生剂＋再生旧沥青。

通过对表 5-4 和图 5-5 的分析可以看出：

a. 旧料加入后，沥青混合料的高温稳定性能明显得到改善，且再生沥青混合料的动稳定度随着旧料掺量的增加而增加。

添加的旧料中含有老化的旧沥青，旧沥青中的油分含量少，胶质和沥青质含量相对较大，已经老化变硬，因而旧沥青的黏度很高，劲度很大。沥青材料本身的特性对沥青混合料高温性能有较大的影响，沥青的高温黏度越大、劲度越高、相应的沥青混合料抗高温变形能力越强。因而，再生沥青混合料的动稳定度比新沥青混合料的动稳定度高，且随着旧料掺量的增加而增加。

b. 在相应的旧料掺量下，AC-20I 再生沥青混合料比 AC-13I 再生沥青混合料的动稳定度高。可见在合理的级配范围内，随着集料“粗化”现象的产生，再生沥青混合料的高温稳定性能有所提高。

按照《公路工程沥青及沥青混合料试验规程》(JTJ 052—2000)的相关规定，对相同旧料掺量(20%)、不同级配、不同旧沥青再生方法的再生沥青混合料在各自最佳油石比条件下进行车辙试验，动稳定度(DS，次/mm)的具体结果见表 5-5，并绘制成柱形图，如图 5-5 所示(图中的 AC-13I-70 号表示级配为 AC-13I，旧沥青的再生方法为 70 号新沥青＋再生剂；AC-13I-90 号表示级配为 AC-13I，旧沥青的再生方法为 90 号新沥青；AC-20I-90 号表示级配为 AC-20I，旧沥青的再生方法为 90 号新沥青)。

表 5-5　20%旧料掺量的再生沥青混合料动稳定度

级　配	旧沥青再生方法	45min 位移(mm)	60min 位移(mm)	动稳定度(次/mm)
AC-13I	70 号新沥青＋再生剂	4. 374	4. 935	1 163
	90 号新沥青	3. 386	3. 840	1 437
AC-20I	90 号新沥青	4. 582	5. 028	1 465

通过对表 5-5 和图 5-5 的分析可知，通过添加 90 号新沥青的方法来调和旧料中老化沥青得到的再生沥青混合料的动稳定度，比通过添加 70 号新沥青＋再生剂的方法得到的再生沥青混合料的动稳定度要高。这说明，如能达到相同的再生效果，用软一级的沥青再生，比用再生剂再生得到的再生沥青混合料的高温稳定性能更好。对于均采用软一级沥青来再生的再生料来说，AC-20I 再生沥青混合料比 AC-13I 再生沥青混合料的动稳定度高。

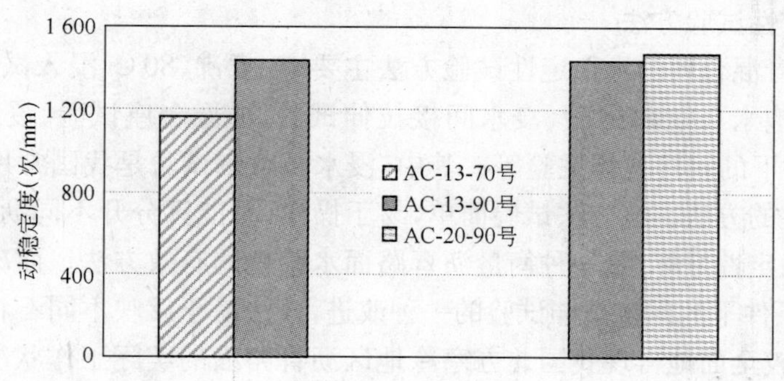

图 5-5 不同沥青再生方法及不同级配再生料动稳定度对比图

(6)厂拌热再生混合料水稳定性

①水损害对沥青路面耐久性影响及表现形式

由于沥青路面的耐久性主要依靠沥青与集料之间的黏附程度,虽然施工方法、交通条件、环境因素以及混合料的性质也对沥青路面有影响,但水和矿料的作用是影响沥青路面耐久性的主要因素之一。对于沥青路面来说,沥青必须与集料牢牢地黏结,沥青膜不产生剥离是非常重要的性质。为了建造稳定耐久的沥青路面,沥青与集料的黏附性和抗剥离性能是主要的性能。

所谓沥青路面的水损害破坏,即沥青路面的水稳定性,是指水经由沥青路面孔隙、裂缝进入沥青路面内部后,在车轮轮胎动态荷载产生的动水压力或真空抽吸冲刷的反复作用下,水分逐渐渗入沥青与矿料的界面或沥青内部,使沥青与矿料之间的黏附性降低,并逐渐丧失黏结能力,从而使沥青膜逐渐从矿料表面剥离,沥青混合料掉粒、松散,使沥青路面结构的整体性发生破坏,从而对沥青路面的耐久性产生重要影响。

水损害表现的形式主要有坑洞、网裂、唧浆及严重的辙槽。沥青路面水损坏的机理和特征,可以从其破坏的发展历程看出。

a. 在开始阶段,水分浸入沥青与集料界面,以水膜或水汽的形式存在,影响沥青与集料的黏附性。

b. 在车辆荷载反复的作用下,沥青膜与集料开始剥离。

c. 随着水的进一步侵入,集料开始松散、掉粒。

d. 最终,沥青路面水损害处发展成坑槽。

现有高速公路的有效服务时间普遍未能达到设计使用年限,常常是由于沥青混凝土面层的水稳定性不足造成了路面早期水损害,使高速公路在通车 2～3 年便出现明显的坑槽、松散等现象,这已经成为我国高等级公路沥青混凝土路面损害的主要形式之一。因此,评价再生沥青混合料的水稳定性显得尤为重要。

②水稳定性试验方法

目前,沥青混合料的水稳定性试验方法主要有:煮沸、80℃浸入试验、浸水马歇尔试验、真空饱水马歇尔试验、浸水间接拉伸试验、冻融台座试验、浸水车辙试验、Lottman 条件下的间接拉伸试验等。其中,浸水马歇尔试验是我国常用的评价沥青路面水稳定性的方法。该方法试验简单,易于操作,且能区分开不同沥青等级、不同性质集料水稳定性好坏,是一种衡量沥青路面水稳性的有效方法。而冻融劈裂法是对 Lottman 条件下的间接拉伸试验的一种改进,该法易于反映不同石料及不同黏附性的差别,能较全面地再现我国北方寒冷地区沥青路面的实际工作状况。本节采用浸水马歇尔试验和冻融劈裂试验方法对再生沥青混合料的水稳定性进行评价。

a. 浸水马歇尔试验:

将成型好的标准马歇尔试件分成两组:一组在 60℃的恒温水槽中保温 30~40min 后测其马歇尔稳定度 MS,另一组在 60℃的恒温水槽中保温 48h 后测其马歇尔稳定度 MS_1,浸水残留稳定度 MS_0 按式(5-7)计算:

$$MS_0 = \frac{MS_1}{MS} \times 100 \tag{5-7}$$

式中:MS_0——试件的浸水残留稳定度,%;

MS_1——试件浸水 48h 后的稳定度,kN;

MS——试件浸水 0.5h 后的稳定度,kN。

b. 冻融劈裂试验:

冻融劈裂试验采用的是双面击实 50 次的马歇尔试件,用以提高混合料的空隙率,使之与铺在路面上的空隙率相接近。试件真空饱水后,先放入−18℃±2℃的恒温冰箱中冷冻 16h±1h,然后再在 60℃的恒温水槽中保温 24h,这样较好地模拟了水对沥青膜的侵害作用及野外现场温度变化对沥青混合料强度的影响。将进行冻融循环的试件与放在常温下的试件均浸入 25℃的恒温水槽 2h 后进行劈裂试验,劈裂抗拉强度 R_{T1}、R_{T2} 按式(5-8)及式(5-9)计算,冻融劈裂抗拉强度比 TSR 按式(5-10)计算。

$$R_{T1} = 0.006\,287 P_{T1}/h_1 \tag{5-8}$$

$$R_{T2} = 0.006\,287 P_{T2}/h_2 \tag{5-9}$$

式中:R_{T1}——未进行冻融循环的第一组试件的劈裂抗拉强度,MPa;

R_{T2}——经受冻融循环的第二组试件的劈裂抗拉强度,MPa;

P_{T1}——第一组试件的试验荷载的最大值,N;

P_{T2}——第二组试件的试验荷载的最大值,N;

h_1——第一组试件的试件高度,mm;

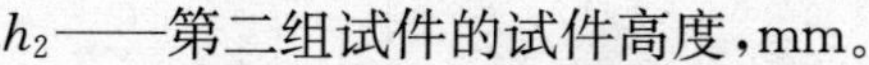

h_2——第二组试件的试件高度,mm。

$$TSR = (R_{T2}/R_{T1}) \times 100 \tag{5-10}$$

式中:TSR——冻融劈裂抗拉强度比,%;

R_{T2}——经受冻融循环的第二组试件的劈裂抗拉强度,MPa;

R_{T1}——未进行冻融循环的第一组试件的劈裂抗拉强度,MPa。

③试验结果及分析

按《公路工程沥青及沥青混合料试验规程》(JTJ 052—2000)中的相关规定,对不同级配、不同旧料掺量的再生沥青混合料在最佳油石比下进行浸水马歇尔试验和冻融劈裂试验,具体计算结果见表 5-6 和表 5-7,并绘制旧料掺量与浸水残留稳定度、冻融劈裂抗拉强度比的关系曲线图,见图 5-6 和图 5-7。

表 5-6　各旧料掺量的再生沥青混合料浸水马歇尔试验结果

级　配	旧料掺量(%)	0.5h 稳定度(kN)	48h 稳定度(kN)	浸水残留稳定度(%)
AC-13I	0	9.35	7.86	84.1
	10	9.87	8.43	85.4
	20	10.43	8.98	86.1
	30	11.04	9.07	82.2
AC-20I	0	9.47	8.68	91.7
	10	10.12	9.14	90.3
	20	10.23	9.33	91.2
	30	11.71	10.22	87.3
	40	12.26	10.37	84.6

表 5-7　各旧料掺量的再生沥青混合料冻融劈裂试验结果

级　配	旧料掺量(%)	未冻融劈裂抗拉强度(MPa)	冻融后劈裂抗拉强度(MPa)	冻融劈裂抗拉强度比(%)
AC-13I	0	0.836	0.718	85.9
	10	0.865	0.730	84.4
	20	0.885	0.723	81.7
	30	0.937	0.733	78.2
AC-20I	0	0.821	0.683	83.2
	10	0.847	0.711	83.9
	20	0.861	0.738	85.7
	30	0.947	0.752	79.4
	40	0.956	0.741	77.5

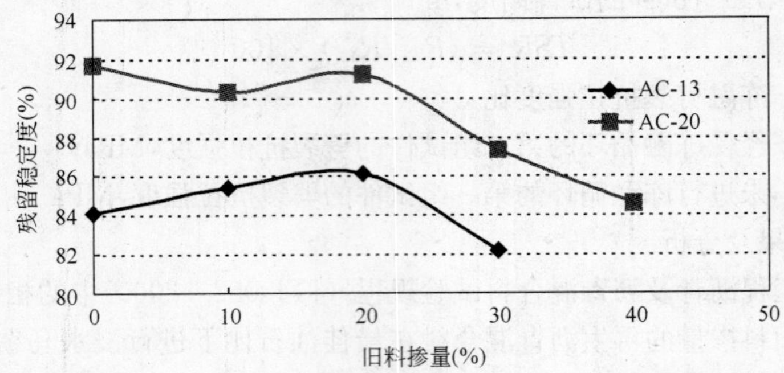

图 5-6 旧料掺量与残留稳定度关系曲线

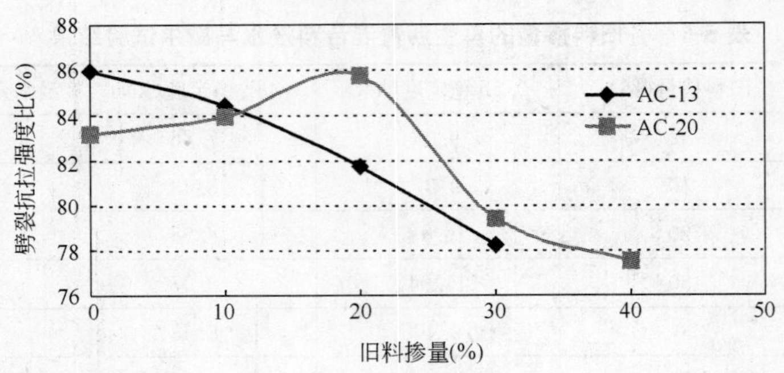

图 5-7 旧料掺量与劈裂抗拉强度比关系曲线

通过对表 5-6、表 5-7 和图 5-6、图 5-7 的分析可以看出：

a. 当旧料量不大时(小于 20％)，两种级配再生沥青混合料的浸水残留稳定度变化都不大，且变化规律并不明显；但当旧料掺量相对较大时，残留稳定度变化明显；随着旧料掺量的增加，再生沥青混合料的残留稳定度不断减小。与新沥青混合料相比，掺量 10％、20％ 的 AC-13I 再生料的残留稳定度分别只变化了 1.5％和 2.4％，AC-20I 再生料的变化幅度亦不大，分别变化了 1.5％和 0.5％。不同级配掺量 10％的再生料与新沥青混合料相比指标有升有降，变化规律不明显。但当旧料掺量达到 30％或 40％时，两种级配再生料的残留稳定度都大幅下降，趋势明显。

b. 在冻融劈裂抗拉强度比指标上，变化规律与浸水残留稳定度相似。当旧料掺量较小时，再生沥青混合料的冻融劈裂抗拉强度比变化不大，其中 AC-13I 再生料随着旧料掺量的增加，冻融劈裂抗拉强度比一直下降，AC-20I 再生料的指标值略有起伏，变化规律不明显。但当旧料掺量相对较大时，再生料冻融劈裂抗拉强度比随掺量增加下降趋势明显。

以上分析说明，低旧料掺量的再生沥青混合料抗水损害能力与新沥青混合料相差不大，甚至有所提高，但当旧料掺量较大时，再生料抗水损害能力会有所降低，应该进行水稳定性检验，以确定再生料的抗水损害能力能否满足要求。

(7)厂拌热再生混合料低温抗裂性

低温抗裂性即沥青路面抵抗低温收缩裂缝的能力。沥青路面的低温裂缝很普遍，不但北方冰冻地区有，在南方非冰冻地区也有，只是裂缝的轻重程度不同。初期产生的裂缝对沥青路面的使用性能并没有明显的影响，只是有损美观。但是随着表面雨水和雪水的进入，导致裂缝两侧的路面结构层，特别是裂缝附近土基的含水量增大，甚至饱和。其结果是路面强度明显降低，在大量行车荷载的反复作用下，产生冲刷和唧浆现象，从而使裂缝发展成为网裂、龟裂而使路面很快产生结构性破坏。鉴于低温裂缝对公路质量的严重影响，人们一直都很重视沥青混合料的低温性能。由于再生沥青混合料中含有已经老化过的沥青，所以对于再生沥青混合料的低温性能的评价显得更加必要。

①低温开裂机理

沥青结构层直接受外界气温变化的影响，气温下降，尤其是气温骤降时，会在路面结构上产生温度梯度，路面面层因温度下降而收缩的趋势受到其下部层次的约束而使面层产生拉应力。在一般的温度条件下，这个应力会由于应力松弛而减小，可是，当温度降低时，沥青混合料的应力松弛模量随温度的降低而逐渐变大，松弛能力降低，从而出现较大的应力积累。待温度应力累积到超过沥青混合料的极限抗拉强度时，路面就将出现裂缝，以便将应力释放出去。此外，由于表面的沥青比内部的沥青更容易老化，沥青混合料的极限拉应变小，应力松弛性能差，也是容易产生裂缝的一个重要因素。

温度疲劳作用的年循环、温度的日循环、短时间内的温度循环、冷热交替，都能在混合料内部出现疲劳损坏现象。温度应力的疲劳作用使沥青混合料的极限拉应变或劲度模量变小，又加上沥青老化使沥青劲度提高，应力松弛性能下降，故温度疲劳裂缝可能在比一次性降温开裂温度高的温度下开裂。同时裂缝随着路龄的增加而不断增加。

在我国，大部分沥青路面采用的是半刚性基层，由于半刚性基层的收缩(温缩和干缩)，或者已经开裂了的半刚性基层在裂缝部位的应力集中与沥青面层的低温收缩、荷载作用产生的综合作用，使温缩裂缝较多的产生。这些裂缝实际上是温缩裂缝和半刚性基层的收缩裂缝的反射裂缝的综合裂缝。在冬季低温下，当基层开裂后，由于基层失去抵抗拉应力的作用，就在开裂位置将应力传递给面层，形成面层在开裂缝处的应力集中。而且在低温下沥青面层的模量较大，它仅能承受较小的温度应力，因而极易产生反射裂缝。此时如果再加上偏荷载主拉应力的作用，其应力值就有可能超过材料的极限强度，从而使面层发生开裂。

②低温抗裂性评价方法

目前国内外用于研究沥青混合料低温抗裂性能的试验方法有多种，主要包括：间接拉伸试验、直接拉伸试验、蠕变试验、受限试件的温度应力试验、切口小梁试件的弯曲试验、应力松弛试验等。本节通过对再生沥青混合料低温弯曲试验的大量试验结果的分析，以期用弯曲试验所得的抗弯拉强度和最大弯拉应变来评价再生沥青混合料的低温抗裂性能。

③低温弯曲试验及试验结果分析

试验在万能材料试验机上进行，试件采用轮碾法成型，然后切制成长 250mm、宽 30mm、高 35mm 的小梁，跨径 200mm，中点加载，加载速率 50mm/min，试验温度−10℃±0.5℃。通过试件破坏时最大荷载和跨中挠度由公式(5-11)计算得到抗弯拉强度 R_B、最大弯拉应变 ε_B 和弯曲劲度模量 S_B。

$$R_B = \frac{3LP_B}{2bh^2},\varepsilon_B = \frac{6hd}{L^2},S_B = \frac{R_B}{\varepsilon_B} \tag{5-11}$$

式中：R_B——试件破坏时的抗弯拉强度，MPa；

ε_B——试件破坏时的最大弯拉应变；

S_B——试件破坏时的弯曲劲度模量，MPa；

d——试件破坏时的跨中挠度，mm；

L,b,h——试件的跨径、跨中断面的宽度及高度，mm。

按《公路工程沥青及沥青混合料试验规程》(JTJ 052—2000)中的相关规定，对不同级配、不同旧料掺量的再生沥青混合料在最佳油石比下进行低温弯曲试验，计算结果见表 5-8，并绘制旧料掺量与最大弯拉应变、弯曲劲度模量关系曲线图，见图 5-8 和图 5-9。

表 5-8　各旧料掺量的再生沥青混合料低温弯曲试验结果

级　配	旧料掺量(%)	抗弯拉强度 R_B (MPa)	最大弯拉应变 ε_B ($\mu\varepsilon$)	弯曲劲度模量 S_B (MPa)
AC-13I	0	8.63	2 433	3 651
	10	7.94	2 328	3 411
	20	7.59	2 518	3 015
	30	7.36	1 830	4 263
AC-20I	0	9.83	2 384	4 123
	10	9.62	2 413	3 987
	20	9.55	2 355	4 215
	30	9.43	2 250	4 301
	40	9.32	2 126	4 485

从图 5-8 可以看出，AC-20I 再生沥青混合料随旧料掺量增加，最大弯拉应变下降明显；AC-13I 再生料除 20%旧料掺量有所偏离外，也具有明显的下降趋势，且旧料掺量达 30%时，下降幅度较大。

从图 5-9 可以看到，AC-20I 再生沥青混合料随旧料掺量增加，弯曲劲度模量上升趋势明显；而 AC-13I 再生料在低旧料掺量下类似变化规律并不明显，如 10%、20%旧料掺量再生沥青混合料的弯曲劲度模量反而略有下降，但旧料掺量达 30%时，弯曲劲度模量大幅上升。研究表明，沥青混合料的最大弯拉应变越大，弯曲劲度模量越小，则该沥青混合料的低温抗裂性能越好。从以上综合分析可以看出，随着旧料掺量的增加，再生沥青混合料的低温性能有所下降，且当掺量较大时，下降幅度较大。

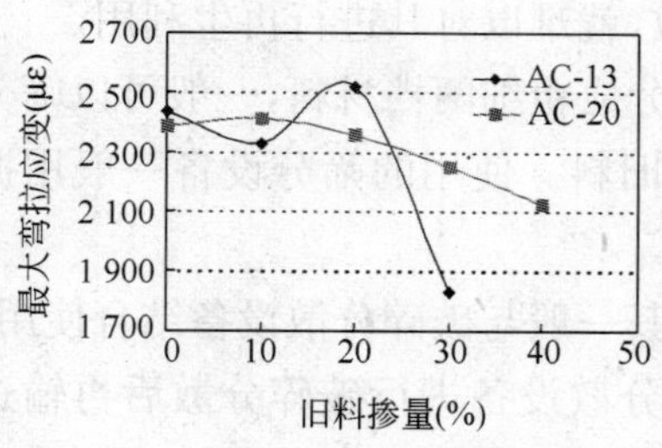

图 5-8　旧料掺量与最大拉应变关系曲线

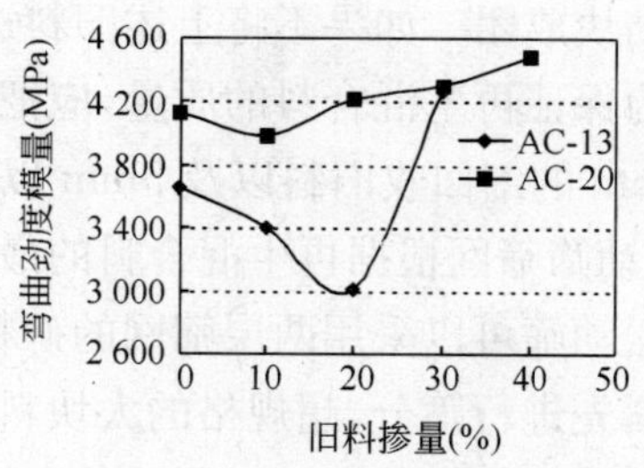

图 5-9　旧料掺量与弯曲劲度模量关系曲线

第三节　施 工 技 术

一、施工设备类型及选用

1. 旧路面处理设备

旧路面的处理方法主要有两种：一种是利用冷铣刨机把损坏的旧路面进行铣刨，此方法通常称作冷铣刨；一种是通过翻地机或其他机械翻挖破碎。目前冷铣刨是应用最广的方法。

冷铣刨采用的冷铣刨机要求具有强大的动力，可以自驱动牵引，并具有操作稳定性。铣刨机应该配备控制纵坡和横坡的自动控制系统，能够铣刨路面纵坡和横坡，并能够准确控制纵坡高程在 3mm 以内。铣刨机还应该具有有效控制铣刨粉尘的装置和铣刨料自动回收输送装置。

铣刨机有不同的尺寸和功率，一次铣刨宽度可以是 1m 到整个车道，铣刨深度可以从 20cm 变化至 38cm，在选择使用时应根据具体工程量和技术要求选择最经济、最合适的铣刨机规格。

翻挖破碎机械一般包括翻地机、路面破碎机或挖掘机。翻地机类型的选择由碎石机处理的最大翻料尺寸决定，一般适用于低等级道路升级而且原路面材料单一的条件。翻挖不能像冷铣刨一样在现场完成旧料的粉碎，因此生产效率较低，同时翻挖很难控制深度，挖下的旧沥青混合料难以分类处理。

所以，一般旧路面的处理应尽量采用铣刨机进行。

2. 回收料预处理设备

回收料的预处理设备主要包括破碎分散设备和筛分设备。

旧沥青回收料如果通过翻挖得到，往往有较大的块状料；通过冷铣刨虽然可以在现场直接粉碎回收料，但是如果铣刨下来的旧料不及时进行处理，长时间堆放也会使旧料结块成团。如果不将上述旧料进行破碎分散，就难以对其进行再生利用。

为保证再生混合料的质量，应把回收旧料筛分成粗细两档材料，一般可以筛分成0～5mm的细回收旧料以及5mm以上的粗回收旧料。使用的筛分设备一般用振动筛，振动筛筛网根据再生混合料的最大粒径选取。

振动筛可以采用两层筛网的矿料用振动筛，其一般与破碎分散设备结合使用，旧回收料先进行筛分，超规格的大块料输送到破碎分散设备进行破碎分散后再输送回筛分设备重新筛分，如此循环，使旧回收料充分破碎分散筛分。

3. 混合料拌制设备

厂拌热再生混合料设备由本书第一章第五节可知，目前一般采用连续式拌和设备或间歇式拌和设备。根据最新发布的《公路沥青路面再生技术规范》(JTG F41—2008)规定，间歇式再生拌和设备一般旧回收料的掺加比例为不超过30%，连续式再生设备的旧回收料添加比例可达到50%。

所以，当回收料添加比例超过30%时，推荐选用连续式再生拌和设备，可以产生更大的经济效益。

4. 摊铺压实设备

厂拌热再生混合料的摊铺压实设备与新热拌沥青混合料的摊铺压实设备一致，这里就不详细说明了。

二、施工工艺及施工质量控制关键技术

厂拌热再生路面的施工工艺与质量控制流程图见图5-10。

厂拌热再生混合料的施工与新热拌沥青混合料的施工有一致的地方，可以参照《公路沥青路面施工技术规范》(JFG F40—2004)执行。但也有其特殊性，主要分为以下几个方面：

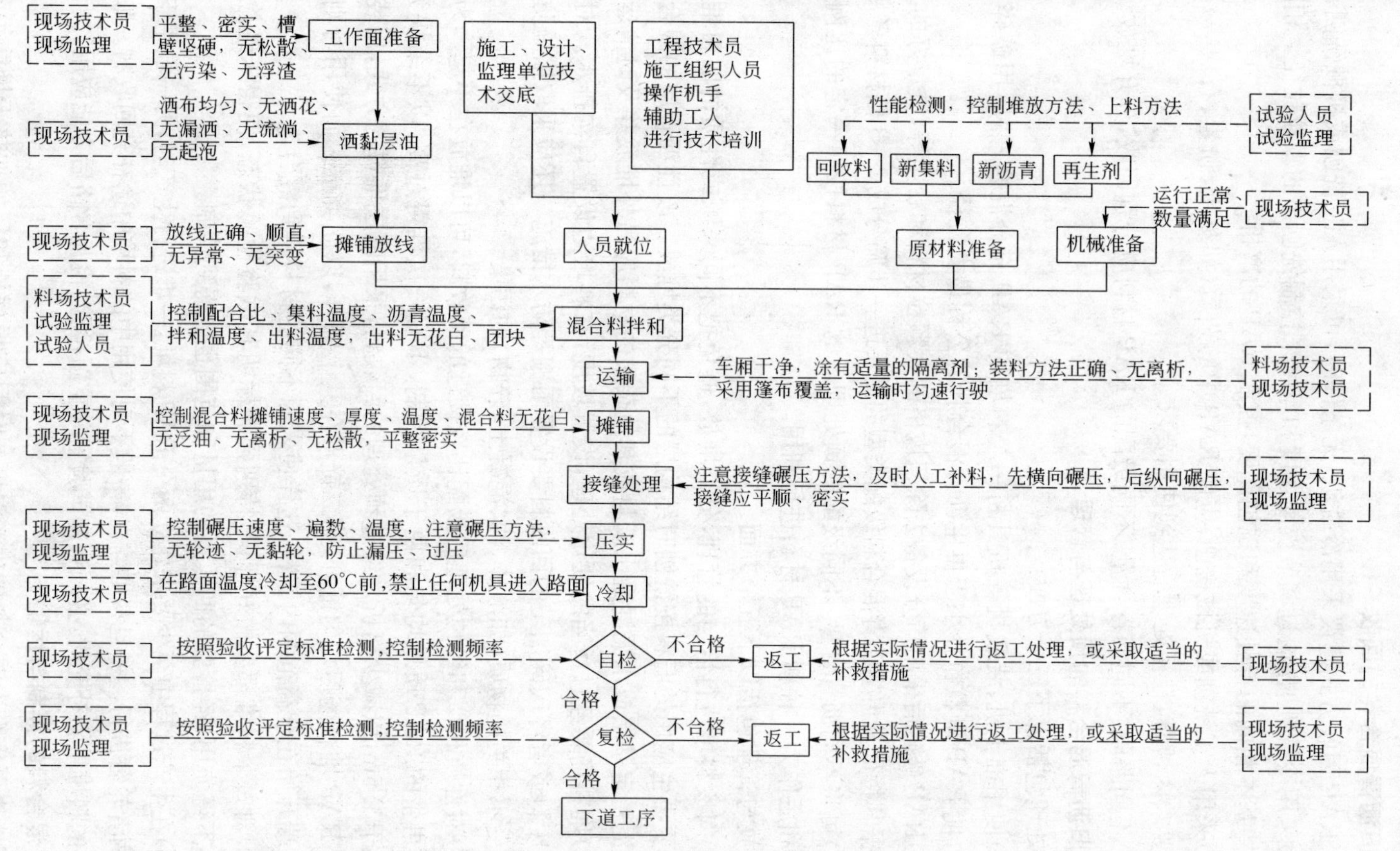

图5-10　厂拌热再生路面的施工工艺与质量控制流程图

1. 旧沥青混合料的回收

(1)RAP 回收方式建议采用冷铣刨,无条件时,可采用人工铣刨或机械铣刨。

(2)采用冷铣刨时,通过调节铣刨速度和厚度来控制铣刨出的颗粒粒径。相同的段落保持基本相同的行驶速度和铣刨深度,控制 RAP 的离析。

(3)采用人工铣刨或机械铣刨,应使 RAP 中的杂质(如黏土、粉尘、石块等)控制在使用要求内,颗粒粒径处理后达到使用要求。

(4)不同路段、不同沥青含量、不同级配的 RAP 材料应分别回收,分开堆放。

2. 旧沥青混合料的预处理与管理

预处理包括以下三个方面:

(1)使用推土机、装载机等机具将一个料堆的 RAP 充分混合,然后用破碎机进行破碎,使 RAP 颗粒粒径小于再生沥青混合料的公称最大粒径。

(2)RAP 破碎后采用筛分设备去除超规格的大颗粒材料和粉尘等,质量好的 RAP 材料根据其特征及再生沥青混合料级配类型的需要进一步筛分成 2～3 档材料备用。

(3)可将不同沥青含量、不同级配的预处理后的 RAP 材料按照一定的比例进行充分拌和后作为一种新 RAP 材料进行利用。

堆放与管理包括以下五个方面:

(1)对废料堆进行恰当的管理,分类堆放,避免把不同来源或性质的旧料堆在一起。需要再生应用的旧料按铣刨时结构层的不同分类堆放。改性沥青层的混合料和含有水泥稳定基层或水泥混凝土废料或其他杂质的材料应另外堆放并及时清运。

(2)堆料场要经过适当的硬化处理,设置坡度,在料堆边设置盲沟排水。对即将使用的废料或者经破碎加工的回收料要设置雨棚等防水措施。还应采取措施防止回收材料受不相关的物质(如液体、油、混凝土、碎物)的污染。

(3)对性质相似和经预处理后级配比较接近的回收料,可以堆放在一起。为了使应用于再生的 RAP 质地均匀和便于质量控制,不宜一次堆得过高,以不结块为度,一般小于 1.5m,以减少离析。经过预处理的回收料,采用薄层堆料的方式,用装载机铲运到 RAP 堆料场后均匀铺开,第二铲再在其上铺开,以此类推。而使用时则从料堆的一端开始在全高范围内铲料,这样使来源不同的材料得到混合。

(4)对每个料堆都要做好标识,特别强调标明其试验检验状态,使得未经检验的回收料不得使用,经检验的回收料的用量和范围也能得到控制。

(5)在生产过程中至少要求建立两个 RAP 料堆,一堆进行生产时,另一堆用于检验试验,两者轮替进行。一旦料堆建立,一般不对使用中的料堆中途补充回收料。如果对使用中的料堆重新补充时,必须通知试验室并重新检验,检验合格后方能应用。

3. 混合料的拌制与运输

厂拌热再生沥青混合料的生产温度与时间应根据拌和厂的加热干燥能力、RAP

材料的含水量、再生沥青混合料的级配、新沥青的黏温曲线等综合确定，以不加剧RAP材料的老化，提高生产能力，降低能耗，并生产出均匀稳定的沥青混合料为原则。

(1)新矿料加热温度可比普通沥青混合料的矿料加热温度提高10～20℃，但不得超过220℃。新加矿料的加热温度按式(5-12)预估，经试拌后调整、确定。拌和后再生沥青混合料的出厂温度应满足相关沥青混合料要求。

$$T' = \frac{T - T_0}{\xi} + T \quad 其中：\xi = \frac{\alpha_1 \cdot S_2 \cdot \alpha_2 - S_2 \cdot \alpha_1}{\alpha_1 \cdot S_1 \cdot \alpha_2 - S_1 \cdot \alpha_1} \cdot n \tag{5-12}$$

式中：α_1——矿料比热，取0.92 J/(kg·K)；

α_2——沥青比热，取1.68 J/(kg·K)；

T'——新矿料加热温度，℃；

T——拌和后最终温度，℃；

T_0——旧沥青混合料进入拌缸时的温度，℃；

S_1——旧沥青混合料中沥青含量，%；

S_2——新沥青混合料中沥青含量，%；

n——再生沥青混合料中的新料(新加矿料和新加沥青)与旧沥青混合料的比例。

(2)在拌和过程中，各阶段的拌和时间按照表5-9执行。

表5-9　厂拌热再生沥青混合料拌和时间控制(s)

旧　料	再 生 剂	矿　料	纤　维	新 沥 青	矿　粉
10～15		10～15		15～20	20～25
拌和时间以混合料均匀、无花白料为前提，总拌和时间：55～75					

(3)建立定期质量抽检制度，检验再生混合料的物理力学性能、油石比等指标，如发现不符合设计质量要求，应立即找出原因，修正配合比设计，确保再生沥青混合料的质量。待抽检的再生沥青混合料符合设计质量要求后，方允许出厂运送至工地进行摊铺。

(4)其他拌和要求参照《公路沥青路面施工技术规范》(JTG F40—2004)执行。

4. 摊铺与压实

(1)如果在翻挖掉旧料的路面上摊铺混合料时，应注意基层表面的修整处理工作。包括清理基层上的浮灰、杂物，必要时浇洒透层油。

(2)因再生料的出料温度大多数情况下可能比普通沥青混合料的要低，因此运输到现场要注意保温。

(3)厂拌热再生混合料摊铺与压实温度宜比热拌沥青混合料提高5～15℃。

(4)其他要求参照《公路沥青路面施工技术规范》(JTG F40—2004)执行。

第四节 工程实例

一、工程概况

工程为浙江 22 省道诸暨段，桩号 K12＋400～K13＋400，共 1km 全幅路段，工程量约为 840m^3。原路面结构和路况如图 5-11 和图 5-12 所示，该路段检测结果表明，路面总体弯沉较好，平均为 29.92(0.01mm)，标准差 10.1(0.01mm)，弯沉代表值 51.84(0.01mm)。该路段主要病害为开裂、露骨等。

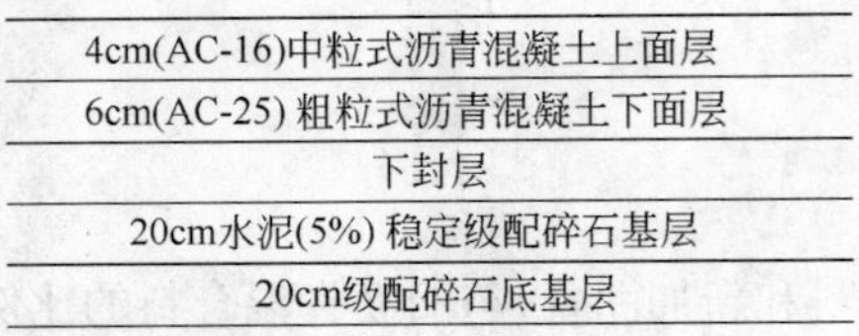

4cm(AC-16)中粒式沥青混凝土上面层
6cm(AC-25) 粗粒式沥青混凝土下面层
下封层
20cm水泥(5%) 稳定级配碎石基层
20cm级配碎石底基层

图 5-11 原路面结构图

图 5-12 原路面状况

施工时直接采取加铺措施。加铺前，采用清洁、干燥原路面，铺洒黏结防水层等措施进行处理。所用的材料性能见本章的厂拌热再生沥青混合料配合比设计。新集料购自诸暨料场，其性质满足规范规定要求，废旧沥青混合料取自浙江其他公路回收准备丢弃的旧沥青混合料料堆。其回收预处理后情况见图 5-13，所购买的新集料情况见图 5-14，集料性质较好。

图 5-13 所用废旧沥青混合料

图 5-14 所用新集料

二、结构方案组合设计

根据经济合理、技术可行、路面功能要求等设计原则，进行了试验路厂拌热再生沥青加铺层结构的设计。

其路面设计指标为：沥青路面的设计弯沉 0.50mm，设计轴载 BZZ-100，设计车速 80km/h，设计年限 15 年，路面宽度 12m，路面横坡与老路相同，为 2.0%。各试验路段可设 3～5m 的过渡段，以缓和前后高差，增加行车的舒适性。

根据研究需要，共设置 5 种试验路铺筑方案，其试验段起迄桩号和结构图见图 5-15和图 5-16。在这 5 种再生方案设计两端为未掺加旧沥青混合料的全新沥青路面结构铺层，其结构厚度和级配类型完全一致。

路段：K12～K12＋400(半幅)

长度：左半幅400m

3cm DAC-13再生沥青混合料面层(10%)

黏层

5cmDAC-25沥青混合料下面层

黏结防水层(实施时未被采用，用黏层代替)

修复后的老路面

方案一

路段：K12＋400～K12+800(半幅)

长度：左半幅400m

3cm DAC-13再生沥青混合料面层(20%)

黏层

5cm DAC-25沥青混合料下面层

黏结防水层(实施时未被采用，用黏层代替)

修复后的老路面

方案二

路段：K12+800~K13(全幅)

长度：全幅200m

3cm DAC-13沥青混合料面层

黏层

5cmDAC-20再生沥青混合料面层(20%)

黏结防水层(实施时未被采用，用黏层代替)

修复后的老路面

方案三

路段：K12＋400～K12＋800（半幅）

长度：左半幅400m

3cm DAC-13沥青混合料面层

黏层

5cmDAC-20再生沥青混合料下面层(30%)

黏结防水层(实施时未被采用，用黏层代替)

修复后的老路面

方案四

路段：K12～K12＋400（半幅）

长度：(右半幅)400m

3cm DAC-13沥青混合料上面层

黏层

5cm DAC-20再生沥青混合料下面层(40%)

黏结防水层(实施时未被采用，用黏层代替)

修复后的老路面

方案五

图 5-15 五种再生方案结构图

三、施工情况

根据施工可能出现的情况，课题组给出了两种具体的施工方案，可根据实际施工情况选用其中一种，各方案具体施工顺序和时间安排见表 5-10 和表 5-11，在具体实施中，基本上按照所提供的方案进行施工。

诸暂　　右　　东阳

方案一	方案二	方案三
方案四	方案五	

K12+400　K12+800　左　K13+200　K13+400

图 5-16　五种再生方案平面布局

根据课题组要求，掺有再生沥青混合料的面层由兰亭高科有限公司提供厂拌热再生沥青混合料，由诸暨公路段施工，其他未掺旧料的面层完全由诸暨公路段进行施工，可见整个施工过程由一家施工单位进行，施工质量应较为均一，不同方案的路面结构具有可比性。施工过程相关资料见图 5-17～图 5-21。

图 5-17　双滚筒厂拌热再生设备

图 5-18　厂拌热再生沥青混合料摊铺设备

a)

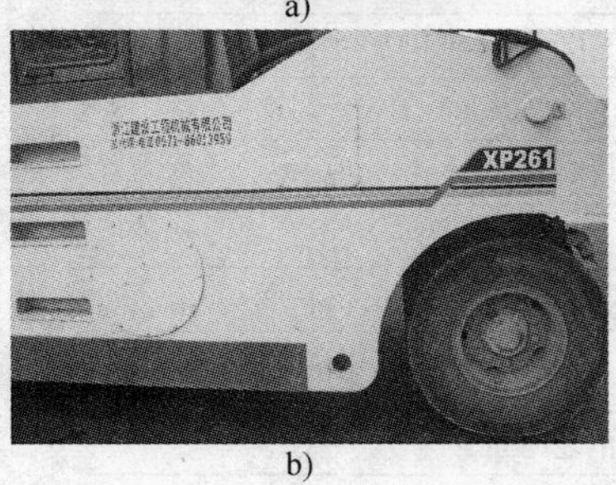

b)

图 5-19　厂拌热再生沥青混合料压实设备

a)钢轮压路机；b)轮胎压路机

图 5-20　铺设完时的新旧路面对比

表 5-10　第一种铺筑方案

（铺筑顺序：铺筑左幅下面层→铺筑右幅下面层→再铺筑右幅上面层→最后铺筑左幅上面层）

施工天数	1			2	3	4					5	6
顺序	1	2	3	4	5	6	7	8	9	10	11	12
施工方案	方案一 下面层 5cm 施工 DAC-25	方案二 下面层 5cm 施工 DAC-25	方案三 下面层 20%旧料 5cm 施工 DAC-20	方案三 下面层 20%旧料 5cm 施工 DAC-20	方案五 下面层 40%旧料 5cm 施工 DAC-20	方案四 下面层 30%旧料 5cm 施工 DAC-20	方案四 上面层 5cm 施工 DAC-20	方案五 上面层 3cm 施工 DAC-13	方案三 上面层 3cm 施工 DAC-13	方案三 上面层 3cm 施工 DAC-13	方案二 上面层 20%旧料 3cm 施工 DAC-13	方案一 上面层 10%旧料 3cm 施工 DAC-13
施工路段	K12＋400 ～ K12＋800 （左半幅）	K12＋800 ～ K13＋200 （左半幅）	K13＋200 ～ K13＋400 （左半幅）	K13＋400 ～ K13＋200 （右半幅）	K13＋200 ～ K12＋800 （右半幅）	K12＋800 ～ K12＋400 （右半幅）	K12＋400 ～ K12＋800 （右半幅）	K12＋800 ～ K13＋200 （右半幅）	K13＋200 ～ K13＋400 （右半幅）	K13＋400 ～ K13＋200 （左半幅）	K13＋200 ～ K12＋800 （左半幅）	K12＋800 ～ K12＋400 （左半幅）
供料单位	施工单位	施工单位	兰亭高科	兰亭高科	兰亭高科	兰亭高科	施工单位	施工单位	施工单位	施工单位	兰亭高科	兰亭高科

表 5-11　第二种铺筑方案

（铺筑顺序：铺筑左幅下面层→铺筑左幅上面层→再铺筑右幅下面层→最后铺筑右幅上面层）

施工天数	1			2		3	4		5		6	
顺序	1	2	3	4	5	6	7	8	9	10	11	12
施工方案	方案一 下面层 5cm 施工 DAC-25	方案二 下面层 5cm 施工 DAC-25	方案三 下面层 20%旧料 5cm 施工 DAC-20	方案三 上面层 3cm 施工 DAC-13	方案二 上面层 20%旧料 3cm 施工 DAC-13	方案一 上面层 10%旧料 3cm 施工 DAC-13	方案四 下面层 30%旧料 5cm 施工 DAC-20	方案五 下面层 40%旧料 5cm 施工 DAC-20	方案三 下面层 20%旧料 5cm 施工 DAC-20	方案三 上面层 3cm 施工 DAC-13	方案五 上面层 3cm 施工 DAC-13	方案四 上面层 3cm 施工 DAC-13
施工路段	K12＋400 ～ K12＋800 （左半幅）	K12＋800 ～ K13＋200 （左半幅）	K13＋200 ～ K13＋400 （左半幅）	K13＋400 ～ K13＋200 （左半幅）	K13＋200 ～ K12＋800 （左半幅）	K12＋800 ～ K12＋400 （左半幅）	K12＋400 ～ K12＋800 （右半幅）	K12＋800 ～ K13＋200 （右半幅）	K13＋200 ～ K13＋400 （右半幅）	K13＋400 ～ K13＋200 （左半幅）	K13＋200 ～ K12＋800 （左半幅）	K12＋800 ～ K12＋400 （左半幅）
供料单位	施工单位	施工单位	兰亭高科	兰亭高科	兰亭高科	兰亭高科	兰亭高科	兰亭高科	施工单位	施工单位	施工单位	施工单位

四、检测与评价

自试验路段施工完成后，进行了一次全面检测，之后基本上每隔半年进行一次全面检测。检测内容主要包括：弯沉、平整度、车辙、抗滑值、构造深度、钻芯（沥青含量、级配、压实度）、裂缝和坑槽等，下面分别对四次检测进行综合分析。

图 5-21　铺设完成后的再生路面

1. 弯沉

（1）测试方法

测试按照《公路路基路面现场测试规程》（JTJ 059—95）中“贝克曼梁测定路基路面回弹弯沉试验”的操作严格进行控制，其中标准车采用诸暨公路段常用检测车：双轴、后轴双侧共 4 轮的载重车，后轴 100kN 的 BZZ—100。路面弯沉仪：由贝克曼梁、百分表及表架组成，前面三次采用 5.4m 的弯沉仪，后一次采用 3.6m 的弯沉仪进行检测，数据进行了标定和修正。测试进行见图 5-22 和图 5-23。

图 5-22　弯沉检测现场

图 5-23　弯沉检测现场弯沉仪修正标定

（2）测试结果

按照半幅 20m 一点进行检测，每方案检测 20 点，根据检测的数据进行计算分析，结果见表 5-12。

（3）测试结果评价

从弯沉检测结果可知，厂拌热再生沥青路面试验路段基本上全部满足了力学强度要求和设计要求，在原路面的基础上进行了补强。

2. 渗水试验

（1）测试方法

测试按照《公路路基路面现场测试规程》（JTJ 059—95）中“沥青路面渗水试验”

的操作严格进行控制，渗水仪经过标定，试验结果可信，其对下面层 DAC-20I 掺 30%旧料的测试情况见图 5-24 和图 5-25，由于上面层铺筑的 DAC-13I 比较密实，所以抗渗水性能良好。

表 5-12　试验路段弯沉检测综合数据

试验路方案	检测次序	平均值（0.01mm）	标准差（0.01mm）	代表值（0.01mm）	备　注
方案一	1	12	2.1	16	上面层 DAC-13I 掺 10%旧料
	2	14	6.2	27	
	3	15	8.0	31	
	4	19	7.8	35	
方案二	1	15	5.2	26	上面层 DAC-13I 掺 20%旧料
	2	20	9.2	39	
	3	23	5.9	35	
	4	28	11	50	
方案三	1	18	6.2	31	下面层 DAC-20I 掺 20%旧料
	2	21	7.3	36	
	3	25	13	51	
	4	26	10.2	47	
方案四	1	17	5.3	28	下面层 DAC-20I 掺 30%旧料
	2	25	11.2	48	
	3	24	4.5	33	
	4	30	15.1	60	
方案五	1	12	4.2	21	下面层 DAC-20I 掺 40%旧料
	2	15	4.2	24	
	3	18	6.8	32	
	4	21	6.4	34	
方案六	1	11	5.2	22	未掺旧料
	2	15	4.2	24	
	3	18	6.8	32	
	4	21	6.4	34	
旧路面弯沉值		29.9	10.1	51.8	未加铺前
设计弯沉值		≤50			按加铺路段力学设计要求

图 5-24 渗水检测(1)

图 5-25 渗水检测(2)

(2)测试结果

按照每方案检测 5 点,根据检测的数据进行计算分析,结果见表 5-13。

表 5-13 试验路段渗水检测综合数据

试验路方案	检测次序	平均值(mL/min)	标准差(mL/min)	变异系数	备 注
方案一	1	28.9	12.45	43.08	上面层 DAC-13I 掺 10%旧料
	2	65.7	24.50	37.31	
	3	70.2	30.21	43.03	
	4	58.6	16.3	27.82	
方案二	1	80.91	10.5	12.98	上面层 DAC-13I 掺 20%旧料
	2	119.1	47.08	39.53	
	3	152.3	50.1	32.90	
	4	121.8	15.3	12.56	
方案三	1	0.0	0.0	0.0	下面层 DAC-20I 掺 20%旧料
	2	7.6	5.12	67.23	
	3	10.2	3.41	33.43	
	4	7.9	1.58	20.00	
方案四	1	0.0	0.0	0.0	下面层 DAC-20I 掺 30%旧料
	2	6.3	5.33	84.21	
	3	30.8	8.6	27.92	
	4	15.2	8.4	55.26	
方案五	1	0.0	0.0	0.0	下面层 DAC-20I 掺 40%旧料
	2	2.0	2.00	100.00	
	3	6.2	1.22	20.33	
	4	4.2	0.9	21.43	
方案六	1	0.0	0.0	0.0	未掺旧料
	2	12.0	4.00	33.33	
	3	16.2	5.22	32.2	
	4	24.2	2.9	11.98	
规范要求		≤120			

(3)测试结果评价

从渗水检测结果可知,对于厂拌热再生沥青路面试验路段,铺筑于下面层的再生沥青路面基本上不渗水,因为上面为由诸暨公路段施工的全新的 DAC-13I 密实级配,而铺筑于上面层的再生沥青路面试验路段基本上渗水,因为绍兴距离诸暨有约 50min 的车程,加之施工阶段停机待料情况,施工气温比较低,施工碾压温度不能保证,碾压不充分,因此导致渗水。对于不掺旧料的加铺路面结构基本上不渗水。

3. 抗滑性能

(1)测试方法

测试按照《公路路基路面现场测试规程》(JTJ 059—95)中“手工铺砂法测定路面构造深度试验”和“摆式仪测定路面抗滑值试验”的操作严格进行控制,仪器经过标定,构造深度测试采用标准砂。测试情况分别见图 5-26 和图 5-27。

图 5-26　抗滑值检测

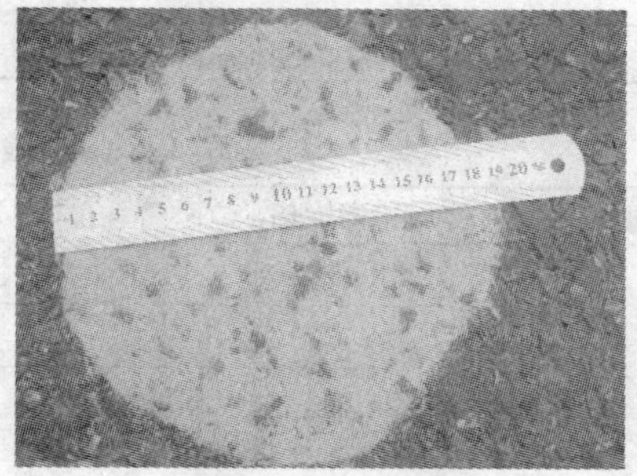

图 5-27　构造深度

(2)测试结果

按照每方案检测 5 点,根据检测的数据进行计算分析,结果见表 5-14 和表 5-15。

表 5-14　试验路段构造深度检测综合数据

试验路方案	检测次序	平均值(mm)	标准差(mm)	变异系数	备　注
方案一	1	0.8	0.05	6.25	上面层 DAC-13I 掺 10%旧料
	2	0.9	0.08	9.04	
	3	0.9	1.00	9.13	
	4	1.0	0.09	9.62	
方案二	1	0.8	0.10	12.5	上面层 DAC-13I 掺 20%旧料
	2	0.9	0.08	9.18	
	3	0.9	0.09	9.54	
	4	0.9	0.09	10.45	
方案三	1	0.5	0.05	10.0	下面层 DAC-20I 掺 20%旧料
	2	0.6	0.01	1.76	
	3	0.5	0.02	3.41	
	4	0.6	0.06	6.12	

续上表

试验路方案	检测次序	平均值(mm)	标准差(mm)	变异系数	备　注
方案四	1	0.4	0.02	5.00	下面层 DAC-20I 掺 30%旧料
	2	0.5	0.12	22.50	
	3	0.6	0.08	10.23	
	4	0.6	0.04	5.94	
方案五	1	0.5	0.03	6.00	下面层 DAC-20I 掺 40%旧料
	2	0.6	0.07	11.81	
	3	0.7	0.09	9.43	
	4	0.9	1.02	13.21	
方案六	1	0.5	0.06	12.00	未掺旧料
	2	0.6	0.08	10.23	
	3	0.6	0.06	10.00	
	4	0.7	0.08	11.43	
规范要求		≥0.5			

表 5-15　试验路段抗滑值检测综合数据

试验路方案	检测次序	平均值(BMP)	标准差(BMP)	变异系数(%)	备　注
方案一	1	60	1.00	1.67	上面层 DAC-13I 掺 10%旧料
	2	54	0.99	1.83	
	3	50	1.21	2.42	
	4	49	1.44	2.97	
方案二	1	57	2.10	3.68	上面层 DAC-13I 掺 20%旧料
	2	50	4.03	2.82	
	3	48	2.37	4.94	
	4	47	1.45	3.10	
方案三	1	61	0.50	0.82	下面层 DAC-20I 掺 20%旧料
	2	58	1.81	3.15	
	3	53	1.92	3.62	
	4	51	2.57	6.21	
方案四	1	60	1.20	2.00	下面层 DAC-20I 掺 30%旧料
	2	58	1.31	2.28	
	3	54	2.78	5.15	
	4	52	2.27	4.35	
方案五	1	61	2.50	4.10	下面层 DAC-20I 掺 40%旧料
	2	56	1.62	2.86	
	3	50	2.98	5.96	
	4	48	2.13	1.84	

续上表

试验路方案	检测次序	平均值(BMP)	标准差(BMP)	变异系数%	备　注
方案六	1	60	2.20	3.67	未掺旧料
	2	57	1.28	2.25	
	3	52	1.58	3.04	
	4	48	2.40	5.00	
规范要求		≥45			

(3)测试结果评价

从抗滑值和构造深度检测结果可知，对于厂拌热再生沥青路面试验路段，各种再生方案的抗滑值基本上全部满足规范要求。其中铺筑于上面层的再生方案一和方案二的构造深度明显比未再生的上面层要大，在于其施工时压实不足，空隙较大原因所致。各方案的抗滑值相差不大。

4. 平整度与车辙

(1)测试方法

测试按照《公路路基路面现场测试规程》(JTJ 059—95)中“3m 直尺测定平整度试验”和“沥青路面车辙测试试验”的操作严格进行控制，其中 3m 直尺和塞尺经过标定，车辙深度测试采用钢板尺和细线进行。在利用细线进行测量时，两头分别固定在车道线上，用力拉紧后进行测试，相对于车辙仪来说有一定误差，但其测试结果具有一定的说服力。测试情况分别见图 5-28 和图 5-29。

图 5-28　平整度检测

图 5-29　车辙深度检测

(2)测试结果

平整度测量按照每方案检测 3 处，每处 10 尺进行检测，车辙深度根据目测检测车辙相对明显的地方，每方案不低于 5 处进行测量。根据检测的数据进行计算分析，结果见表 5-16 和表 5-17。

(3)测试结果评价

从平整度和车辙深度检测结果可知，对于厂拌热再生沥青路面试验路段，各种再生方案的平整度和车辙均比较好，全部满足规范要求。且各再生方案的沥青路面的这两个指标值相差不大。

表 5-16 试验路段平整度检测综合数据

试验路方案	检测次序	平均值(mm)	标准差(mm)	变异系数	合格率(%)	备注
方案一	1	1.3	0.4	28.1	100	上面层 DAC-13I 掺 10%旧料
	2	2.1	1.2	57.1	90	
	3	2.2	1.1	50.0	90	
	4	2.4	1.6	64.8	80	
方案二	1	1.1	0.6	49.1	100	上面层 DAC-13I 掺 20%旧料
	2	1.4	3.4	241.0	78	
	3	1.4	1.5	102.1	85	
	4	1.5	2.3	161.4	80	
方案三	1	0.9	0.1	7.5	100	下面层 DAC-20I 掺 20%旧料
	2	1.1	0.7	59.9	100	
	3	1.2	0.3	23.7	100	
	4	1.3	0.5	36.1	100	
方案四	1	1.1	0.1	12.4	100	下面层 DAC-20I 掺 30%旧料
	2	1.6	1.0	63.3	100	
	3	1.7	0.9	51.7	100	
	4	1.8	1.2	67.9	100	
方案五	1	1.1	0.1	7.1	100	下面层 DAC-20I 掺 40%旧料
	2	1.8	1.1	60.5	100	
	3	1.8	0.9	50.0	100	
	4	2.0	1.1	55.8	100	
方案六	1	1.1	0.3	29.6	100	未掺旧料
	2	1.5	1.1	74.5	100	
	3	1.7	1.0	52.3	100	
	4	2.2	1.9	57.4	90	
规范要求		≤8				

表 5-17 试验路段车辙检测综合数据

试验路方案	检测次序	平均值(mm)	标准差(mm)	变异系数	备 注
方案一	1	1.3	0.3	22.4	上面层 DAC-13I 掺 10%旧料
	2	1.6	0.2	13.5	
	3	2.0	0.4	18.2	
	4	3.0	0.4	11.8	
方案二	1	2.0	0.3	12.5	上面层 DAC-13I 掺 20%旧料
	2	3.7	0.3	7.0	
	3	4.9	0.3	6.2	
	4	5.3	0.4	7.1	
方案三	1	3.2	0.2	7.5	下面层 DAC-20I 掺 20%旧料
	2	4.4	0.5	12.0	
	3	6.8	1.9	28.5	
	4	7.6	0.8	10.6	
方案四	1	2.1	0.4	17.6	下面层 DAC-20I 掺 30%旧料
	2	3.1	0.6	19.8	
	3	3.8	0.6	15.5	
	4	5.1	0.4	8.0	
方案五	1	3.3	0.6	18.7	下面层 DAC-20I 掺 40%旧料
	2	4.3	0.5	12.0	
	3	6.9	1.8	26.5	
	4	7.6	0.6	7.9	
方案六	1	3.0	0.2	8.0	未掺旧料
	2	4.1	0.4	9.1	
	3	4.7	0.1	2.6	
	4	5.0	0.3	6.8	
规范要求		15			

5. 钻芯(压实度、沥青含量、级配)

(1)测试方法

测试按照《公路路基路面现场测试规程》(JTJ 059—95)中"钻芯法测定沥青面层压实度试验"、"沥青混合料的矿料级配检验"和"沥青混合料中沥青含量试验(离心分离法)"的操作严格进行控制,各仪器经过标定,测试结果可信。测试情况分别见图 5-30 和图 5-31。

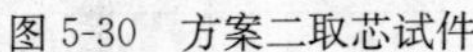

图 5-30　方案二取芯试件

图 5-31　方案二单层切割后试件

(2)测试结果

压实度和沥青含量的检测按照每方案钻芯 2 处进行检测,根据检测的数据进行计算分析,结果见表 5-18 和表 5-19。

(3)测试结果评价

从表 5-18 知,各种再生沥青路面方案的压实度明显偏低,明显低于设计要求。且随钻芯位置不同,压实度有一定差异,说明除压实度不足外,还存在一定的离析。未掺旧料的沥青路面压实度明显比掺旧料的压实度高,基本上能达到压实要求。

表 5-18　试验路段压实度检测综合数据

试验路方案	检测次序	平均值(%)	标准差(%)	变异系数	备　注
方案一	1	92	0.45	0.49	上面层 DAC-13I 掺 10%旧料
	2	93	1.22	1.31	
	3	98	2.10	2.14	
	4	98	0.78	0.80	
方案二	1	91	0.28	0.31	上面层 DAC-13I 掺 20%旧料
	2	93	0.38	0.40	
	3	96	0.00	0.00	
	4	97	1.21	1.25	
方案三	1	92	0.85	0.92	下面层 DAC-20I 掺 20%旧料
	2	94	1.35	1.44	
	3	93	0.65	0.70	
	4	96	0.43	0.45	

续上表

试验路方案	检测次序	平均值(%)	标准差(%)	变异系数	备注
方案四	1	90	0.12	0.13	下面层 DAC-20I 掺 30%旧料
	2	93	0.09	0.10	
	3	96	0.23	0.24	
	4	98	0.68	0.69	
方案五	1	92	0.24	0.26	下面层 DAC-20I 掺 40%旧料
	2	94	0.57	0.60	
	3	96	0.00	0.00	
	4	97	0.41	0.42	
方案六	1	96	0.28	0.31	未掺旧料上面层
	2	94	0.34	0.36	
	3	95	0.56	0.59	
	4	97	1.04	1.07	
规范要求		≥96%			

从表 5-19 知,各种再生沥青路面方案的沥青含量明显偏低,低于设计沥青含量要求范围。未掺旧料的沥青路面压实度明显比掺旧料的压实度高,总体也偏低,但基本上能达到设计要求范围。

表 5-19 试验路段沥青含量检测综合数据

试验路方案	检测次序	平均值(%)	标准差(%)	变异系数(%)	备注
方案一 设计为 5.0%	1	4.4	0.00	0.00	上面层 DAC-13I 掺 10%旧料
	2	4.5	0.01	0.27	
	3	4.3	0.06	1.33	
	4	4.3	0.14	3.33	
方案二 设计为 5.0%	1	4.4	0.02	0.48	上面层 DAC-13I 掺 20%旧料
	2	4.2	0.06	1.26	
	3	4.4	0.03	0.77	
	4	4.3	0.13	3.02	
方案三 设计为 4.9%	1	4.5	0.03	0.76	下面层 DAC-20I 掺 20%旧料
	2	4.1	0.03	0.66	
	3	4.3	0.01	0.33	
	4	4.4	0.04	0.86	

续上表

试验路方案	检测次序	平均值(%)	标准差(%)	变异系数(%)	备　注
方案四 设计为 4.9%	1	4.6	0.04	0.91	下面层 DAC-20I 掺 30%旧料
	2	4.3	0.13	2.98	
	3	4.3	0.05	1.24	
	4	4.4	0.09	2.23	
方案五 设计为 4.9%	1	4.7	0.00	0.00	下面层 DAC-20I 掺 40%旧料
	2	4.4	0.04	0.93	
	3	4.5	0.01	0.30	
	4	4.4	0.11	2.56	
方案六 设计为 4.9%	1	4.7	0.05	0.98	未掺旧料上面层
	2	4.4	0.23	5.18	
	3	4.5	0.06	1.45	
	4	4.6	0.09	2.30	
规范要求		±0.3%			

从表 5-20 知，再生沥青路面方案一的施工级配与设计级配基本上保持一致，其中第二次检测其粉料较低，比设计低了 3.9%，超出了检测级配要求近 2%，说明施工时存在离析现象和粉料不足现象。

表 5-20　试验路段方案一级配检测综合数据

筛孔尺寸(mm)	设计级配	1		2		3		4	
		检测值	差值	检测值	差值	检测值	差值	检测值	差值
	通　过　率　(%)								
19.00	100.0	99.4	−0.6	99.1	−0.9	100.0	0.0	100.0	−0.6
16.00	100.0	99.6	−0.4	97.8	−2.3	100.0	0.0	100.0	−0.4
13.20	96.4	95.3	−1.1	90.0	−6.4	94.1	−2.3	98.2	−1.1
9.50	71.3	70.2	−1.1	65.6	−5.7	74.7	3.4	79.1	−1.1
4.75	38.8	36.3	−2.5	38.0	−0.8	42.3	3.5	46.1	−2.5
2.36	24.7	21.3	−3.4	25.7	1.0	24.0	−0.7	20.1	−3.4
1.18	17.7	18.6	0.9	19.1	1.4	15.8	−1.9	14.8	0.9
0.60	13.9	12.4	−1.5	14.9	1.0	9.7	−4.2	8.3	−1.5
0.30	10.3	8.7	−1.6	7.5	−2.8	7.1	−3.2	6.1	−1.6
0.15	8.3	7.7	−0.6	5.1	−3.2	4.6	−3.7	4.7	−0.6
0.075	6.8	5.7	−1.1	2.9	−3.9	1.7	−5.2	1.0	−1.1
规范要求：4.75mm，±6%；2.36mm，±5%；0.075mm，±2%									

从表5-21知，再生沥青路面方案二的施工级配与设计级配有较大差距，四次检测，两次检测结果符合设计级配范围要求，两次检测与设计级配相差较大，总体上细料偏低，说明施工时存在离析现象和粉料不足现象。

表5-21 试验路段方案二级配检测综合数据

筛孔尺寸(mm)	设计级配	1		2		3		4	
		检测值	差值	检测值	差值	检测值	差值	检测值	差值
	通过率(%)								
19.00	100.0	98.4	−1.6	96.5	−3.5	97.7	−2.3	100.0	−1.6
16.00	100.0	97.8	−2.2	93.1	−6.9	96.3	−3.7	100.0	−2.2
13.20	95.8	97.2	1.4	88.0	−7.8	90.1	−5.7	96.2	1.4
9.50	68.6	65.4	−3.2	64.3	−4.3	67.4	−1.2	70.4	−3.2
4.75	38.3	36.7	−1.6	34.2	−4.1	34.8	−3.5	36.2	−1.6
2.36	25.0	26.3	1.3	20.8	−4.2	21.2	−3.8	22.3	1.3
1.18	18.2	17.6	−0.6	14.0	−4.2	14.5	−3.7	18.9	−0.6
0.60	14.1	13.9	−0.2	9.6	−4.5	9.4	−4.7	9.2	−0.2
0.30	10.4	8.4	−2.1	6.0	−4.4	7.1	−3.3	7.0	−2.1
0.15	8.3	6.7	−1.6	3.8	−4.5	4.9	−3.4	4.3	−1.6
0.075	6.7	5.4	−1.3	2.2	−4.5	1.9	−4.8	1.5	−1.3
规范要求：4.75mm，±6%；2.36mm，±5%；0.075mm，±2%									

从表5-22知，再生沥青路面方案三的施工级配与设计级配有较大差距，四次检测，两次检测结果符合设计级配范围要求，两次检测与设计级配相差较大，总体上细料偏低，说明施工时存在离析现象和粉料不足现象。

表5-22 试验路段方案三级配检测综合数据

筛孔尺寸(mm)	设计级配	1		2		3		4	
		检测值	差值	检测值	差值	检测值	差值	检测值	差值
	通过率(%)								
19.00	95.7	96.1	0.4	97.7	2.0	96.6	0.9	97.0	0.4
16.00	87.2	88.2	1.0	87.5	0.3	89.1	1.9	90.1	1.0
13.20	77.9	78.2	0.3	79.3	1.4	74.6	−3.3	76.2	0.3
9.50	61.9	62.4	0.5	64.3	2.4	54.2	−7.7	60.3	0.5
4.75	39.8	40.2	0.4	39.4	−0.4	29.9	−9.9	30.6	0.4
2.36	26.3	21.1	−5.2	24.1	−2.2	28.1	1.8	34.3	−5.2

续上表

筛孔尺寸(mm)	设计级配	1		2		3		4	
		检测值	差值	检测值	差值	检测值	差值	检测值	差值
	通过率（%）								
1.18	19.1	17.5	−1.6	15.9	−3.2	12.4	−6.7	10.6	−1.6
0.60	14.8	12.7	−2.1	10.8	−4.0	7.7	−7.1	7.7	−2.1
0.30	10.6	9.3	−1.3	7.0	−3.6	4.9	−5.7	4.4	−1.3
0.15	8.1	6.6	−1.5	4.7	−3.4	3.4	−4.7	3.1	−1.5
0.075	5.2	4.8	−0.4	2.7	−2.5	1.6	−3.6	1.3	−0.4
规范要求：4.75mm，±6%；2.36mm，±5%；0.075mm，±2%									

从表5-23知，再生沥青路面方案四的施工级配与设计级配有较大差距，三次检测结果不符合设计级配范围要求，与设计级配相差较大，总体上细料偏低，说明施工时存在离析现象和粉料不足现象。

表5-23　试验路段方案四级配检测综合数据

筛孔尺寸(mm)	设计级配	1		2		3		4	
		检测值	差值	检测值	差值	检测值	差值	检测值	差值
	通过率（%）								
19.00	95.7	96.1	0.4	93.1	−2.6	98.6	2.9	98.8	0.4
16.00	87.2	87.6	0.4	85.9	−1.3	96.4	9.1	98.0	0.4
13.20	77.8	78.6	0.8	78.8	1.0	92.8	15.0	92.7	0.8
9.50	61.5	63.0	1.5	63.6	2.1	76.3	14.8	75.2	1.5
4.75	39.0	37.8	−1.2	35.9	−3.1	46.4	7.4	47.0	−1.2
2.36	26.2	24.6	−1.6	21.0	−5.2	29.0	2.8	28.3	−1.6
1.18	19.3	16.4	−3.0	13.3	−6.0	19.1	−0.2	14.5	−3.0
0.60	14.7	11.2	−3.5	8.8	−5.9	12.0	−2.7	10.2	−3.5
0.30	10.8	6.3	−4.5	5.7	−5.1	9.1	−1.7	7.8	−4.5
0.15	8.2	5.5	−2.7	3.8	−4.4	6.1	−2.1	5.4	−2.7
0.075	6.0	4.9	−1.1	2.1	−3.9	3.5	−2.5	2.4	−1.1
规范要求：4.75mm，±6%；2.36mm，±5%；0.075mm，±2%									

从表5-24知，再生沥青路面方案五的施工级配与设计级配有较大差距，四次检测，三次检测结果不符合设计级配范围要求，与设计级配相差较大，总体上粗料偏多、细料偏低，说明施工时存在离析现象和粉料不足现象。

表 5-24 试验路段方案五级配检测综合数据

筛孔尺寸(mm)	设计级配	1		2		3		4	
		检测值	差值	检测值	差值	检测值	差值	检测值	差值
	通过率(%)								
19.00	94.7	95.4	0.7	95.4	0.7	98.1	3.3	98.0	0.7
16.00	84.2	86.2	2.0	92.4	8.2	93.8	9.6	95.2	2.0
13.20	74.0	78.3	4.3	81.5	7.5	88.6	14.6	90.1	4.3
9.50	62.2	63.5	1.3	66.3	4.1	75.6	13.4	76.2	1.3
4.75	39.7	32.4	−7.3	38.8	−0.9	47.1	7.4	48.2	−7.3
2.36	27.1	25.1	−2.0	23.5	−3.6	29.1	2.0	30.1	−2.0
1.18	20.2	18.4	−1.8	15.6	−4.6	18.9	−1.3	16.8	−1.8
0.60	15.1	12.5	−2.6	10.5	−4.6	10.9	−4.2	9.5	−2.6
0.30	10.8	8.6	−2.2	6.8	−4.0	7.7	−3.1	7.6	−2.2
0.15	8.0	7.2	−0.8	4.6	−3.5	5.1	−3.0	4.6	−0.8
0.075	4.9	4.7	−0.2	2.6	−2.3	2.1	−2.8	2.1	−0.2
规范要求:4.75mm,±6%;2.36mm,±5%;0.075mm,±2%									

综上所述,五种再生方案压实度和沥青含量均偏低,施工级配总体上粗料偏多、细料偏低,级配波动较大,存在一定的离析现象,这与施工时拌和楼粉料加入不足有直接的关系。

6. 裂缝与坑槽

(1)测试方法

测试按照《公路路基路面现场测试规程》(JTJ 059—95)中"沥青路面破损调查方法"的操作严格进行控制。测试情况分别见图 5-32 和图 5-33。

图 5-32 裂缝检测

图 5-33　坑槽检测

(2)测试结果

根据检测的数据进行计算分析,结果见表 5-25。

(3)测试结果评价

从表 5-25 可知,原路面的裂缝和坑槽数量均较多,厂拌热再生沥青路面试验路段实施一年后进行冬季检测,已有部分的反射裂缝,但两次夏季检测均没有发现什么裂缝。反射裂缝的过早出现说明了在施工时对防反射裂缝的措施重视不够,没有施工黏结防水层等有直接原因。由于施工原因导致的鸡蛋大小坑槽有 3 个,由于水损导致的鸡蛋大小坑槽有 2 个。

表 5-25　试验路段方案五裂缝和坑槽检测综合数据

试验路方案	检测次序	裂缝情况	坑槽情况	备　注
方案一	1	23	6	加铺前旧路面
	2	—	—	
	3	5	1	疑为施工时所留
	4	1	2	
方案二	1	41	7	加铺前旧路面
	2	—	—	
	3	3	2	
	4	—	2	
方案三	1	32	5	
	2	—	—	
	3	7	1	
	4	1	1	

续上表

试验路方案	检测次序	裂缝情况	坑槽情况	备　注
方案四	1	29	4	加铺前旧路面
	2	—	—	
	3	6	1	坑槽为施工原因
	4	—	1	坑槽为施工原因
方案五	1	27	7	加铺前旧路面
	2	—	—	
	3	4	—	
	4	—	—	
规范要求		无	无	

小　结

本章对厂拌热再生沥青路面设计与施工工艺等进行了系统的研究与归纳总结，采用工程实例对厂拌热再生沥青路面结构类型、结构厚度确定、厂拌热再生沥青混合料类型选择、配合比设计方法、路面性能检测与评价等进行了说明。

第六章 厂拌冷再生沥青路面设计与施工

厂拌冷再生是将回收的旧沥青混合料运至沥青拌和厂(场、站),经破碎、筛分后,根据旧沥青混合料中沥青含量、集料级配和沥青老化程度等情况,添加一定比例的新集料、沥青类再生结合料(乳化沥青、泡沫沥青等)、再生剂(必要时)、活性填料(水泥、石灰等)、水等进行常温拌和,拌制成符合规定要求的再生沥青混合料,按常温沥青混合料施工工艺重新铺筑路面的技术。

厂拌冷再生路面通常应用于生产效率要求高,施工期短,而且施工质量控制要求严的工程中,主要用于低等级公路的面层和各种基层的病害处理,且大多数情况用于路面基层。厂拌冷再生可用于柔性路面结构性破坏时的重建,包括横向裂缝、车辙、坑洞、表面不规则破坏或上述几种破坏的综合。

厂拌冷再生沥青混合料因大比例使用旧沥青路面材料,而使得在混合料的组成设计方法上,有别于普通全新沥青混合料,其不同之处主要在于再生剂与施工工艺的确定。

第一节 结构设计

一、结构类型及选用

厂拌冷再生沥青路面是指含有厂拌冷再生沥青混合料结构层的路面,通过试验研究和实践可知,厂拌冷再生可用于二级及二级以上公路路面中面层以下各结构层以及三级与三级以下公路各结构层,当用于表面层时需在其上加铺磨耗层或上封层,依据交通量的大小,上封层可采用稀浆封层、微表处或热拌沥青混凝土。具体用于哪一层位主要取决于原路面的结构、现有道路的交通流量与荷载要求、现有路面结构的破坏机理与程度,这些考虑的因素主要体现在:

(1)道路等级与交通量；

(2)当地的自然气候条件；

(3)再生路面的结构与厚度；

(4)再生路面的使用要求；

(5)再生剂、新沥青材料与新集料的品质及供应情况；

(6)施工技术条件。

二、结构层厚度确定

1. 基本原则

沥青路面的厂拌冷再生与就地(现场、路拌)冷再生仅仅是施工方法的不同，材料性质没有质的差异。因此，结构组合设计应当是相同的，没有必要区分厂拌冷再生与就地冷再生。

常规沥青混合料通常用在沥青路面的上部，是路面结构中质量最好的材料，也是价格最高的材料。冷再生的初衷，就是重复利用旧沥青混合料，达到节省资源、保护环境和减少投资的目的。所以，冷再生沥青混合料应尽可能用在承受荷载较大、材料要求较高的路面结构上部。

与热再生不同，冷再生沥青混合料的强度，是在自然与交通荷载作用下，通过水分的蒸发和密度的增加逐步发展的。在路面铺筑完成后1～2年或更长的时间内，冷再生沥青混合料的抗磨耗能力较低，导致不可逆的松散损坏。因此，冷再生沥青混合料一般不应直接用在路面表面。

世界各国沥青路面设计方法大体分为两类，一类是以试验为依据的经验法，如AASHTO方法；另一类是以力学分析为依据的理论法，如AI方法和南非方法。我国2007年01月01日起实施的《公路沥青路面设计规范》(JTG D50—2006)以力学分析为基础，属于理论法。有鉴于此，冷再生沥青路面结构组合设计方法应延续理论法的路线。

2. 最小表面层厚度

由于冷再生沥青混合料的初期抗磨耗能力较低，在自然与交通荷载作用下，导致松散损坏，冷再生沥青混合料结构层之上一般应设置高质量的表面层。冷再生沥青混合料之上表面层最小厚度的确定，更多的是经验的积累，理论计算还难以从根本上解决问题。

美国AI冷再生路面结构设计方法中对冷再生沥青混合料上面层最小厚度提供了重要参考，其交通荷载是以80-kN ESAL表示的，与我国现行《公路沥青路面设计规范》(JTG D50—2006)的100-kN BZZ-100不同。对于两种设计方法的不同标准轴载，可以采用四次幂定律式(6-1)将ESAL换算成BZZ-100：

$$F_{\mathrm{i}}=\left(\frac{P_{\mathrm{i}}}{P_{\mathrm{s}}}\right)^{4} \tag{6-1}$$

式中：F_{i}——轴载等效系数；

P_{s}——任意标准轴载；

P_{i}——待换算轴载。

式(6-1)是大量统计的总结，适用于任意同轴数、同路面结构的轴载换算，得到广泛认同。取 $P_{\mathrm{s}}=100\mathrm{kN}$，$P_{\mathrm{i}}=80\mathrm{kN}$，有 $F_{\mathrm{i}}\approx 0.41$，即 ESAL 作用一次相当于 BZZ-100 作用 0.41 次。图 6-1 所示为交通荷载中间值(104 ≤ ESAL ≤ 107)范围 ESAL 与 BZZ-100 累计轴次关系，可见两者在双对数坐标下是直线关系。

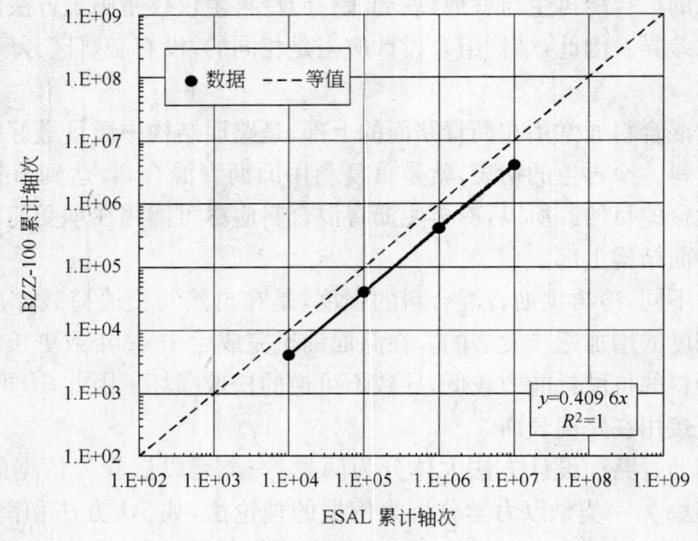

图 6-1 80-kN ESAL 与 BZZ-100 累计轴次关系

根据表 6-1 与式(6-1)，图 6-2 绘出了 ESAL、BZZ-100 与最小面层厚度的关系。1997 年版原《公路沥青路面设计规范》(JTJ 014—97)按公路等级与交通量给出了推荐结构，其中对作为非设计层的面层给出了厚度范围。虽然规范整体已被《公路沥青路面设计规范》(JTG D50—2006)取代，这些推荐结构无疑仍然对设计实践有重要影响。参考图 6-2 和原《公路沥青路面设计规范》(JTJ 014—97)，表 6-1 建议了冷再生沥青路面最小面层厚度。对照图 6-2 可以看出，表 6-1 建议的最小面层厚度要小于 AI 规定的值，尤其在低交通量的情况下。这是考虑到美国的沥青路面设计一般采用较高的可靠度、柔性的基层、较厚的面层，我国的沥青路面大多采用较强的基层、较薄的面层。此外，表 6-1 的取值，还考虑到了起保护作用的面层最大不应超过同时列于表中的原规范新建路面推荐结构的面层厚度。

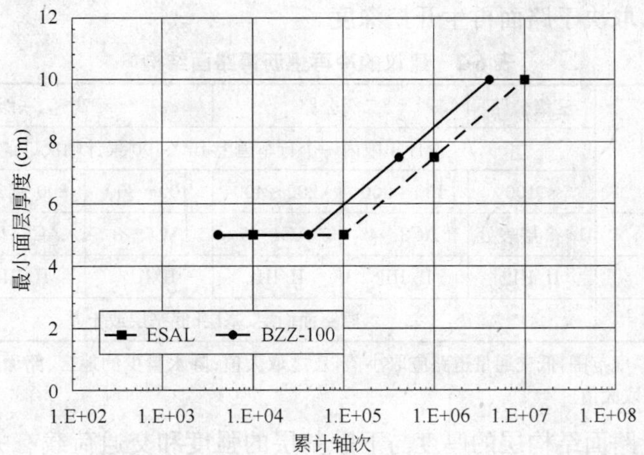

图 6-2　AI 设计方法 ESAL、BZZ-100 与最小面层厚度关系

表 6-1　建议的冷再生沥青路面最小面层厚度与原《公路沥青路面设计规范》(JTJ 014—97)推荐面层厚度

建议或规范	三级公路	二级公路		高速、一级公路		
	设计年限内一个行车道上 BZZ-100 累计轴次(万次)					
	<100	100～200	200～400	400～800	800～1 200	>1 200
建议最小面层厚度(cm)	*X*	2～4	4～6	6～8	8～10	10～12
JTJ　014 推荐厚度(cm)	AC2～4	AC5～8	AC8～10	AC12	AC15	AC16～18

注:①*X* 为一层或两层沥青表面处治;经验允许时,也可采用微表处或稀浆封层;

②建议的面层可采用密集配沥青混凝土 AC 或其他类型透水性小的热拌沥青混合料;当采用冷拌沥青混合料时,应铺 1～2 层沥青表面处治。

应当说明,表 6-1 建议的是为了防止初期磨耗与松散所需要的冷再生沥青混合料结构层上面层最小厚度。实际应用中,应当根据冷再生材料性质,通过技术经济比较,厚度可以增加,最大到规范推荐的面层厚度。另一方面,减少最小面层厚度应当慎重,要有充分依据。

表 6-1 的建议,实际上回答了冷再生沥青混合料是否可以用作沥青路面结构面层的问题。需要有上覆面层的事实,说明了冷再生沥青混合料不应用做沥青路面的上面层。而对比表中最小面层厚度与原《公路沥青路面设计规范》(JTJ 014—97)推荐的面层厚度可见,冷再生沥青混合料可以用作沥青路面的下面层。

3. 推荐结构与厚度设计

根据冷再生沥青混合料应尽可能用在路面结构上部的原则和最小表面层厚度的讨论,表 6-2 建议了冷再生沥青路面结构。建议的冷再生沥青路面结构分三层,即表面层、再生层和基层。其中基层是广义的支持层,可以是一般意义上的面层、基层底、基层、乃至土基，取决于路面再生开挖深度。

表 6-2　建议的冷再生沥青路面结构

结构层位	三级公路	二级公路		高速、一级公路		
	设计年限内一个行车道上 BZZ-100 累计轴次(万次)					
	<100	100～200	200～400	400～800	800～1200	>1200
表面层(cm)	1～2 层表处	AC2～4	AC4～6	AC6～8	AC8～10	AC10～12
再生层	II/III?	II/III?	II/III?	II/III?	II/III?	II/III?
基层	原路面面层、基层、底基层或土基					

注：对于面层各厚度范围，低交通量道路应取小值，反之取大值；降水量少的地区、路面排水良好的路段应取小值，反之取大值。

冷再生沥青路面结构层的厚度与下卧基层的强度和交通荷载有关，需要通过计算确定。沥青路面的冷再生在很大程度上与改建类似，因此再生层的厚度可以采用现行《公路沥青路面设计规范》(JTG D50—2006)中改建路面设计方法计算。事实上，AASHTO 沥青路面冷再生结构设计也是当作加铺(罩面)考虑的，只是结构层系数的取值反映了与常规加铺材料的不同。

对于冷再生沥青路面，交通荷载的轴载换算和标准轴载 BZZ-100 累计轴次的计算与新建沥青路面相同。基层的强度，则应以基层顶面当量回弹模量表示。基层顶面当量回弹模量与改建路面设计中的原路面当量回弹模量类似，不同在于分别指再生开挖面与原路面的强度。基层顶面当量回弹模量可以通过对再生开挖面的弯沉检测，按照现行《公路沥青路面设计规范》(JTG D50—2006)，用式(6-2)计算确定：

$$E_t = 1\,000\,\frac{2p\delta}{l_0}m_1 m_2 \tag{6-2}$$

式中：E_t——给定路段基层顶面当量回弹模量；

p——标准轴载车型轮胎接地压强，MPa；

δ——标准轴载单轮传压面当量圆半径，cm；

l_0——路段基层顶面计算弯沉，0.01 mm；

m_1——标准轴载车原路面弯沉值与承载板相同压强回弹变形值之比；

m_2——基层顶面当量回弹模量扩大系数。

如果基层顶面以下各层材料性质与厚度已知，也可以通过计算估计基层顶面当量回弹模量。《公路水泥混凝土路面设计规范》(JTG D40—2002)附录 B 提供的水泥混凝土路面基层顶面当量回弹模量的计算方法，可以供冷再生沥青路面设计参考。

冷再生沥青路面结构层厚度的计算与改建路面相同，只需将原路面当量回弹模量改为基层顶面当量回弹模量。对表 6-2 建议的冷再生沥青路面结构，可以按三层，即表面层、再生层、基层弹性体系为力学模型计算，其中基层顶面以下为均质半无限体。高速公路、一级公路、二级公路路面结构以路面表面回弹弯沉值、沥青材料层层底拉应力及半刚性材料层层底拉应力为设计指标，三级公路、四级公路路面结构以路面表面回弹弯沉值为设计指标。设计弯沉值、计算弯沉值、各层层底拉应力及材料容许拉应力的计算确定方法均与新建路面设计相同。需要说明的是，按现行《公路沥青路面设计规范》(JTG D50—2006)，当以路面表面回弹弯沉值为设计指标时，弯沉综合修正系数按式(6-3)计算：

$$F = 1.45\left(\frac{l_s}{2\,000\delta}\right)^{0.61}\left(\frac{E_t}{p}\right)^{0.61} \tag{6-3}$$

式中：l_s——路面表面计算弯沉，0.01 mm；

其他符号意义同式(6-2)。

当以拉应力为控制指标时，确定设计厚度后，宜按新建路面用式(6-4)计算弯沉综合修正系数：

$$F = 1.63\left(\frac{l_s}{2\,000\delta}\right)^{0.38}\left(\frac{E_t}{p}\right)^{0.36} \tag{6-4}$$

式中符号意义同前。

最后计算路面表面回弹弯沉。

与常规的新建、改建相比，冷再生沥青路面实质是一类材料的应用。与常规材料相比，其结构设计方法没有、也不应有重大的差异。因此，冷再生沥青路面结构设计应当遵守现行规范的一般原则和适用规定。

为了方便应用，对于表 6-3 中 II、III 类冷再生沥青路面材料和表 6-2 的冷再生沥青路面结构，图 6-3 和图 6-4 分别给出了使用按弹性层状体系理论编制的专用计算机设计程序计算的结构表面层和再生层的总厚度，即面层厚度，供初步估计参考。变量设计年限内一个行车道上 BZZ-100 累计轴次取 N_e=20～8 000 万次；基层顶面当量回弹模量取 M_R=20～400MPa，泊松比 μ= 0.35。沥青混合料材料参数采用了表 6-3 所列的中值，未计表面层的增强作用，结果偏安全(偏厚)。与路面设计弯沉值相关的公路等级系数按规定取高速、一级公路 A_c=1.0，二级公路 A_c=1.1，三、四级公路 A_c=1.2；面层类型系数按沥青混凝土，取 A_s=1.0；基层类型系数按柔性，取 A_b= 1.6。

表 6-3　建议的冷再生沥青路面材料分类

材料性质	RAP 类别			
	I	II	III	IV
15℃劈裂抗拉强度 σ_{SP}(MPa)	0.7～0.9	0.5～0.7	0.3～0.5	0.1～0.3
20℃抗压回弹模量 M_R(MPa)	1 000～1 400	800～1 200	600～1 000	400～800
15℃抗压回弹模量 M_R(MPa)	1 200～1 600	1 000～1 400	800～1 200	600～1 000
泊松比 μ	0.30	0.30	0.30	0.30

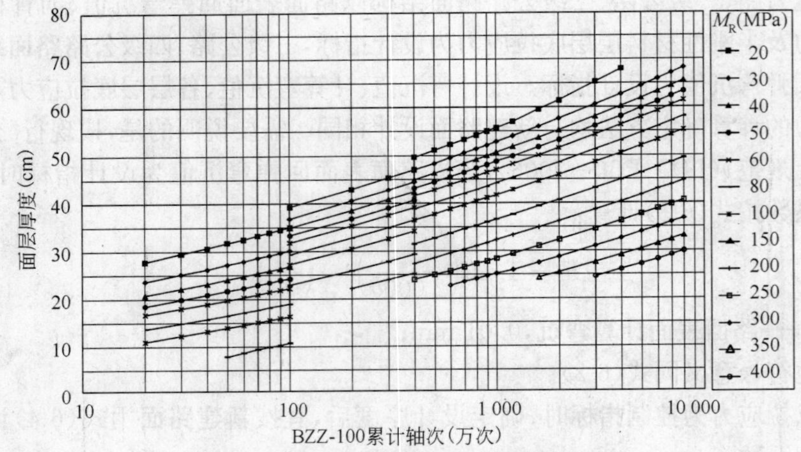

图 6-3 II 类冷再生材料沥青路面结构厚度设计

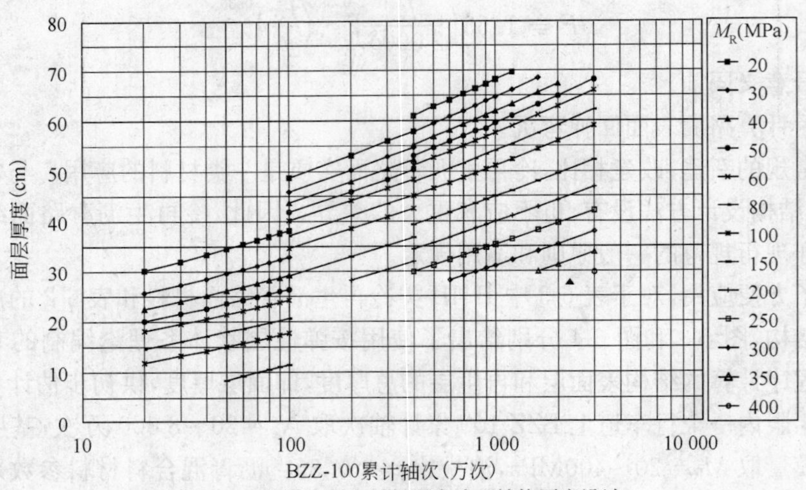

图 6-4 III 类冷再生材料沥青路面结构厚度设计

由图 6-3 和图 6-4 可见,由于不连续的公路等级系数,路面厚度在 100 万和 400 万 BZZ-100 累计轴次两处不连续,应用时可根据实际公路等级选用大值或小值。计算显示,对与所用变量范围、材料参数、结构参数,包括三级公路在内与设计弯沉值对应的路面厚度总是小于层底拉应力验算需要的厚度。换言之,层底拉应力是厚度计算的控制指标,如果层底拉应力的要求满足了,弯沉值指标要求则自动满足。按照现行规范的要求,对于 BZZ-100 累计轴次大于或等于 100 万次的二级或二级以上的公路,图 6-3 和图 6-4 中的路面厚度是根据层底拉应力验算确定的,但 BZZ-100 累计轴次小于或等于 100 万次的三级公路是根据设计弯沉值确定的。为保持与现行沥青路面设计规范的一致性,在图 6-3 和图 6-4 中,BZZ-100 累计轴次小于或等于 100 万次的三级公路厚度是以设计弯沉为控制指标计算得出的,因此,路面厚度在 100 万

BZZ-100 累计轴次的不连续还包括了不同设计指标的原因。

三、混合料类型及选用

冷再生沥青路面材料由破碎的旧沥青路面材料、少量新集料、低黏度沥青、泡沫沥青或乳化沥青、少量再生剂和少量水泥组成，典型的是破碎的旧沥青路面面层材料加乳化沥青在常温下拌制的混合料。组成材料的多样性，导致了冷再生沥青混合料作为一类材料性质的复杂性。

冷再生沥青混合料在一些方面分别与粒料、水泥稳定材料、沥青混合料的行为特性相似，主要取决于集料级配、沥青含量与水泥掺量。在沥青含量比较低的情况下，掺入少量水泥或不掺水泥，沥青混合料的性能与未处治粒料相似，表现出抗压不抗拉的特性。当沥青含量增加，混合料的柔性增加，进而表现出 HMA 的特性。另一方面，若水泥含量不断增加，乳化沥青混合料变硬、变脆，就如同水泥稳定材料。

冷再生沥青混合料一般有相对较高的黏聚力，弹性模量比未处治粒料要高，可以达到 1 000MPa 以上。在交通荷载的重复作用下，混合料的黏聚力逐渐减小，模量亦不断降低，结构层层底受拉疲劳开裂，进而随着永久变形的增大路面丧失使用价值。以疲劳开裂作为设计标准时，结构层底面计算点的拉应力应小于或等于材料的容许拉应力。

由于组成的多样性和性质的复杂性，有必要对冷再生沥青混合料分类，以方便路面结构设计。理论法路面结构设计所需要的材料性质主要有两个：弹性模量与强度。在现行《公路沥青路面设计规范》(JTG D50—2006)中，这两个性质分别采用 20℃、15℃抗压回弹模量和 15℃劈裂抗拉强度，其中 20℃抗压回弹模量用于计算路面弯沉，15℃抗压回弹模量和劈裂抗拉强度用于验算层底拉应力。大量计算表明，材料模量对路面结构应力分布影响不大，而抗拉强度是决定路面厚度的主要参数。因此，采用抗拉强度分类是合适的。参考美国 AI 与南非方法，表 6-3 是建议的冷再生沥青路面材料分类，根据 15℃劈裂抗拉强度，在 0.9～0.1MPa 范围，以 0.2MPa 为间隔共四类。参考本项目实验室试验结果，表中还列出了估计的 20℃、15℃抗压回弹模量以及泊松比，供设计参考。

第二节　配合比设计

一、配合比设计方法

目前为止，还没有一个国家形成统一的冷再生沥青混合料设计方法。一般地，冷再生沥青混合料设计方法大多由热拌沥青混合料设计方法修改而来。下面对几种设计方法做一介绍。

1. ARRA 设计方法

ARRA 指南(1991)给出了 3 种不同的冷拌沥青混合料设计方法。其中两个为可用于设计乳化沥青和乳化再生剂的冷再生混合料的修正马歇尔和 Hveem 方法,第三种方法是俄勒冈州立大学提出的用来确定乳化沥青用量的方法。

(1)修正的马歇尔方法

该方法要求设计的混合料总含水量(乳液中的水+RAP 中的水+要加入的拌和水)为 3%,乳液以理想用量的 0.5%增量加入到混合料中。混合料用马歇尔击实仪每面各击实 50 次,击实后在 60℃烘箱中不脱模养护 6h。然后脱模,测试试件的密度、60℃稳定度和流值。最后,在最佳添加剂用量下,以加入总水量的 0.5%变化量加入水,如 2%、2.5%、3.5%和 4%,确定每一个加水量对应的平均空隙率。推荐的混合料设计参数中最大和最小空隙率分别为 9%和 4%。沥青混合料的水稳定性,建议采用 AASHTO T283 方法测试。

(2)修正的 Hveem 法

试件的准备方法与修正的马歇尔方法类似,不同的是试件采用揉搓成型。在 1.725MPa 压力下夯实 20 次达到半击实状态,然后将压实压力提高至 3.45MPa,并夯实 150 次完成压实。最后,在最佳添加剂用量下,以加入总水量的 0.5%变化量加入水,如 2%、2.5%、3.5%和 4%,确定每一个加水量的平均空隙率。推荐的混合料设计参数中最大和最小空隙率分别为 9%和 4%。沥青混合料的水稳定性,建议采用 AASHTO T283 方法测试。

(3)俄勒冈州估计法

这种方法用来选择一个初始的乳化沥青用量加入到再生混合料中(100%RAP 料)。设计步骤包括依据集料和复原沥青的性质,以 1.2%的乳化沥青作基准用量,在此基础上调整乳化沥青的用量。这种方法只适合阳离子中裂和阴离子中裂类型的乳液作为再生剂时的情形。首先,在 12.5mm、6.3mm 和 2.0mm 等 3 个尺寸对 RAP 铣刨料进行筛分,然后测试复原沥青 25℃针入度和 60℃绝对黏度,再根据公式(6-5)计算估计乳化沥青用量:

$$EC_{EST} = 1.2 + A_G + A_{AC} + A_{P/V} \tag{6-5}$$

式中:EC_{EST}——估计的乳化沥青用量,%;

1.2——乳液的基准用量,%;

A_G——根据铣刨料级配进行的调整量;

A_{AC}——根据铣刨料残留沥青含量进行的调整量;

$A_{P/V}$——根据铣刨料残留沥青针入度或黏度进行的调整量。

2. 加利福尼亚州设计方法

加利福尼亚州冷再生沥青混合料设计方法详细说明了如何从路面钻孔取样，RAP 料破碎后的级配，以及如何进行现场铣刨料的采样。现场铣刨样品用 38、25、20、9.5 mm 以及 4.75 mm 的筛检验其级配，要求确定从 RAP 料抽提后的老化沥青的黏度，给出了再生剂的等级及用量的确定方法，并简要说明了试验室试样的养护方法。混合料设计试验内容包括击实后试件的密度、空隙率和 Hveem 稳定度试验等。

3. Chevron 设计方法

Chevron 冷再生沥青混合料设计方法主要包括以下步骤：

(1)RAP 料的评价；

(2)未处治料的级配和用量的选择；

(3)沥青结合料用量的估计；

(4)乳化再生剂的类型、用量；

(5)备选混合料性能的测试；

(6)现场混合料配合比的确定。

该方法对沥青用量、RAP 料中沥青结合料的黏度和抽提后集料的级配等的确定方法进行了讨论，对新集料级配和用量的确定、沥青用量的估计步骤进行了详细说明，同时给出了选择乳化再生剂类型和用量的指导。备选混合料的试验包括早期养护和完全养护后的回弹模量、稳定度和黏聚力值，最终的现场混合料设计应根据最低乳化再生剂用量(最小值为 2%)来确定，应满足回弹模量、稳定度和黏聚力值等设计指标的要求。

4. 宾夕法尼亚州设计方法

宾夕法尼亚州冷再生沥青混合料设计方法规定了 RAP 样品的粒径，规定了确定最佳含水量和乳液用量的步骤。材料评价部分，试验内容包括 RAP 料中集料的级配、沥青含量以及抽提后沥青的针入度和黏度。

该方法混合料设计包括了两套试验：首先，保持乳液用量不变，不同用水量试样的裹覆试验，根据结果，确定最佳用水量。然后，根据养护后浸水和不浸水试件回弹模量试验确定最佳乳液用量。

5. AI 设计方法

AI MS-21 手册介绍了包括材料评价、混合料设计、厚度设计、就地与厂拌施工等内容的一个沥青路面冷再生的完整方法。其中冷再生沥青混合料设计要求首先确定 RAP 料级配和沥青含量，具体包括以下步骤：

(1)确定混合料的级配(包括新料和 RAP 料)；

(2)新沥青结合料的选择；

(3)组合集料沥青总用量的计算；

(4)混合料中新沥青百分比的计算；

(5)现场试验调整混合料沥青用量。

应当说明的是，AI 冷再生沥青混合料设计只要求混合料的级配和沥青用量，不包含任何力学试验。此外，RAP 料级配是指抽提后集料的级配，而不是"黑石头"。沥青总用量可用经验公式(6-6)计算：

$$P_c = \frac{0.035a + 0.045b + Kc + F}{R} \tag{6-6}$$

式中：P_c——沥青材料占混合料总质量的百分比；

a——粒径大于 2.36mm 矿料占全部矿料总量的百分比；

b——粒径为 2.36～0.075mm 矿料占全部矿料总量的百分比；

c——粒径小于 0.075mm 矿料占全部矿料总量的百分比。

K 值的选择：如果 0.075mm 筛通过率为 11%～15%，$K=0.15$；如果 0.075mm 筛通过率为 6%～10%，$K=0.18$；如果 0.075mm 筛通过率小于 5%，$K=0.20$。$F=0\sim2\%$，取决于集料的沥青吸收率，一般取 0.7%～1.0%。

对普通低黏度沥青 $R=1$；对乳化沥青 $R=0.60\sim0.65$。新沥青的百分比用式(6-7)计算：

$$P_r = P_c - \frac{P_a \times P_p}{R} \tag{6-7}$$

式中：P_r——新沥青百分比；

P_a——RAP 中沥青百分比；

P_p——混合料中 RAP 小数比率。

二、配合比设计步骤流程

与传统的热拌沥青混合料一样，冷再生混合料也必须进行合理的设计，以控制其使用性能，并为路面结构设计提供依据。但是，即使在美国，目前也还没有标准的冷再生沥青混合料设计规范。一些州的交通部门和组织机构通过试验与研究，开发了各自的冷再生混合料设计方法。虽然这些方法细节不尽相同，但一般都包含以下步骤：首先进行材料评价，确定再生沥青路面材料组成和性质，包括集料级配、老化沥青的含量及其他性质；然后判断是否需要加入新集料，如果需要，计算新旧组合集料的级配；再后选择新沥青结合料种类和标号，估计沥青的用量；最后通过现场试验，调整沥青用量。图 6-5 所示为冷再生沥青混合料设计流程。

三、再生剂类型与用量的确定

在沥青路面冷再生中，广义再生剂包括乳化沥青、低黏度（软）沥青、稀释沥青以及泡沫沥青。最常用的再生剂是乳化沥青，因为乳液在常温下是液态，能够容易地分散到混合料中，而不会引起空气污染。水泥、石灰和粉煤灰及其他化学稳定剂可以和乳化沥青配合使用，稀释沥青使用极少。

目前，泡沫沥青也已经开始广泛使用，其原理是利用冷水加入热沥青中引起沥青膨胀，沥青的表观黏度降低，沥青表面自由能增加，使沥青能够与冷湿集料较好地黏结，从而得到性能优越的道路再生材料。

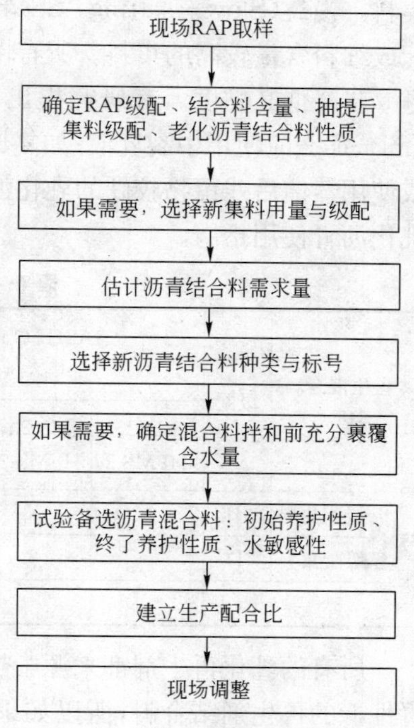

图 6-5　冷再生沥青混合料设计流程

再生剂的选择取决于再生剂与老化沥青相互作用决定的时温效应。在环境温度下，再生剂的软化作用是一个受物理化学过程影响的时温效应。再生剂与老化沥青之间的反应速度由再生剂、老化沥青性能与物理过程的力学作用（例如拌和、压实以及交通和气候条件）决定。应当注意的一个事实是，再生剂与老化沥青的反应并不是在整个混合料中同时发生，而是从它们之间的界面开始。此外应关注的是混合料的性能如稳定度等，随水分和挥发性物质的蒸发而发生变化。

因此，确定再生混合料养护前后的力学性能要比简单确定混合物的相容性更为重要。再生剂的选择，主要取决于对沥青的需求和老化沥青黏度的降低。关于再生剂和老化沥青的相对贡献目前还没有完全清楚，有观点认为老化沥青并不起结合料的作用而主要起集料的作用，由此引出了有效沥青含量的概念，有效沥青包括部分老化沥青和新沥青。因此，控制混合料最终性能的是有效沥青含量，而不是总的沥青含量。

乳化沥青是使用最广泛的冷再生结合料，RAP 料和乳化沥青的试验室评价是确定其是否适于作为再生剂的最好方法。不同类型和用量的乳化沥青都应通过 RAP 料试配来确定最佳的组合。当材料级配（RAP 料和新集料）确定后，就可以选择乳化沥青的类型和等级。一般情况下，开级配或粗级配的集料用中裂（Medium－setting，MS）乳液拌和；由于这些乳液接触集料时并不立刻破乳，因此用这些乳液稳定拌和的混合料能够保持较长时间的和易性。同时由于中裂沥青乳液在极端气温条件下对集料仍有较好的裹覆和沥青保持能力，所以这类乳化沥青可用来稳定粗级配或密级配集料。慢裂(Slow－setting，SS)乳化沥青具有最大的拌和能力，通常用于稳定密级配或细料含量较高的集料。所有慢裂乳化沥青粘度都比较低，并且可以通过加入水进一步降低其黏度。有研究提出，如果 RAP 料中复原沥青的针入度小于 30(0.1 mm)，那么应使用中裂乳液；如复原沥青针入度大于 30(0.1 mm)，则选用慢裂乳液或使用蒸馏后残留物较硬的乳化沥青。表 6-4 为 AI MS-21 手册的沥青路面冷再生乳化沥青使用指南。

表 6-4　AI 乳化沥青使用指南

冷再生混合料类型		级配	AASHTO M140 ASTM D977（阴离子）					AASHTO M208 ASTM D2397（阳离子）			
			MS-2，HFMS-2	MS-2h，HFMS-2h	HFMS-2s	SS-1	SS-1h	CM S-2	CM S-2h	CSS-1	CSS-1h
厂拌	开级配集料	A,B,C	X	X				X	X		
	密级配集料	D			X	X	X			X	X
	砂	E，F			X	X	X			X	X

所有的乳化再生剂都来源于热沥青混合料再生剂，它们含有专门为恢复老化沥青性能的再生剂结合料，所以如果它们能够充分地分散与拌和，就能有效地软化沥青。如果使用 100%的 RAP 料，低剂量的再生剂可以用来软化老化了的沥青而不用增加结合料用量。但是，再生剂太少，则很难使其分散。依据再生混合料中 RAP 料的用量和特性，可将再生剂与乳化沥青配合使用。研究表明，理想的再生剂应具有以下特性：较好的拌和与裹覆作用；避免使用溶剂，从而不必在大气中养护；应能迅速凝结，以便尽早开放交通。

在冷再生过程中，水的使用可以促进裹覆和压实。水可以是存在于 RAP 料或集料中的自然水、加入再生剂之前加入的拌和水和作为再生剂的一部分水。对于乳化沥青，并不是所有不同来源的水都能和乳液相容，应该检验水和乳液的相容性。如发现乳化沥青的任何负面影响(过早破乳)，都应该寻找新的水源。通常，慢裂乳化沥青和阴离子中裂乳化沥青拌和时要保证一定的湿度。为便于确定预拌水量是否能够将乳化沥青分散均匀，试验室裹覆试验常常是重要的。

沥青用量：对于乳化沥青来说，就地冷再生新结合料的用量范围通常为 0.5%～3%，其残留沥青用量为 0.3%～2%。多数公路部门准备试验用的混合料包含 1%、1.5%、2%、2.5%和 3%的乳化沥青，如 RAP 料中含有新料，乳化沥青用量一般要高一些。一些机构在所有混合料试验中使用最佳液体含量(包括乳液和水)为 4.5%。例如，当水的用量为 4%、3.5%、3%和 2.5%时，乳液用量则分别为 0.5%、1%、1.5%和 2%。

四、最佳含水量的确定

混合料的最终强度与其压实后的密度有着直接的关系，密度越大，强度越高。混合料压实过程中，水分过少，乳化沥青难以分散、集料颗粒间润滑不足，混合料难以压实；水分过多，动水压力增加，混合料也难以压实，同时还会导致乳化沥青流失、养生时间长、强度低。因此，冷再生沥青混合料的压实与土的压实类似，存在一个最佳含水量，在最佳含水量下，混合料的干密度将达到最大值。

最佳含水量试验过程中发现，有时沥青混合料干密度随含水量的增加而增大到某个值以后变化变缓，难以确定峰值，尤其是 RAP 含量较高时。当峰值难以确定时，可以取密度相对较大、含水量相对较小、曲线开始变缓的点确定最佳含水量，以避免过度的乳化沥青流失、养生时间延长和材料强度削弱。实验发现，沥青用量偏离较大时，有必要根据经验在最佳含水量附近有所调整，以利混合料压的压实。随着沥青用量的增加，可以稍微减少含水量，反之增加含水量，调整幅度一般在±1%以内。

乳化沥青混合料压实过程中，水能够起到润滑的作用，而其中在破乳之前处于液态的沥青也可能具有相同的作用。基于这种考虑，目前存在两种确定外加水量的方法：最佳含水量法和最佳液体总量法。最佳含水量法的水有 RAP 材料和集料中的水、外加的水和乳化沥青中的水，不考虑乳化沥青中的沥青；最佳液体总量法的液体有 RAP 材料和集料中的水、外加的水和沥青乳液，包括乳化沥青中的沥青。在实际工程中，采用哪种方法好，要根据乳化沥青的种类来确定。一般地，慢裂慢凝型乳化沥青多采用最佳液体总量，而其他的则要试拌根据实际经验来确定。由于使用的是慢裂快凝型乳化沥青，本章的分析采用了最佳含水量法确定外加水的用量。

五、最佳沥青用量的确定

最佳沥青用量（油石比）的确定，是冷再生混合料配合比设计实验室试验的主要目的之一。目前国内外冷再生混合料的配合比设计还没有统一的步骤，各部门或机构常常根据有限试验结果、经验公式及以往的实践，建立自己的设计指导性方法。

与热拌沥青混合料设计通常采用 60℃马歇尔试验不同，确定冷再生混合料最佳沥青用量的试验呈多样化，有马歇尔试验、劈裂试验、无侧限抗压强度试验以及其他一些试验；试验温度也不一定限于 60℃，可以是 25℃或其他温度；试件的状态则可以是养护后干燥的，也可以是再浸水后湿润的。此外，还有不进行实验室试验，仅仅根据集料级配计算最佳油石比的，如 AI MS-21 手册中的方法。一般地，相比热拌沥青混合料，冷再生混合料的配合比设计步骤要简单粗略许多。

无侧限抗压强度试验主要用于水泥稳定类基层材料的试验，由于黏弹性材料性质对温度与时间或加载速率的敏感性，对沥青混合料使用不多。以下介绍包括干湿两种状态马歇尔试验和劈裂试验的结果及其分析，同时对这两种方法确定的最佳油石比做一个比较。

1. 马歇尔试验

马歇尔试验是热拌沥青混合料设计最常用的手段，至今已经有几十年的历史，各国都积累了丰富的经验，也是我国现行《公路沥青路面施工技术规范》(JTG F40—2004)采用的方法。马歇尔试验通常在60℃下进行，测定经验的稳定度与流值。除了稳定度与流值，以马歇尔试验为基础的沥青混合料配合比设计，还需要通过相关试验与计算确定其他参数，如密度、空隙率、矿料间隙率、沥青饱和度等。最佳沥青用量根据油石比与上述各参数的关系，综合计算、判断确定。冷再生沥青混合料与热拌沥青混合料有很大不同，有必要对相应的以马歇尔试验为基础的沥青混合料配合比设计方法进行修改与简化。

质量与体积的关系是沥青混合料配合比设计理论的支柱，但是由于乳化沥青冷再生沥青混合料中含有大量的旧沥青路面材料，其中有部分封闭的内部空隙，精确测定最大理论密度和毛体积密度困难，从而不能精确计算空隙率及其相关参数值。再则，乳化冷再生沥青混合料中含有较多的水分，当所成型的试件中的水分蒸发后就留下空隙，冷铺路面初期空隙率很大，需要依靠在较长的行车过程中逐渐压实成型，所以量测试件的初期空隙率意义不大。因此，代表材料强度的马歇尔稳定度是设计最重要的参数，可以用最大稳定度所对应的沥青用量作为混合料的最佳沥青用量。

60℃代表了路面的最高温度，接近或超过了旧料中老化沥青的软化点，在此温度下马歇尔稳定度确定的最佳沥青用量势必包括了旧料中大部甚至全部老化沥青的作用。事实上，冷再生沥青混合料主要用作路面结构的基层或底基层或下面层，所处的温度环境没有面层的热拌沥青混合料的苛刻，老化沥青的作用是逐步发展的，最终也不一定会有大部成为有效结合料。25℃代表了路面的平均温度，而且试验方便，以25℃马歇尔稳定度来确定冷再生沥青混合料的最佳沥青用量是合适的。

2. 劈裂试验

劈裂试验间接地量测材料的抗拉强度，操作方便，是评价沥青混合料使用性能常用的试验方法。我国现行《公路沥青路面设计规范》(JTG D50—2006)即要求沥青混合料与半刚性基层材料的劈裂抗拉强度作为路面结构设计的参数，现行《公路沥青路面施工技术规范》(JTG F40—2004)也采用劈裂试验作为手段评价沥青混合料的水稳定性。

3. 不同方法确定的最佳油石比比较

经过比较，马歇尔试验与劈裂试验确定的最佳油石比是一致的。无论试验方法，也无论试件的干湿状态，最佳油石比总是随旧沥青路面 RAP 材料含量的增加而近似线性地增大。对于相同的试验方法，干湿状态对最佳油石比的影响很小，可以忽略。对于相同的干湿状态，试验方法对最佳油石比的影响也不大，马歇尔试验确定的值略小于劈裂试验确定的值。

需要进一步讨论的事实是，无论试验方法与干湿状态，最佳油石比总是随旧沥青路面 RAP 材料含量的增加而增大。究其原因，可能与 RAP 材料表面粗糙、内部开口空隙多有关，也与 RAP 中矿物集料实际级配比将其当作“黑石”的级配有关。最佳油石比随 RAP 材料含量的增加而增大的事实还表明，在实验室养生条件下，旧料中老化沥青应该基本没有起到结合料的作用。

六、配合比性能评价

冷再生混合料配合比设计完成后，需要对混合料的性能进行评价。对冷再生混合料的性能评价主要通过一系列的实验室试验来进行的，包括确定抗压回弹模量和抗压强度的单轴压缩试验、确定劈裂抗拉强度的劈裂试验、确定动稳定度的车辙试验、确定残留强度比的冻融劈裂试验、确定破坏应变的弯曲试验、确定渗水系数的渗水试验。此外，其他试验的内容还包括评价再生剂效果和水泥效果的相关试验。

1. 试件的制作与养生

除另有说明，实验室试验乳化沥青冷再生混合料试件参照《公路工程沥青及沥青混合料试验规程》(JTJ 052—2000)T0702“沥青混合料试件制作方法(击实法)”，在室温(22±5℃)下制作圆柱体试件直径 101.6±0.2 mm、高 63.5±1.3 mm。制作试件时，首先在矿物集料中加入适量的水，拌和均匀，使集料表面完全湿润；再注入适量的乳化沥青，在 1 min 内拌和均匀，使混合料成褐色；然后将混合料装入试模，击实成型。混合料的击实在乳化沥青破乳前进行，先两面各击实 50 次，连同试模横向放置 24 h，再两面各击实 25 次，脱模，然后养生。

为便于确定预拌水量是否能够将乳化沥青分散均匀，实验室裹覆试验常常是非常重要的。在试件拌和过程中发现，所用集料、水(城市自来水)与乳化沥青的相容性良好，乳化沥青对集料的裹覆可以达到 80%以上。

乳化沥青冷再生沥青混合料一般都需要加入水，适量的水能使乳化沥青均匀地分散并裹覆在集料表面，同时能润滑集料有利于混合料的压实。乳化沥青冷再生沥青混合料压实后含有水分，混合料的强度发展与其中水分的蒸发密切相关。混合料中的水分大部分呈游离状态，占据混合料中的空间，由于水的黏度远低于沥青的黏度，这些水分在混合料中起着润滑剂的作用，减小集料颗粒间摩阻力，降低混合料的强度和稳定性。随着水分的蒸发，混合料中残留沥青在集料表面的分布状态进一步调整，黏性逐渐恢复。于是，沥青混合料抵抗荷载的能力逐步增加。

实验室试件养生的目的，就是以加速的方式模拟现场混合料中水分的蒸发。温度是养生的重要变量，温度过低，养生时间势必很长，不能达到加速的目的；而温度太高，则可能使混合料中的沥青液化，改变材料的结构。综合考虑上述因素，养生温度一般采用60℃。在给定的温度下，可每24 h测一次重量，3d后将温度升高到110℃烘至恒重（约3h），最后计算失水率。表6-5为一组养生试验数据。

表6-5　实验室60℃养生试验结果

混　合　料	含水量(%)	养生时间(h)			
		0	24	48	72
		失水率(%)			
100%RAP	8	0	83	92	95
80%RAP	8	0	84	93	96
60%RAP	7	0	91	96	98
40%RAP	7	0	92	98	98

2. 单轴压缩试验

单轴压缩试验主要测定沥青混合料的抗压回弹模量，同时也测定材料的抗压强度。沥青混合料的抗压回弹模量是路面结构层设计的必要参数，按照《公路沥青路面设计规范》(JTG D50—2006)，用于计算弯沉的抗压回弹模量的标准试验温度为20℃，用于验算弯拉应力的抗压回弹模量的标准试验温度为15℃。

3. 劈裂试验

劈裂试验适用于测定沥青混合料在规定温度和加载速率时劈裂抗拉强度，同时也测定材料处于弹性阶段时的力学性质。与抗压回弹模量一样，沥青混合料15℃劈裂抗拉强度也是现行《公路沥青路面设计规范》(JTG D50—2006)中路面结构层设计的重要参数，用于验算结构层底部的弯拉应力。

实验室劈裂试验采用已经确定的最佳含水量与最佳油石比、最佳油石比±0.5%，参照击实法制作试件。额外最佳油石比±0.5%的目的，是检验试验结果对油石比的敏感程度。试件养生后，按照试验规程T0716“沥青混合料劈裂试验”，在试验温度15℃±0.5℃、加载速率50mm/min的条件下测定了劈裂抗拉强度与破坏劲度模量，表6-6为一组劈裂试验结果。

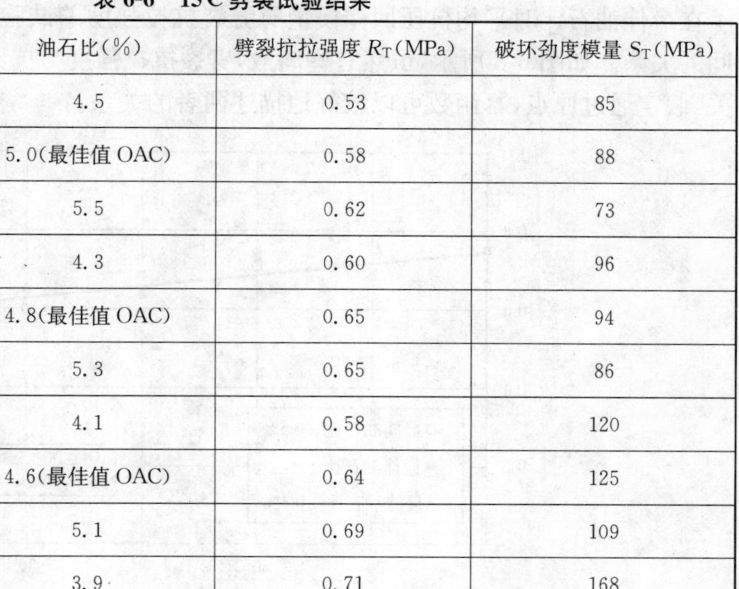

表 6-6 15℃劈裂试验结果

RAP 含量(%)	油石比(%)	劈裂抗拉强度 R_T(MPa)	破坏劲度模量 S_T(MPa)
	4.5	0.53	85
100	5.0(最佳值 OAC)	0.58	88
	5.5	0.62	73
	4.3	0.60	96
80	4.8(最佳值 OAC)	0.65	94
	5.3	0.65	86
	4.1	0.58	120
60	4.6(最佳值 OAC)	0.64	125
	5.1	0.69	109
	3.9	0.71	168
40	4.4(最佳值 OAC)	0.73	137
	4.9	0.76	138
	3.7	0.65	183
20	4.2(最佳值 OAC)	0.68	177
	4.7	0.71	173
	3.5	0.69	193
0	4.0(最佳值 OAC)	0.75	170
	4.5	0.67	205

图 6-6 直观地表示了 RAP 含量与劈裂抗拉强度的关系，图 6-7 为 RAP 含量与破坏劲度模量的关系，各图中的直线均为最佳油石比的线性回归结果。由图可见，15℃劈裂抗拉强度与破坏劲度模量均随旧沥青路面 RAP 材料含量的增加而近似线性地减小，试验结果对油石比并不十分敏感。相对破坏劲度模量随 RAP 含量的增加显著减小，而劈裂抗拉强度变化并不大。当 RAP 含量由 0 增加到 100%时，劈裂抗拉强度从大约 0.75MPa 减小到 0.6MPa，相当于《公路沥青路面设计规范》(JTG D50—2006)表 E.1 中热拌粗粒式密级配沥青混凝土常见值 0.6～1.0MPa 的低端。

抗压回弹模量与劈裂抗拉强度都是沥青路面结构设计的重要参数，图 6-8 绘出了在最佳油石比时平均抗压回弹模量与劈裂抗拉强度的试验数据，试图建立两者之间的关系。如图 6-8 所示，虽然有些离散，劈裂抗拉强度与抗压回弹模量的确有所相关，假定通过原点，幂函数可以较好地描述两者的关系。

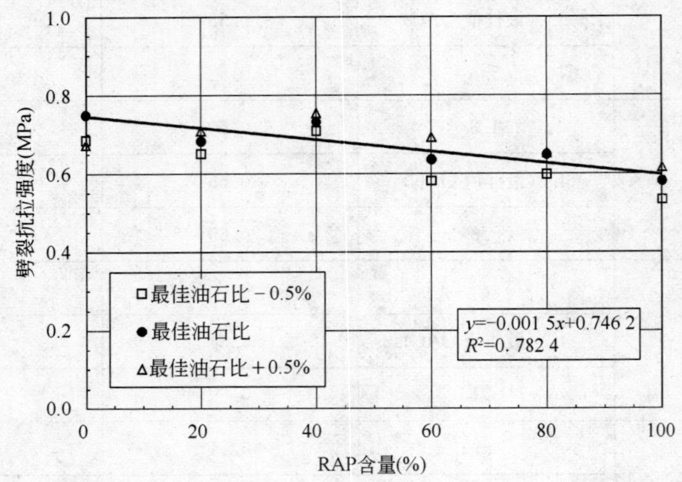

图 6-6　RAP 含量与 15℃劈裂抗拉强度关系

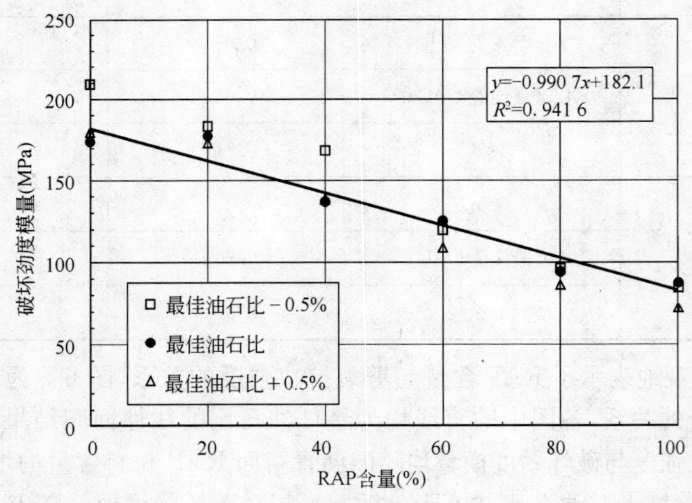

图 6-7　RAP 含量与 15℃破坏劲度模量关系

4. 车辙试验

车辙试验适用于测定沥青混合料的动稳定度，用于评价高温抗车辙能力，供沥青混合料配合比设计的高温稳定性检验使用。车辙试验的温度与轮压可根据有关规定和需要选用，标准试验温度 60℃、轮压 0.7MPa。考虑到冷再生混合料一般用作路面结构的基层，试验温度使用了 40℃，轮压仍为标准的 0.7MPa。试件制作采用已经确定的最佳含水量与最佳油石比，参照试验规程 T0703“沥青混合料试件制作方法（轮碾法）”。板块试件长 300mm、宽 300mm、厚 50mm。

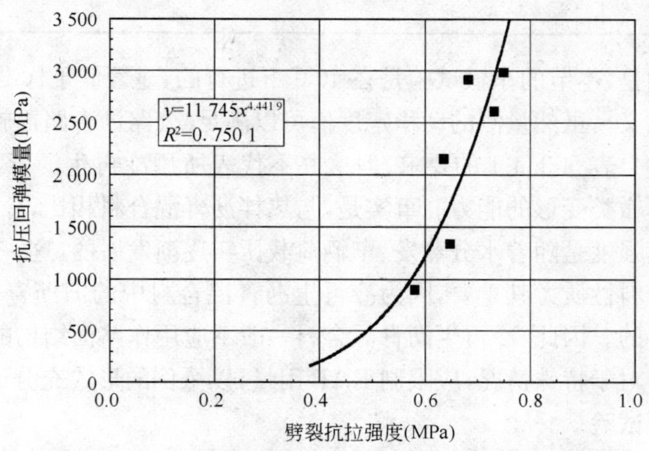

图 6-8　15℃最佳油石比劈裂抗拉强度与平均抗压回弹模量关系

表 6-7 记录了一组车辙试验结果，试验按照试验规程 T0719“沥青混合料车辙试验”方法，在 40℃下进行，图 6-9 直观地反映了表中的试验数据。由图可见，随着旧沥青路面 RAP 材料含量的增加，混合料的动稳定度迅速减小。无 RAP（100％新集料）的混合料的动稳定度大约为 19 000 次/mm，而 100％RAP 混合料的动稳定度则降到了 3 600 次/mm，仅剩不到 20％。由图还可见，RAP 含量与动稳定度之间的关系可以近似地用指数函数来表达。

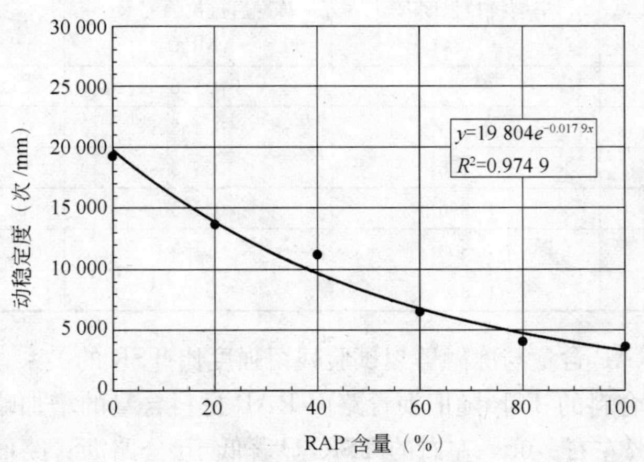

图 6-9　40℃RAP 含量与动稳定度关系

表 6-7　40℃车辙试验结果

RAP 含量(%)	动稳定度(次/mm)	RAP 含量(%)	动稳定度(次/mm)
100	3 646	40	11 200
80	4 046	20	13 650
60	6 533	0	19 250

应当指出的是，本节的车辙试验是在40℃下进行的，显著低于标准的60℃，试验结果只有相对意义。虽然量测的动稳定度值可以满足《公路沥青路面施工技术规范》(JTG F40—2004)表5.3.4-1的要求，但这并不代表所用冷再生沥青混合料已经具有很强的抵抗车辙类变形的能力。事实是，与热拌沥青混合料相比，冷拌沥青混合料最大区别在于其强度是随着水分蒸发、车辆荷载压实逐渐发展的，这一点对理解冷法再生的沥青混合料性质尤其重要，因为冷再生沥青混合料中的旧沥青又是部分逐渐成为有效结合料的。因此，冷再生沥青混合料一般不应用作路面结构的面层，尤其不应用作表面层。对于特殊情况，应限制RAP用量，以个例的形式充分试验与论证。

5. 冻融劈裂试验

冻融劈裂试验适用于在规定条件下对沥青混合料进行冻融循环，测定混合料试件在受到水损坏前后劈裂破坏的抗拉强度。根据试验结果计算的冻融劈裂试验残留强度比(Tensile Strength Ratio，TSR)，是评价沥青混合料水稳定性的重要指标。

试件养生后，按照试验规程T0729"沥青混合料冻融劈裂试验"，在标准的试验温度25℃、加载速率50mm/min的条件下测定了冻融前后劈裂抗拉强度，表6-8记录了一组劈裂试验结果以及计算的冻融劈裂残留强度。

表 6-8　冻融劈裂试验结果与残留强度比

RAP 含量(%)	劈裂抗拉强度 R_{T1} (MPa)	冻融后抗拉强度 R_{T2} (MPa)	抗拉强度比 TSR (%)
100	0.225	0.128	57
80	0.274	0.158	58
60	0.275	0.173	63
40	0.296	0.185	62
20	0.303	0.188	62
0	0.327	0.207	63

图6-10为RAP含量与冻融劈裂试验残留强度比TSR的关系，由图可见试验所用冷再生沥青混合料的TSR随旧沥青路面RAP材料含量的增加略有减小，变化幅度不大，都在60%左右。60%左右的TSR，显著低于《公路沥青路面施工技术规范》(JTG F40—2004)表5.3.4-2中对热拌改性沥青混合料在年降雨量大于1 000mm潮

湿区 TSR≥80%的要求。究其原因，可能主要还是与冷再生沥青混合料的空隙率大有关。

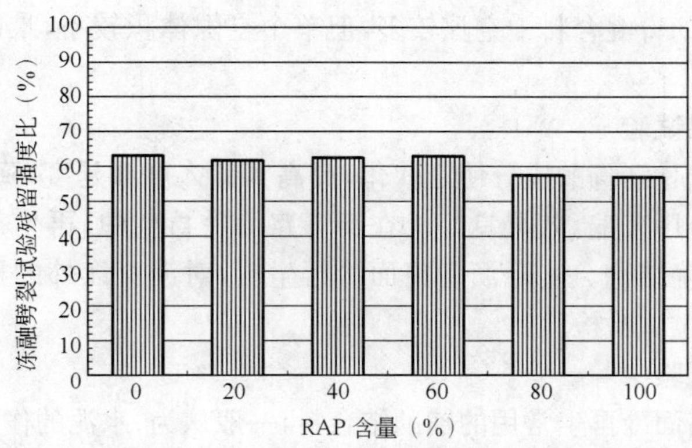

图 6-10 不同 RAP 含量冷再生沥青混合料冻融劈裂试验残留强度比

应当说明的是，现行规范评价沥青混合料水稳定性时，同时要求马歇尔试验残留稳定度和冻融劈裂试验残留强度比。考虑到两种试验方法和两个指标的相似性，略去了计算前者需要的最佳油石比下常规与浸水马歇尔试验。事实上，美国现行 Superpave(AASHTOMP2)设计也只要求 TSR≥80%。还应当说明的是，试验规程 T0729 沥青混合料冻融劈裂试验方法与美国 AASHTO T283 的方法是有差异的，如饱水率、空隙率要求等，这些差异的影响需要另行专门研究。

6. 弯曲试验

弯曲试验适用于测定沥青混合料在规定温度和加载速率时弯曲破坏的力学性质。按照《公路沥青路面施工技术规范》(JTG F40—2004)，宜对密级配沥青混合料在温度−10℃、加载速率 50mm/min 的条件下测定弯拉强度、破坏应变、破坏劲度模量，并根据应力应变曲线的形状，综合评价沥青混合料的低温抗裂性能。

一般破坏应变、弯拉强度与破坏劲度模量均随旧沥青路面 RAP 材料含量的增加而近似线性地增大，其中弯拉强度与破坏劲度模量增大幅度较大，而破坏应变仅在 1 500～2 000$\mu\varepsilon$ 之间变化。1 500～2 000$\mu\varepsilon$ 的破坏应变，显著低于《公路沥青路面施工技术规范》(JTG F40—2004)表 5.3.4-3 中对热拌改性沥青混合料在年极端最低气温小于−37℃严寒区不小于 3 000$\mu\varepsilon$ 的要求。

7. 渗水试验

渗水试验适用于测定沥青混合料的渗水系数，以检验沥青混合料的配合比设计。按照《公路沥青路面施工技术规范》(JTG F40—2004)，宜利用轮碾成形的车辙试验试件，脱模架起进行渗水试验。

试验发现，渗水系数随 RAP 含量的增加而减小，在 2～118mL/min 之间变化。2～118mL/min 的渗水系数，满足《公路沥青路面施工技术规范》(JTG F40—2004)

表 5.3.4-4 中对密级配沥青混凝土不大于 120mL/min 的要求。RAP 含量与渗水系数之间的关系可以近似地用二次多项式来表达。渗水系数随 RAP 含量而减小的事实说明，虽然乳化沥青混合料中空隙较多，但单个空隙体积较小，难以形成大量相互连通的开口空隙。

8. 再生剂效果试验

再生剂调节老化沥青的成分使之软化，提高其针入度和延度，降低软化点，在沥青路面热再生中应用普遍，效果良好。在沥青路面冷再生中，再生剂的应用偶有报道，效果尚未有明确结论。实际沥青路面冷再生时，对沥青以外的再生剂应慎重使用，其效果必须通过试验检验。

9. 水泥效果试验

水泥是沥青路面冷再生常用的辅助结合料，一般认为，水泥的作用是提高冷再生沥青混合料的早期强度以及水稳定性。水泥的加入可以使混合料在养生各个阶段的抗压回弹模量都有所增大，不但提高材料早期回弹模量，而且提高最终回弹模量；水泥用量为 1%时效果显著，1%以后再增加的水泥用量对回弹模量的影响不大。加入水泥以后，混合料的抗压强度变化趋势与抗压回弹模量一致。试验发现，水泥的加入可以使混合料零养生和室温 7d 养生条件下的劈裂抗拉强度有所增大，提高材料早期抗拉强度，但不能提高 60℃3d 养生条件下的最终抗拉强度；1%以后再增加的水泥用量对抗拉强度的影响不大。加入水泥以后，混合料的破坏劲度模量变化趋势与劈裂抗拉强度一致。同时，水泥的加入可以显著改善混合料的水稳定性，1%水泥可以使冻融劈裂试验残留强度比 TSR 由 57%提高 77%，但是再增加水泥用量并不能进一步提高 TSR，加水泥混合料的 TSR 随养生时间的延长而有所增大。

10. 冷再生混合料性能要求

冷再生混合料的性能指标原则上应满足表 6-9 的要求。

表 6-9 冷再生沥青混合料性能的技术要求

技术指标	单位	技术要求		试验方法
		普通乳化沥青再生混合料	改性乳化沥青再生混合料	
马歇尔试件尺寸	mm	ϕ101.6×63.5		T0702
试件击实次数	—	两面击实 50+25 次		—
试件养生温度	℃	60		—
试件孔隙率	%	8～13		—
马歇尔稳定稳定度，不小于	kN	7.5（做面层材料时） 5.0（做基层材料时）		T0709
残留稳定度，不小于	%	70	75	T0709

续上表

技术指标	单位	技术要求		试验方法
		普通乳化沥青再生混合料	改性乳化沥青再生混合料	
15℃劈裂强度，不小于	MPa	0.6（做面层材料时） 0.3（做基层材料时）		T0716
冻融劈裂强度比 TSR，不小于	%	65	70	T0729
车辙试验动稳定度，不小于	次/mm	1 000	2 000	T0719
渗水系数（做面层时），不大于	mL/min	120		T0730

第三节　施　工　技　术

一、施工设备类型及选用

厂拌冷再生施工设备中，旧料铣刨、预处理设备与厂拌热再生一致，可以参见本书第五章第三节的相关内容。

厂拌冷再生混合料的摊铺设备可以是一般的热拌沥青混合料摊铺设备，也可以采用稳定土摊铺设备。采用热拌沥青混合料摊铺设备时，不能开启熨平板的加热装置，但在铺筑过程中必须开动熨平板的振动或捶击等夯实装置，并且熨平板或整平组件应能有效地摊铺出具有所需的平整度，而不会撕扯、推挤混合料或造成孔洞。

厂拌冷再生施工的压实设备一般选用钢轮压路机和轮胎压路机，初压应采用6～10t的小型双钢轮压路机进行碾压。

二、施工工艺与施工质量控制关键技术

厂拌冷再生的施工工艺流程见图 6-11。

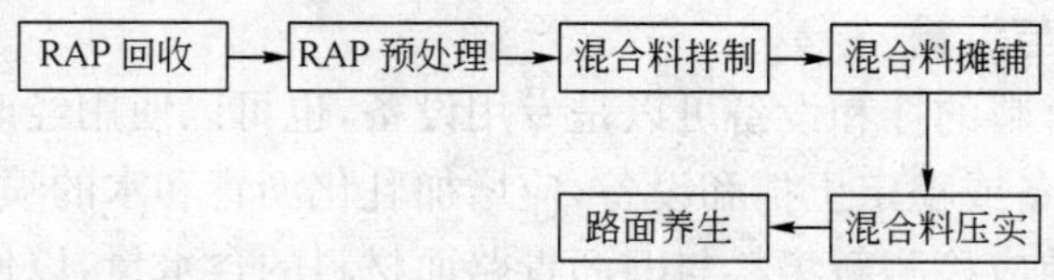

图 6-11　厂拌冷再生施工工艺流程

1. 一般规定

(1)路面结构设计合理时，厂拌冷再生技术适用于再生各种等级公路的面层、基

层及底基层。作为面层，它适用于三、四级公路的表面层及下面层和高速公路、一、二级公路的下面层。当用作面层材料时，其上应铺筑一上封层，依据交通量的大小，上封层可采用稀浆封层、微表处、或热拌沥青混凝土。一般地，冷再生混合料用作面层时，旧料掺量不宜大于40%。作为基层材料，它适用于各种等级公路。

(2)厂拌冷再生使用乳化沥青作为再生结合料，当气温高于35℃或低于10℃和天气潮湿时不宜施工。气温过高，会使乳化沥青过早破乳，气温过低或天气较为潮湿时，则使水分难以挥发。

2. RAP的回收

(1)RAP的回收方式可以选用冷铣刨、人工开挖、机械开挖、机械破碎等方式。冷铣刨可以将RAP材料直接破碎到一定粒径(50mm筛孔通过率大于95%)；其他回收方式的RAP材料还需用破碎机或其他方式破碎到满足矿料级配的要求。

(2)不同路段、不同沥青含量、不同级配的原沥青路面材料应分别回收，分开堆放，不得混杂。

(3)原沥青路面破碎或铣刨深度应准确控制，不得混入基层废料、杂物、土等杂质。

3. RAP的预处理与管理

(1)RAP材料回收至料场后，应使用推土机、装载机等机具将一个料堆的RAP材料充分混和，需要用破碎机或其他方式进行破碎，使RAP材料的最大粒径小于再生沥青混合料的最大公称粒径。

(2)将破碎后的RAP料分筛成粗细2至3档材料，对超过粒径的部分要予以筛除。

(3)经过预处理的RAP材料，用推土机、装载机等机具均匀地铺开，第二铲再在其上均匀的铺开，以此反复，堆成圆锥形料堆。

(4)为了防止旧沥青路面材料在堆放过程中结块，RAP材料应避免长时间堆放，料堆高度应不超过2m，并注意防水。

(5)堆放回收料的场地必须先经过硬化处理，排水通畅。多雨地区宜将RAP堆放在顶部有遮盖、四周通透的防雨棚内，但不宜用防水布遮盖。

4. 混合料拌制与运输

(1)冷再生混合料的拌和设备可以是专用设备，也可以使用经改装的连续式热拌沥青混合料拌和设备或稳定土拌和设备，应增加乳化沥青和水的喷洒和计量装置。

(2)每天开工前应检测新集料与旧沥青路面材料的含水量，以便调节冷料进料速度，并确定拌和时应外加的用水量。如果集料含水量过大，不得使用。

(3)冷再生沥青混合料的拌和时间：把规定数量的集料与旧混合料送进拌和机后，加入应另外掺加的外加总水量，把集料、旧料和水拌和不少于15s，使集料与旧料拌和均匀并完全润湿，然后加入规定用量的乳化沥青或乳化改性沥青，使乳化沥青均匀地裹覆集料形成沥青膜，混合料中应无花白石子，呈褐色为宜，拌和时间宜在20～30s内。

(4)检查冷再生混合料的拌和均匀性：对混合料拌和的均匀性应随时进行检查。如果出现花白石子，应停机分析原因予以改进。其原因大致如下：搅拌时间不够；细颗粒矿料比例偏大，特别是加入矿粉量偏多；乳化沥青用量或外加水量不够；集料预润湿不够；乳化沥青不稳定，发生沉淀。可能是其中一项原因，也可能是其中的几项原因。如果沥青混合料颜色出锅就呈黑色，说明混合料已破乳，可能的原因有：拌和时间过长、乳化或改性乳化沥青破乳速度过快、石料过分干燥等。对出现花白、已破乳的混合料必须废弃。如果混合料拌和完后破乳速度过快，不能满足运输、摊铺与碾压时间的要求，可调整乳化沥青的破乳速度。

(5)拌和机应有贮料仓，为保证连续摊铺，可提前拌和混合料，将拌好的冷再生沥青混合料送入贮料仓中暂存，待开始摊铺后再运至摊铺现场，但暂存的时间不得使混合料在摊铺碾压成型前破乳。

(6)为保证沥青混合料源源不断地运至摊铺现场，必须配备足够的运输车辆，每小时运力必须大于拌和机产量。运输车辆数量N可按式(6-8)计算。

$$N = k(t_1 + t_2 + t_3)/T \tag{6-8}$$

式中：k——安全储备系数，视运输道路上的交通情况而定，一般取$k=1.1\sim1.2$；

t_1——车辆满载由拌和厂行驶至摊铺现场的行驶时间，min；

t_2——车辆空载由摊铺现场至拌和厂的行驶时间，min；

t_3——在工地卸料以及在拌和厂和工地等待的总时间，min；

T——拌和一车混合料所需的时间，min。

T的计算方法如式(6-9)：

$$T = 60C/G \tag{6-9}$$

式中：C——单车装载能力，t；

G——拌和设备生产能力，t/h。

(7)施工前应对全体驾驶员进行培训，加强对汽车保养，避免运料途中汽车抛锚，导致混合料破乳受损。装料时汽车应按照前、后、中的顺序来回移动，避免混合料离析。任何情况下，运料车在运输过程中，均应采用帆布蓬覆盖措施，以防表面混合料被雨水淋湿或被太阳暴晒水分蒸发过快而提前破乳。运料汽车应在摊铺机前10～30cm处停住，不得撞击摊铺机；卸料过程中运料汽车应挂空挡，靠摊铺机推动前进，以确保摊铺层的平整度。

(8)运料车辆应行驶在平整坚实的道路上，对行驶路线的坑槽应及时维修，减轻车辆颠簸，以免混合料离析。沥青混合料运至摊铺地点后应凭运料单接收，并检查拌和质量和破乳情况。对不符合要求或已经破乳结成团块、已遭雨淋湿的混合料不得铺筑。

(9)施工过程中摊铺机前方应有运料车在等候卸料，开始摊铺时在施工现场等候卸料的运料车不宜少于 2 辆，以保证连续摊铺。

5. 摊铺与压实

(1)冷再生沥青混合料结构层摊铺之前必须清除下卧层的多余的石子、泥土、残渣等污物，污染严重时应用洒水车冲洗。下卧层表面应喷洒符合要求的乳化沥青或改性乳化沥青粘层油，洒布量以 0.4～0.6kg/m^2 为宜，待黏层油破乳后方可进行混合料的摊铺。对改建加铺路面，要求用乳化沥青灌缝，网状裂纹处粘贴沥青浸渍土工布，再浇洒黏层油。

(2)摊铺机应配备整平板自控装置，其一侧或双侧装有传感器，可通过外面的参考线探出纵坡和整平板的横坡，并能自动发出信号操纵整平板，使摊铺机能铺筑出理想的纵横坡度。

(3)摊铺速度应与拌和机供料速度协调，摊铺机必须缓慢均匀、连续不间断地摊铺，不得随意变换速度或中途停顿，以提高平整度，减少混合料离析。摊铺速度宜控制在 2～4m/min 范围内，当发现混合料出现明显的离析、波浪、裂缝、拖痕时，应分析原因，予以清除。

(4)再生层作为基层时，摊铺机应采用钢丝绳引导的高程控制方式，用作面层时宜采用平衡梁或者雪橇式摊铺厚度控制方式。

(5)冷再生混合料结构层每层压实厚度不宜大于 15cm，不宜小于 6cm。

(6)应选择合理的压路机组合方式及碾压步骤，以达到最佳压实效果，总体按"慢压、高频、低幅"的原则进行。压实宜采用钢筒式静态压路机与轮胎压路机、振动压路机组合的方式。压路机的数量应根据生产率决定，一般不少于 3 台。

(7)冷再生混合料摊铺完毕之后，进行碾压，碾压可分为三个阶段：初压，复压，终压。初压应待混合料晾晒到破乳时进行，并保持较短的初压区长度，以尽快使表面压实成型，并不得产生推移、发裂等现象。初压宜采用 6～10t 的轻型压路机碾压 1～2 遍，使混合料初步稳定成型。复压宜采用重型的轮胎压路机、振动压路机，初始碾压遍数为 1～2 遍。当乳化沥青完全破乳后，混合料由褐色转变成黑色时，再用轮胎压路机碾压不少于 4 遍，将水分挤出。当复压过程中有推移现象时应停止碾压，待稳定后再碾压。终压应紧接在复压后进行，可选用双轮钢筒式压路机或关闭振动的振动压路机碾压，不宜少于两遍，消除轮迹，提高平整度。

(8)压路机应以慢而均匀的速度碾压，在摊铺机连续摊铺的过程中，压路机不得随意停顿。压路机的碾压速度(km/h)应符合表 6-10 的规定。

表 6-10　压路机碾压速度(km/n)

压路机类型	初压		复压		终压	
	适宜	最大	适宜	最大	适宜	最大
钢筒式压路机	1.5～2.0	2.5	2～3	4	3～4	5
轮胎压路机			3～4	5		
振动压路机,碾压方式	1.5～2.0 静压	2.5 静压	3～4.5 振动	5 振动	3～6 静压	6 静压

(9)压路机不得在未碾压成型的路段上转向、调头或停车等候。振动压路机在已成型的路面行驶时应关闭振动。

(10)对压路机无法压实的桥梁、挡土墙等构造物接头、拐弯死角、加宽部分及某些路边缘等局部地区,应采用振动夯板压实。对雨水井与各种检查井的边缘还应用人工夯锤等进行补充夯实。

6. 养生与开放交通

(1)在碾压完成后,冷再生沥青混合料路面宜根据天气状况养生 7～14d,在冷再生混合料结构层钻芯成型后,再摊铺上层沥青混合料。

(2)养生方法:可以在开放交通的情况下养生,使冷再生结构层在交通荷载作用下,随着水分的蒸发,进一步压实。为了避免车轮对表层的破坏,可以用慢裂乳化沥青稀释至 30%左右的有效含量后,均匀地洒在再生层上进行养生,喷洒量为 0.05～2L/m^2。

(3)在养生期间开放交通时,应对冷再生路段的交通进行限重、限速,载重不得超过 10t,车速不得大于 40km/h,并严禁车辆在冷再生路段掉头、急刹。

(4)养生完成后,在铺筑上层沥青混合料前,应喷洒黏层油。

7. 施工过程中质量管理与检查

(1)建立切实可行的质量管理制度和方法。工程承包人应制订可行的质量管理程序、方法和制度,建立完善的质量保证体系、质量动态控制模式和完整的工艺流程及准确可靠的工艺参数体系,实行从材料加工、采购、施工到工程成品质量指标评定全过程的质量管理,做到业主、监理、承包人三方管理一体化,三方发现质量问题及时互相通报。每道工序、每一环节、每部门都应专人负责,定责定岗,各司其职,其管理人员、技术人员、关键工序施工的技术工人和民工、监理人员都应针对所承担的工作内容进行系统的岗前培训,做到应知应会。制订科学合理的施工进度计划和施工技术方案,严格按照计划和方案进行施工,并按照招投标条款和规范的要求进行考核。

(2)施工准备阶段的质量检查控制。主要包括以下几个方面:

①原材料进场前后,均应进行抽样检查,对某些重要试样应进行留存。对不合格

的材料严禁运入拌和场，对场内质量不合格的材料应责令立即清除。同时应对材料的来源数量、供应计划、料场堆放及储存条件进行检查。

②对拌和设备、摊铺设备、压实机具等应进行逐一检查，只有经检查合格且其配套情况、性能、计量精度符合要求的设备方可使用，同时其数量、型号也应符合招标文件的要求。

③对下承层进行检查，对于未验收或者已验收但由于某种原因使其表面产生不同程度的损坏，均应进行处理验收后，方可放开上层。

④正式开工前，对各种原材料进行试验检测。

⑤在沥青混凝土面层施工前，应对施工放样进行检查验收，保证平面位置及高程的准确，保证沥青面层的厚度不低于设计厚度。

(3)拌和厂必须按下列步骤对冷再生沥青混合料生产过程进行质量控制：

①检验原材料的质量是否经试验确认符合规定的要求，并注意检查其含水量。

②在拌和厂生产过程中，要经常注意冷料仓供料是否正常和均衡。并从料堆和皮带运输机随机目测各种材料的质量和均匀性，检查泥块及超粒径碎石，检查冷料仓有无窜仓。目测混合料拌和是否均匀、有无花白料、油石比是否合适，检查集料和混合料的离析情况。

③配合比的计量，检查控制室拌和机各项参数的设定值、控制屏的显示值，核对计算机采集和打印记录的数据与显示值是否一致。按《公路沥青路面施工技术规范》(JTG F40—2004)附录G的方法进行进行沥青混合料生产过程的在线监测和总量检验。按附录F的方法进行沥青混合料质量动态管理。

④控制好拌和时间，应以混合料拌和均匀，矿料颗粒全部裹覆沥青结合料为度。取样成型试件进行马歇尔或劈裂试验，测定稳定度或劈裂强度、流值，计算合格率。

(4)摊铺过程中的质量检查。主要包括以下两个方面：

①在摊铺过程中，应经常检测摊铺厚度，并与拟定的松铺厚度相比较，发现问题及时处理。

②未压实混合料表面结构，无论是纵向或横向都应平整、均匀而密实，并无局部粗糙、波浪、撕裂或拉沟等现象，否则应查明原因及时处理。

(5)碾压过程中的质量检查。主要包括以下两个方面：

①选择合理的碾压组合方式，保证合理的碾压速度。复压时如采用振动压路机，应选择合理的振频和振幅。

②及时进行试验检测，保证足够的压实度、平整度和合理的现场空隙率。

(6)沥青混合料抽样检验。

①混合料应按统计法取样，施工中每日必须测定混合料的集料级配和沥青含量、稳定度、流值、标准密度、空隙率等物理力学指标。取样后应及时进行试验，并将试验

结果及时报给监理工程师。

②集料的验收点和取样点应在即将把沥青掺入集料前的设备旁进行。这个点随着拌和机的造型不同而变化。在对拌和机性能不完全了解的情况下，每天拌和前可以不掺沥青结合料进行试拌和，然后检验拌和的集料级配是否满足要求，如果不满足要求应调整料仓的材料比例重新试拌，直到满足要求为止。

③沥青含量的验收点和取样点应是在摊铺机后面及压路机前面，从路上未碾压的混合料中取样。

④混合料取样后应及时进行试验分析，并将试验结果输入计算机数据库，对油石比、稳定度等指标定期绘制工程质量管理图和直方图，进行质量动态控制。当某一指标超出允许范围时，即施工不合格时应分析原因，并对施工路段进行处理。对于生产试验路应建立油石比和矿料级配偏差与沥青路面主要质量指标偏差的相互关系，并根据路面质量指标的允许偏差确定配合比容许的波动范围，以便于进行质量控制。

(7)压实度验收取样和试验方法。

①冷再生沥青混合料结构层压实效果的检测采取压实度控制：用做面层时，压实度应≥100%（相对于实验室标准密度）；用做基层时，压实度应≥98%（相对于实验室标准密度）。

②混合料应按统计法取样，以测定压实度。应采用随机数技术来确定取样位置。从压实的路面上钻取样芯，直径为100mm，验收点及取样点应在施工完的路面上。按规范要求对试件作密度试验。钻孔后应及时将孔中的灰浆淘尽，吸净余水，待干燥后以相同的沥青混合料分层填充夯实。

③检验试件密度可采用表干密度法，亦可采用毛体积密度。

④试验路施工时应进行平整度和压实度的跟踪相关性试验，确定双重合格的最佳工艺参数。

(8)层厚的验收取样和试验方法。

①本项试验的取样与压实度验收取样相同。

②摊铺厚度应用游标卡尺量取3个钻取点的芯样，然后计算其平均值。

③施工过程中，利用摊铺过程在线控制，即不断地用插尺或其他工具插入摊铺层测量松铺厚度。

④利用拌和厂沥青混合料总生产量与实际铺筑的面积计算平均厚度进行总量检验。

⑤终压以后，应检验面层的平整度。所有有缺陷的地方均应纠正，包括由承包人自费清除和更换不合格的材料。检验面层平整度可用三米直尺测定，平整度均方差目标为下面层不大于1.4mm、上面层不大于0.8mm。

8. 质量验收与评定

完工后的冷再生沥青混合料结构层应平整密实，不应有明显的轮迹、裂缝、推挤、油汀、油包等缺陷，且无明显离析，接缝处应紧密、平顺；面层与路缘石及其他构筑物应接顺。并应按照表 6-11 所示项目和频率进行检查验收。

表 6-11 冷再生沥青混合料结构层质量检查项目

项目		规定值或允许偏差	检查频率	方法
外观		表面平整密实，不得有明显的轮迹、裂缝、推挤、油汀、油包等缺陷，且无明显离析	随时	目测
总厚度（做面层）	代表值	－4mm	每公里 10 点	T0912
	极值	－8mm		
总厚度（做基层）	代表值	－8mm	每公里 10 点	T0912
	极值	－17mm		
压实度	代表值	面层 100%，基层 98%	每公里 10 点	T0924
	极值	面层 98%，基层 96%		
平整度	σ(mm)	1.2	全线连续	T0932
	IRI(m/km)	2.0		T0933
路表渗水系数		不大于 120mL/min	每公里不少于 10 点	T0971
宽度		±20mm	每公里 20 个断面	T0911
纵断面高程		±15mm	每公里 20 个断面	T0911
中线偏位		±20mm	每公里 20 个断面	T0911
横坡度		±0.3%	每公里 20 个断面	T0911
弯沉值	回弹弯沉	符合设计要求	全线每 20m 1 点	T0951
	总弯沉		全线每 5m 1 点	T0952

第四节 工 程 实 例

一、工程概况

本工程实例为交通部西部交通建设项目的依托工程，位于浙江省 22 省道，是诸暨东南部的主要干线公路，为沟通诸暨与东阳的重要通道，对沿线乡镇的经济发展起着十分重要的作用。1997 年至 2000 年按二级公路标准完成了 22 省道城关—石壁段的改造，路面结构为沥青混凝土路面。公路投入使用 6 年来，随着诸暨市经济的高速发展，S22省道车流量不断增大（如表6-12所示），尤其是沿线的山几个砂场（街亭砂场，五灶砂场，陈蔡砂场，石壁砂场等）和诸永高速公路工程用车及超载车辆的不断增多，部分地段路面已出现了较大面积的开裂（图6-12）、露骨、沉陷等病害，若不及时修复，将严重影响省道交通的畅通和行车的安全。

表6-12　S22省道历年混合交通量

年　份	2003年	2004年	2005年
混合交通量	5 558辆/d	7 119辆/d	7 457辆/d

图6-12　原路面开裂

考虑到冷再生混合料的成型养护与道路通车的矛盾，同时与热拌混合料路段进行对比，试验路段只做诸暨—东阳方向K9＋780～K10＋700段的右半幅7.5m宽。根据冷再生混合料的试验室性能，结合现场条件，确定试验路采用三种冷再生混合料做下面层，分别是30％RAP普通乳化沥青（基质沥青用70号A级石油沥青）冷再生AC-20混合料，30％RAP改性乳化沥青（基质沥青用SBS Ⅰ-D改性沥青）冷再生AC-20混合料和50％RAP SBS改性乳化沥青（基质沥青用SBS Ⅰ-D改性沥青）冷再生AC-20混合料。由于冷再生混合料在初期强度较低，抗磨耗能力较差，在其上铺筑4cmAC-16热拌沥青混凝土。冷再生混合料由兰亭高科公司生产，采用兰亭高科公司研制的双滚筒再生沥青混凝土拌和设备拌和，拌和场位于兰亭高科公司内，距工地40km。

二、结构方案组合设计

1. 设计依据

《公路工程技术标准》（JTG B01—2003）；

《公路沥青路面设计规范》(JTJ 014—97)；

《公路沥青路面设计规范》(JTG D50—2006)；

诸暨市交通局诸交[2006]7号文件；

绍兴市公路管理处[2006]33号文件。

2. 结构组合设计

(1)设计基本参数

①公路等级:平原微丘,二级公路;

②原路面面层系数1.0、基层系数1.6,路面竣工后第一年日平均当量轴次为300,设计年限内一个车道累计当量轴次129万,设计弯沉值为0.63cm;

③改建路面面层系数1.0、基层系数1.6,设计年限12年,交通增长系数6%,车道系数0.7,路面竣工后第一年日平均当量轴次为600,设计年限内一个车道累计当量轴次258万,设计弯沉值为0.55cm;

④各层结构设计参数依据现场配合比设计结果,如表6-13所示。

表6-13　各层材料抗压模量与劈裂强度参数

混合料类型 / 项目指标	AC-16热拌沥青混凝土	30%RAP普通乳化沥青再生混合料	30%RAP改性乳化沥青再生混合料	50%RAP改性乳化沥青再生混合料
20℃抗压回弹模量M_R(MPa)	1 600	815	1 371	1 510
15℃抗压回弹模量M_R(MPa)	2 400	1 120	2 118	1 787
15℃劈裂抗拉强度σ_{SP}(MPa)	1.0	0.61	0.67	0.67
泊松比μ	0.25	0.25	0.25	0.25

(2)结构组合设计

为了综合评价冷再生混合料的路用性能,冷再生混合料被铺筑在加铺道路的面层,依据本项目《结构组合设计报告》中要求的最小保护层厚度和设计年限内路段累计当量轴次,在冷再生结构层上需要铺筑4cm厚的AC-16热拌沥青混凝土。冷再生结构层与上面层之间、老路面与冷再生结构层之间设置黏层,黏层沥青可用乳化沥青、改性乳化沥青,从而加强路面结构层之间的结合,提高路面结构的整体性,避免产生层间滑移。

现场施工中应用了三种冷再生沥青混合料,30%RAP普通乳化沥青冷再生AC-20混合料,30%RAP改性乳化沥青冷再生AC-20混合料和50%RAP SBS改性乳化沥青冷再生AC-20混合料,依据三种冷再生混合料性能和原路面的破坏形态、弯沉值,将这三种冷再生混合料分别用于 K9+780～K10+250、K10+250～K10+500 和 K10+500～K10+700 路段。中间 K10+000～K10+080 路段是一个三岔路口,考虑到养生与通车间的矛盾,采用热拌沥青混合料铺筑。

(3)冷再生结构层厚度

①K9+780～K10+250 路段:

未改建之前 K9+780～K10+250 路段实测弯沉值如表 6-14 所示。

表 6-14 K9+780～K10+250 路段实测弯沉值

测点位置 / 测点桩号	左侧			右侧		
	初读数 (0.01mm)	终读数 (0.01mm)	回弹弯沉 (0.01mm)	初读数 (0.01mm)	终读数 (0.01mm)	回弹弯沉 (0.01mm)
K9+800	200	154	92	200	156	88
K9+825	200	157	86	200	168	64
K9+850	200	172	56	200	175	50
K9+875	200	168	64	200	168	64
K9+900	200	172	56	200	170	60
K9+925	200	165	70	200	174	52
K9+950	200	145	110	200	172	56
K9+975	200	165	70	200	166	68
K10+000	200	168	64	200	176	48
K10+025	200	170	60	200	168	64
K10+050	200	172	56	200	169	62
K10+075	200	165	70	200	158	84
K10+100	200	180	40	200	168	64
K10+125	200	190	20	200	172	56
K10+150	200	158	84	200	170	60
K10+175	200	165	70	200	172	56
K10+200	200	158	84	200	188	24
K10+225	200	164	72	200	168	64
K10+250	200	135	130	200	172	56

应用统计分析软件计算弯沉值,剔除四个特异点,分别为 130、110、20、24,剩余原路面有效弯沉数 34 个,平均弯沉值 65(0.01mm),弯沉值标准差 12(0.01mm)。则原路面计算弯沉值为:

$$\begin{aligned} l_0 &= (\bar{l}_0 + Z_a S)K_1 K_2 K_3 \\ &= (65 + 1.5 \times 12) \times 1.0 \times 1.0 \times 1.0 = 83(0.01\text{mm}) \end{aligned} \quad (6\text{-}10)$$

式中：l_0——路面计算弯沉，0.01mm；

$\bar{l}_0$——实测弯沉平均值，0.01mm；

S——弯沉值标准差；

Z_a——保证率系数二级路取 1.5；

K_1——季节影响系数，取值 1.0；

K_2——湿度影响系数，取值 1.0；

K_3——温度修正系数，取值 1.0。

原路面当量回弹模量为：

$$E_t = 1\,000\frac{2p\delta}{l_0}m_1m_2 \tag{6-11}$$

$$= 1\,000 \times 2 \times 0.7 \times 10.65 \times 1.1 \times 1.0/83 = 197.6(\text{MPa})$$

式中：E_t——原路面当量回弹模量，MPa；

p——标准车型轮胎接地压强，MPa；

δ——当量圆半径，cm；

l_0——路面计算弯沉，0.01mm；

m_1——轮板对比值，取 1.1；

m_2——原路面当量回弹模量扩大系数，取 1.0。

采用弹性层状体系理论设计程序计算冷再生结构层厚度。计算结果显示冷再生结构层最小厚度为 4.8cm，根据施工需要，设计为 6cm。

②K10＋250～K10＋500 路段：

未改建之前 K10＋250～K10＋500 路段实测弯沉值如表 6-15 所示。

表 6-15　K10＋250～K10＋500 路段实测弯沉值

测点位置 / 测点桩号	左侧			右侧		
	初读数 (0.01mm)	终读数 (0.01mm)	回弹弯沉 (0.01mm)	初读数 (0.01mm)	终读数 (0.01mm)	回弹弯沉 (0.01mm)
K10＋275	200	158	84	200	174	52
K10＋300	200	165	70	200	168	64
K10＋325	200	158	84	200	174	52
K10＋350	200	172	56	200	155	90
K10＋375	200	170	60	200	158	84
K10＋400	200	176	48	200	173	54
K10＋425	200	182	36	200	165	70
K10＋450	200	166	68	200	166	68
K10＋475	200	142	116	200	145	110
K10＋500	200	160	80	200	155	90

应用统计分析软件计算弯沉值，原路面有效弯沉数 20 个，平均弯沉值 71.8(0.01mm)，弯沉值标准差 20.5(0.01mm)。按式(6-10)和式(6-11)计算，原路面计算弯沉值 102.5(0.01mm)，当量回弹模量为 160MPa。

采用弹性层状体系理论设计程序计算冷再生结构层厚度。计算结果显示冷再生结构层最小厚度为 5.8cm，设计为 6cm。

③K10＋500～K10＋700 路段：

未改建之前 K10＋500～K10＋700 路段实测弯沉值如表 6-16 所示。

表 6-16　K10＋500～K10＋700 路段实测弯沉值

测点位置 / 测点桩号	左侧			右侧		
	初读数 (0.01mm)	终读数 (0.01mm)	回弹弯沉 (0.01mm)	初读数 (0.01mm)	终读数 (0.01mm)	回弹弯沉 (0.01mm)
K10＋525	200	145	110	200	135	130
K10＋550	200	165	70	200	145	110
K10＋575	200	152	96	200	155	90
K10＋600	200	155	90	200	162	76
K10＋625	200	139	122	200	153	94
K10＋650	200	140	120	200	148	104
K10＋675	200	139	122	200	146	108
K10＋700	200	145	110	200	154	92
K10＋725	200	155	90	200	164	72
K10＋750	200	155	90	200	158	84

应用统计分析软件计算弯沉值，原路面有效弯沉数 20 个，平均弯沉值 99(0.01mm)，弯沉值标准差 17.3(0.01mm)。按式(6-10)和式(6-11)计算，原路面计算弯沉值 125.3(0.01mm)，当量回弹模量为 130.9MPa。

采用弹性层状体系理论设计程序计算冷再生结构层厚度。计算结果显示冷再生结构层最小厚度为 7.6cm，考虑到施工与路面高程的一致性，设计为 6cm。

3. 结构组合设计方案示意图

结构组合设计示意图如图 6-13 所示。

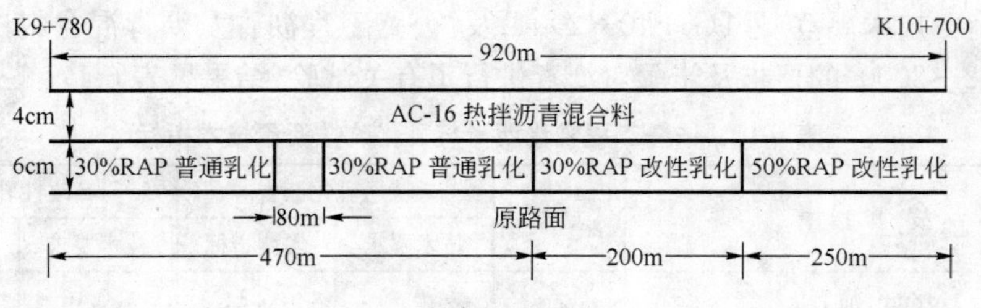

图 6-13　试验路路面结构示意图

三、试验路混合料配合比设计及性能检验

冷再生沥青混合料的应用在国内尚属于一个较新的课题，我国现有的规范及技术要求对冷再生混合料的配合比设计还没有一个统一的、明确的方法，考虑到现场试验的时间限制和试验条件限制，在参考国内外相关资料及以往大量室内试验经验的基础上，提出了在进行级配设计时将旧沥青路面材料视为“黑石头”。制作试件时，除另有说明外，试件制作方法如下：首先在矿物集料中加入适量的水，拌和均匀，使集料表面完全湿润；再注入适量的乳化沥青，在1min内拌和均匀，使混合料成褐色；然后将混合料装入试模，击实成型。图6-14所示为拌和混合料、装入试模的过程。混合料的击实在乳化沥青破乳前进行，先两面各击实50次，连同试模横向放置24h，再两面各击实25次，脱模，然后养生。

图6-14　冷再生混合料拌和、装模

冷再生沥青混合料的配合比设计主要包括原材料评价、级配设计、最佳含水量和最佳用油量四个方面的内容。

1. 原材料试验

原材料试验包括乳化沥青与集料。乳化沥青由兰亭高科公司生产，共有两种，分别是普通乳化沥青和SBS改性乳化沥青。集料包括新集料和旧沥青路面材料。

(1)乳化沥青

在此次依托项目中共用到两种乳化沥青，分别是普通乳化沥青(基质沥青用70号A级)和SBS改性乳化沥青，由兰亭高科公司生产。混合料试验前，按照《公路沥青路面施工技术规范》(JTG F40—2004)及《公路工程沥青及沥青混合料试验规程》(JTJ 052—2000)的要求及步骤对沥青进行了有关试验，结果见表6-17。

表6-17　依托工程乳化沥青与乳化改性沥青技术指标

技术指标	单位	普通乳化沥青		SBS改性乳化沥青	
		技术要求	实测指标	技术要求	实测指标
1.18mm筛上余量	%	≤0.01	0.1	≤0.01	0.1
电荷		阳离子	阳离子	阳离子	阳离子

续上表

技术指标		单位	普通乳化沥青		SBS改性乳化沥青	
			技术要求	实测指标	技术要求	实测指标
道路标准黏度 $C_{25,3}$		s	10～20	12	10～20	11
破乳速度			慢裂	慢裂	慢裂	慢裂
贮存稳定性	1d	%	≤1	0.3	≤1	0.2
	5d		≤5	4.1	≤5	3.6
蒸发残留物性质	蒸发残留物含量	%	≥55	56.8	≥55	55
	针入度	0.1mm	60～80	80	40～60	51
	延度(15℃)	cm	≥100	90	—	—
	延度(5℃)	cm	—	—	≥25	28
	溶解度	%	97.5	98.7	97.5	98
	软化点	℃	≥46	46.1	≥65	78.5
与矿料的黏附性			≥2/3	—	≥2/3	—
拌和试验			合格	合格	合格	合格

从表中可以看出，乳化沥青的总体质量良好，只有个别指标与技术要求有较小的差别。

(2)集料

集料包括新集料和旧沥青路面材料。粗细新集料均为石灰岩，来自诸暨山下湖石料场，不同规格新集料颗粒级配采用《公路工程集料试验规程》(JTJ 058—2000)中的T0302“粗集料筛分试验”、0327“细集料筛分试验”测定。粗、细新集料的技术指标满足规范一般要求。由于新集料中含有足够的细颗粒成分，无需额外矿物填料。旧沥青路面材料来自上三高速路面铣刨料，在级配设计中，旧沥青路面材料将作为“黑石头”，因此材料级配采用《公路工程集料试验规程》(JTJ 058—2000)中的T0302“粗集料筛分试验”、0327“细集料筛分试验”测定。对旧沥青化程度。粗、细新集料和旧沥青路面材料的级配见表6-18，旧沥青性质见表6-19。在表6-19中还表示出了旧沥青路面材料按T0725沥青混合料的矿料级配检验方法确定的颗粒级配。

表6-18　粗、细新集料和旧沥青路面材料的级配

矿料名称		旧沥青路面材料		1号新集料	3号新集料	4号新集料
		水洗级配	抽提后级配			
通过右边各筛孔(mm)的质量百分率(%)	26.5	100	100	100	100	100
	19	91.8	100.0	63.4	100	100
	16	83.2	98.5	36.6	100	100
	13.2	72.7	92.8	14.4	99.5	100
	9.5	56.2	80.4	2.1	65.5	100

续上表

矿料名称		旧沥青路面材料		1号新集料	3号新集料	4号新集料
		水洗级配	抽提后级配			
通过右边各筛孔(mm)的质量百分率(%)	4.75	31.5	59.9	1.7	12.4	78.7
	2.36	15.6	42.3	1.6	6.6	50.7
	1.18	8.3	32.2	1.5	5.2	36.0
	0.6	4.6	23.3	1.4	4.3	25.2
	0.3	3.3	16.8	1.3	3.6	18.0
	0.15	3.0	13.2	1.2	3.3	15.0
	0.075	2.8	8.5	1.2	2.8	11.9
	0	0.0	0.0	0.0	0.0	0.0

表 6-19　旧料中抽提沥青性质

指　　标	单　　位	实测结果	试验方法
旧路面材料中沥青含量	%	4.3	T0722
针入度 25℃,100g,5s	0.1mm	29	T0604
延度 10℃,5cm/min	cm	19	T0605
延度 15℃,5cm/min	cm	43	T0605
软化点 $T_{R\&B}$	℃	56.5	T0606
布氏旋转黏度 135℃	Pa·s	0.86	T0625
60℃动力黏度	Pa·s	891.3	T0620

2. 级配设计

根据材料的筛分结果,选定三种新集料和一种旧沥青路面材料的不同掺配比例,合成满足 AC-20 密级配要求的 30%RAP 冷再生沥青混合料和 50%RAP 冷再生沥青混合料,如表 6-20 所示,级配曲线如图 6-15 所示。

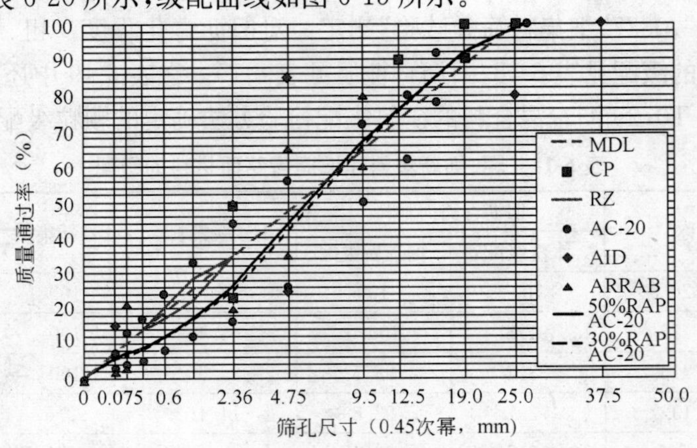

图 6-15　试验路冷再生沥青混合料设计级配

表 6-20　试验路冷再生沥青混合料设计级配

矿料名称		RAP料	1号新集料	3号新集料	4号新集料	30%RAP设计级配	50%RAP设计级配
30%RAP配合比		30%	16%	16%	38%		
50%RAP配合比		50%	10%	5%	35%		
通过右边各筛孔(mm)的质量百分率(%)	26.5	100	100	100	100	100	100
	19	91.8	63.4	100	100	91.7	92
	16	83.2	36.6	100	100	84.8	85.2
	13.2	72.7	14.4	99.5	100	78.0	77.8
	9.5	56.2	2.1	65.5	100	65.7	66.6
	4.75	31.5	1.7	12.4	78.7	41.6	44.1
	2.36	15.6	1.6	6.6	50.7	25.3	26.1
	1.18	8.3	1.5	5.2	36.0	17.2	17.2
	0.6	4.6	1.4	4.3	25.2	11.9	11.5
	0.3	3.3	1.3	3.6	18.0	8.6	8.3
	0.15	3.0	1.2	3.3	15.0	7.3	7.0
	0.075	2.8	1.2	2.8	11.9	6.0	5.8
	0	0.0	0.0	0.0	0.0	0.0	0

3. 混合料最佳用水量

冷再生沥青混合料是冷拌冷铺，水的作用一方面是为了使集料与乳化沥青充分拌和，防止乳化沥青过早破乳，另一方面是为了压实混合料。但是过高的用水量，会使养生时间增长，并影响混合料压实，因此，确定最佳用水量是以密度的最大值作为标准。试验中，试件的成型脱模后，放置60℃的烘箱中养生3d，然后测定试件的表干密度判断混合料的压实程度，从而得出最佳用水量。在这一阶段，预估油石比可根据集料表面积法计算确定，或通过经验估计最佳油石比。由于最佳含水量主要与级配相关，乳化沥青种类的差别对其影响较小，因此试验中只选取了具有代表性的30%RAP AC-20普通乳化沥青冷再生混合料和50%RAP AC-20改性乳化沥青冷再生混合料做最佳用水量试验，这两种冷再生混合料预估油石比均用3.0%。试验结果分别如表6-21、图6-16和表6-22、图6-17所示。根据表与图所示的试验结果，确定30%RAP AC-20普通乳化沥青冷再生混合料的最佳用水量为6.2%，50%RAP AC-20改性乳化沥青冷再生混合料的最佳用水量为6.0%。

表 6-21　30%RAP AC-20 普通乳化沥青冷再生混合料最佳用水量试验

含水量(%)	4.0	5.0	6.0	7.0
毛体积相对密度	2.214	2.258	2.303	2.283

表 6-22　50%RAP AC-20 改性乳化沥青冷再生混合料最佳含水量试验

含水量(%)	4.0	5.0	6.0	7.0
毛体积相对密度	2.126	2.184	2.202	2.183

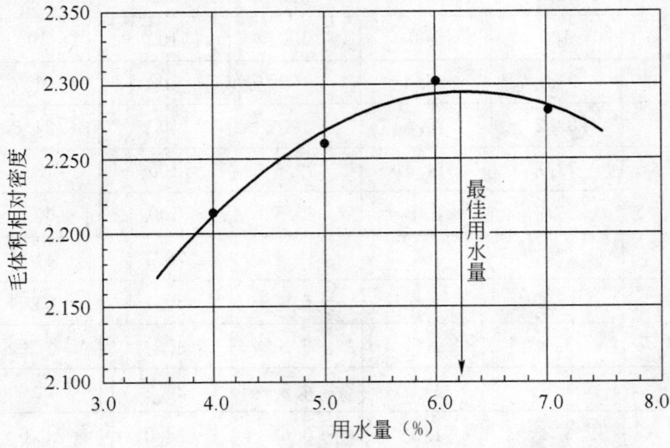

图 6-16　30%RAP AC-20 普通乳化沥青冷再生混合料最佳用水量曲线

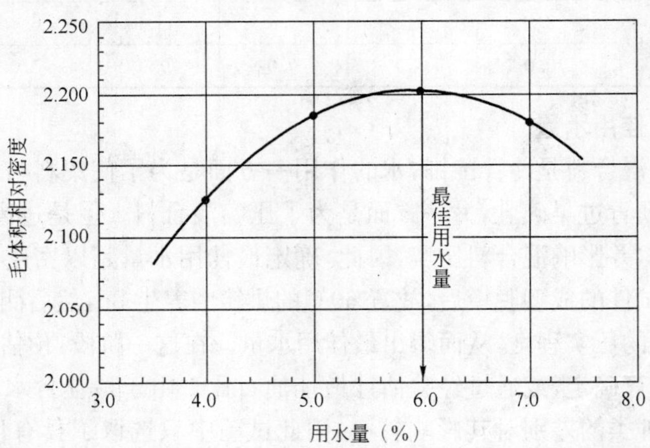

图 6-17　50%RAP AC-20 改性乳化沥青冷再生混合料最佳用水量曲线

4. 混合料最佳油石比

在此次配合比试验中，再生混合料以强度作为控制指标来确定最佳油石比，考虑到现场条件的试验限制，试验过程中以浸水 2h 后的 25℃劈裂强度（干劈裂）和浸水 24h 后的 25℃劈裂强度（湿劈裂）作为控制指标，分别计算干劈裂强度和湿劈裂强度的峰值所对应的油石比，取其平均值作为冷再生沥青混合料的最佳油石比。试件的成型方法如前所述，用水量采用确定的相应最佳用水量。在此次试验中，对两种级配与两种乳化沥青所组成的四种混合料都进行了试验，四种冷再生混合料的试验结果如图 6-18～图 6-21 和表 6-23～表 6-26 所示。

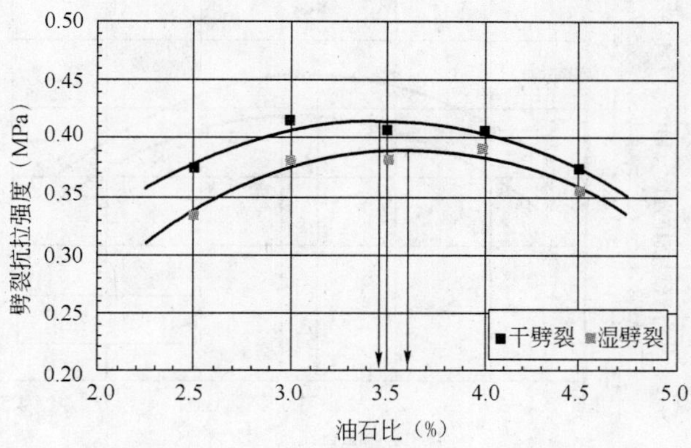

图 6-18　30%RAP 普通乳化沥青混合料 25℃劈裂试验结果示意图

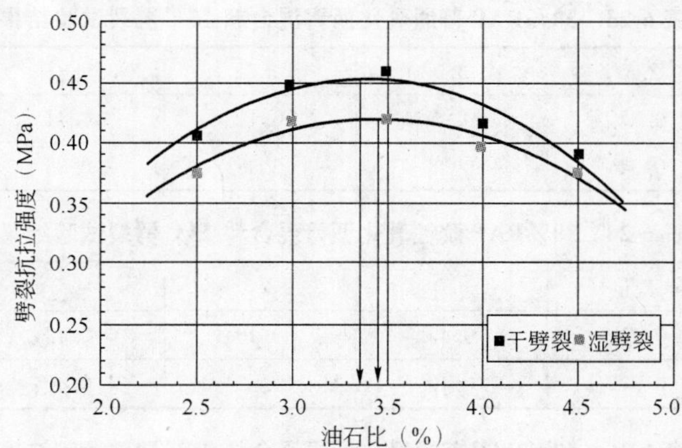

图 6-19　30%RAP 改性乳化沥青混合料 25℃劈裂试验结果示意图

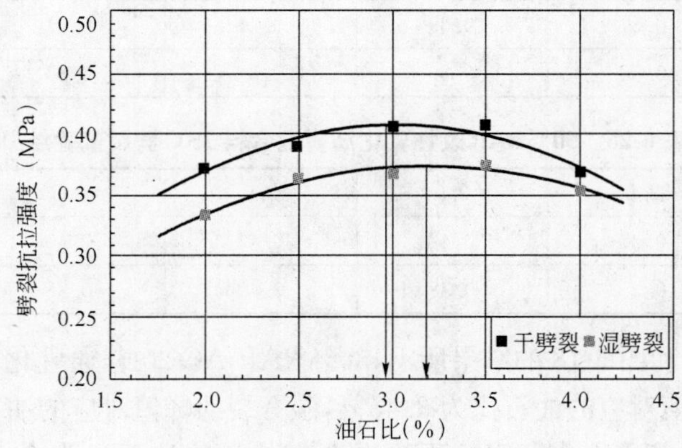

图 6-20　50%RAP 普通乳化沥青混合料 25℃劈裂试验结果示意图

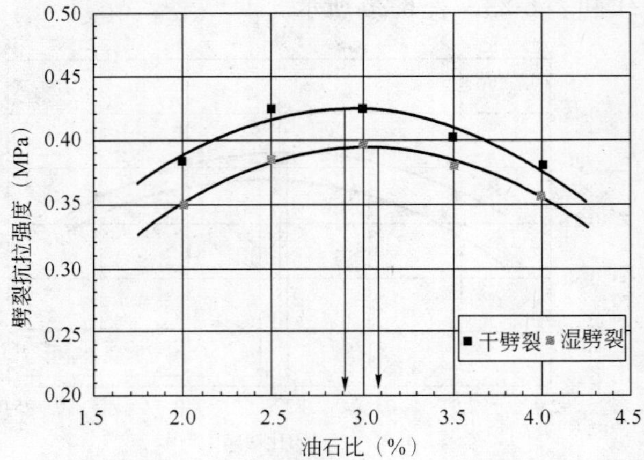

图 6-21　50%RAP 改性乳化沥青混合料 25℃劈裂试验结果示意图

表 6-23　30%RAP 普通乳化沥青混合料 25℃劈裂试验结果

油石比(%)		2.5	3.0	3.5	4.0	4.5
ITS	干	0.37	0.42	0.41	0.41	0.37
	湿	0.34	0.38	0.38	0.39	0.36

表 6-24　30%RAP 改性乳化沥青混合料 25℃劈裂试验结果

油石比(%)		2.5	3.0	3.5	4.0	4.5
ITS	干	0.41	0.45	0.46	0.42	0.37
	湿	0.37	0.42	0.42	0.40	0.36

表 6-25　50%RAP 普通乳化沥青混合料 25℃劈裂试验结果

油石比(%)		2.0	2.5	3.0	3.5	4.0
ITS	干	0.37	0.39	0.41	0.41	0.37
	湿	0.33	0.36	0.37	0.37	0.36

表 6-26　50%RAP 改性乳化沥青混合料 25℃劈裂试验结果

油石比(%)		2.0	2.5	3.0	3.5	4.0
ITS	干	0.38	0.42	0.42	0.40	0.38
	湿	0.35	0.38	0.40	0.38	0.36

根据表 6-23 和图 6-18 的结果所示，30%RAP AC-20 普通乳化沥青冷再生混合料的干劈裂的峰值对应的油石比为 3.45%，湿劈裂的峰值对应的油石比为 3.6%，故 30%RAP AC-20 普通乳化沥青冷再生混合料的最佳油石比为 3.5%。同样可得，30%RAP AC-20 改性乳化沥青冷再生混合料、50%RAP AC-20 普通乳化沥青冷再

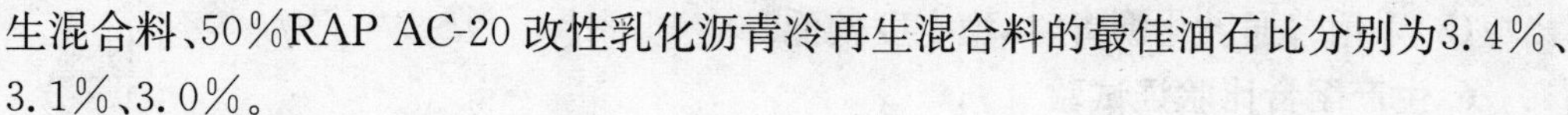

生混合料、50%RAP AC-20 改性乳化沥青冷再生混合料的最佳油石比分别为3.4%、3.1%、3.0%。

5. 混合料性能试验

在确定最佳用水量和最佳油石比后，进一步对冷再生混合料在最佳用水量和最佳油石比下各方面的性能指标进行验证。主要试验包括马歇尔试验、浸水马歇尔试验、劈裂试验、冻融劈裂试验、车辙试验、抗压回弹模量试验和理论最大相对密度试验。马歇尔试验和浸水马歇尔试验的试件成型方法如前文所述。为了与规范接轨，劈裂试验和冻融劈裂试验的成型方法为双面击实 50 次，室内放置 1d 后脱模。

混合料的性能指标汇总在表 6-27，从表可见，与热拌沥青混合料性能相比，冷再生混合料的性能较差，主要表现为：

表 6-27　冷再生混合料性能指标汇总表

技术指标	30%RAP 普通乳化沥青混合料	30%RAP 改性乳化沥青混合料	50%RAP 普通乳化沥青混合料	50%RAP 改性乳化沥青混合料
最佳沥青用量(%)	3.5	3.4	3.1	3.0
最佳用水量(%)	6.2	6.2	6.0	6.0
毛体积相对密度	2.289	2.285	2.278	2.272
理论最大相对密度	2.581	2.572	2.578	2.578
空隙率（%）	11.3	11.2	11.6	11.9
稳定度(kN)	6.29	9.05	5.23	7.87
残留稳定度(%)	83	70	76	66
15℃劈裂强度(MPa)	0.61	0.67	0.59	0.67
−10℃劈裂强度(MPa)	1.10	1.16	0.97	1.13
25℃劈裂强度(MPa)	0.42	0.47	0.40	0.43
冻融劈裂强度比(%)	60	57	60	59
60℃动稳定度(次/mm)	6533	8333	2819	4615
15℃抗压强度(MPa)	2.87	3.11	2.65	2.73
15℃抗压回弹模量(MPa)	1120	2118	995	1787
20℃抗压强度(MPa)	2.22	2.15	2.09	2.06
20℃抗压回弹模量(MPa)	815	1371	865	1510

(1)空隙率过高，是普通热拌沥青混合料的三倍左右；

(2)冻融劈裂强度值过低，水稳定性不好，建议施工时添加抗剥落剂或石灰、水泥等无机添加剂；

(3)采用普通乳化沥青时,稳定度较低。

6. 生产配合比验证试验

根据混合料的性能,最后确定采用 30%RAP 普通乳化再生沥青混合料,30%RAP 改通乳化再生沥青混合料和 50%RAP 改性乳化再生沥青混合料三种混合料。在施工过程中,对混合料进行了检查,主要内容包括级配、用水量、油石比,还在室内做了相应的试件,测定这三种冷再生混合料的性能。检测的结果见表 6-28～表 6-31,从表中数据可以看出,厂拌冷再生混合料的级配控制较好,但是由于乳化沥青和水计量装置精度的限制,实际油石比和用水量与目标值偏差较大,直接影响了冷再生混合料的力学性能,也影响冷再生混合料路面的压实和养生,从而会影响路面的使用性能。

表 6-28 冷再生混合料用水量检测

冷再生混合料类型	实测用水量(%)	设计用水量值(%)
30%RAP AC-20 普通乳化沥青冷再生混合料	6.3	6.2
30%RAP AC-20 改性乳化沥青冷再生混合料	6.1	6.2
50%RAP AC-20 改性乳化沥青冷再生混合料	6.2	6.0

表 6-29 冷再生混合料油石比检测

冷再生混合料类型	实测油石比(%)	设计油石比(%)
30%RAP AC-20 普通乳化沥青冷再生混合料	5.0	5.0
30%RAP AC-20 改性乳化沥青冷再生混合料	4.3	5.0
50%RAP AC-20 改性乳化沥青冷再生混合料	6.3	5.6

表 6-30 配合比级配检测

混合料类型		30%RAP 乳化沥青混合料			50%RAP 改性乳化沥青混合料		
		设计值	检测值	差值	设计值	检测值	差值
通过右边各筛孔(mm)的质量百分率(%)	26.5	100	100.0	0.0	100.0	100.0	0.0
	19	91.7	96.0	−4.3	92.0	95.6	−3.6
	16	84.8	88.8	−4.0	85.2	90.3	-5.1
	13.2	78.0	81.3	-3.3	77.8	84.0	-6.2

续上表

混合料类型		30%RAP 乳化沥青混合料			50%RAP 改性乳化沥青混合料		
		设计值	检测值	差值	设计值	检测值	差值
通过右边各筛孔(mm)的质量百分率(%)	9.5	65.7	70.0	−4.3	66.6	73.1	−6.5
	4.75	41.6	45.2	−3.6	44.1	47.9	−3.8
	2.36	25.3	25.2	0.2	26.1	26.6	−0.5
	1.18	17.2	16.5	0.8	17.2	16.7	0.5
	0.6	11.9	10.7	1.2	11.5	10.2	1.3
	0.3	8.6	7.3	1.3	8.3	6.8	1.5
	0.15	7.3	6.0	1.3	7.0	5.7	1.3
	0.075	6.0	5.1	0.9	5.8	4.8	1.0
	0	0.0	0.0	0.0	0.0	0.0	0.0

表 6-31　冷再生混合料性能试验结果

混合料类型	毛体积相对密度	孔隙率(%)	稳定度(kN)	残留稳定度(%)	TSR(%)	15℃劈裂强度(MPa)	25℃干劈裂强度(MPa)	25℃湿劈裂强度(MPa)
30%RAP AC-20 普通乳化沥青冷再生混合料	2.332	9.8	8.56	68.0	55.5	0.623	0.483	0.349
30%RAP AC-20 改性乳化沥青冷再生混合料	2.332	10.4	8.72	72.2	63.4	0.615	0.460	0.407
50%RAP AC-20 改性乳化沥青冷再生混合料	2.255	9.8	7.12	61.9	64.0	0.621	0.412	0.376

四、施工情况

试验路段冷再生结构层的施工开始时间为 2006 年 11 月 11 日，结束于 11 月 13 日，在 11 月 15 日摊铺上面层。冷再生混合料由浙江兰亭高科公司生产，诸暨公路段施工。位于冷再生路段左半幅的热拌沥青混合料路面和试验路段热拌沥青混合料上面层由诸暨公路段施工。施工过程相关资料见图 6-22～图 6-24。

在施工中，用兰亭公司生产的乳化沥青拌制的冷再生混合料，从开始拌和到摊铺碾压完的时间为 2～4h，在此时间内混合料未见完全破乳和结块现象，满足施工要求。

图 6-22　路面摊铺

图 6-23　路面压实

五、检测结果

路面自 2006 年 11 月完工以来，已通车将近一年时间，路面运营状况良好，基本无车辙、裂缝、坑洞等病害。在这一年期间共进行了三次检测，检测内容主要是弯沉、平整度。

图 6-24　压实后的冷再生路面

1. 弯沉

弯沉检测结果如表 6-32 所示。基本满足设计要求，而与左半幅全部热拌沥青混合料路面对比来看，并无显著差别。

表 6-32　弯沉检测综合数据结果

结构层类型	检测时间	平均值 (0.01mm)	标准差 (0.01mm)	代表值 (0.01mm)	设计值 (0.01mm)
30% RAP AC-20 普通乳化沥青冷再生混合料下面层	2006 年 11 月	46.6	4.2	52.9	55.0
	2007 年 6 月	41.8	7.4	52.9	
	2007 年 7 月	33.4	9.6	47.8	
30% RAP AC-20 改性乳化沥青冷再生混合料下面层	2006 年 11 月	45.3	2.1	48.4	
	2007 年 6 月	41.4	7.9	53.2	
	2007 年 7 月	33.4	9.6	47.8	
50% RAP AC-20 改性乳化沥青冷再生混合料下面层	2006 年 11 月	46.2	4.1	52.4	
	2007 年 6 月	47.5	7.9	59.4	
	2007 年 7 月	33.4	9.6	48.1	
K10＋000～K10＋780 左半幅热拌 AC-20 下面层	2006 年 11 月	45.6	3.2	50.4	
	2007 年 6 月	43.3	9.4	57.4	
	2007 年 7 月	35.3	6.7	45.4	

2. 平整度

平整度检测结果如表 6-33 所示，从表中可见，各路段的平整度都较好，满足规范要求，与右半幅相比无显著差别。

表 6-33　平整度检测综合数据结果

结构层类型	检测时间	平均值	标准差	变异系数	合格率
30%RAP AC-20 普通乳化沥青冷再生混合料　下面层	2007 年 6 月	2.5	0.97	38.8	100.0
30%RAP AC-20 改性乳化沥青冷再生混合料　下面层	2007 年 6 月	2.7	0.77	28.5	100.0
50%RAP AC-20 改性乳化沥青冷再生混合料　下面层	2007 年 6 月	2.7	0.75	27.8	100.0
K10＋000～K10＋780 左半幅热拌 AC-20　下面层	2007 年 6 月	2.1	0.52	24.8	100.0

小　结

厂拌冷再生沥青路面是大量处理旧沥青路面材料的有效再生方法。本章对厂拌冷再生沥青路面设计与施工工艺等进行了系统的研究与归纳总结，采用工程实例对厂拌冷再生沥青路面结构类型、结构厚度确定、厂拌冷再生沥青混合料类型选择、配合比设计方法、路面性能检测与评价等进行说明。

参考文献

[1] 中华人民共和国交通行业标准 JTG D5—2006 公路沥青路面设计规范[S]. 北京：人民交通出版社,2006.

[2] 中华人民共和国交通行业标准 JTG F40—2004 公路沥青路面施工技术规范[S]. 北京：人民交通出版社,2004.

[3] 中华人民共和国交通行业标准 JTJ 073.2—2001 公路沥青路面养护技术规范[S]. 北京：人民交通出版社,2001.

[4] 中华人民共和国交通行业标准 JTJ 076—95 公路工程施工安全技术规程[S]. 北京：人民交通出版社,1995.

[5] 中华人民共和国交通行业标准 JTG E42—2005 公路工程集料试验规程[S]. 北京:人民交通出版社,2005.

[6] 中华人民共和国交通行业标准 JTJ 052—2000 公路工程沥青及沥青混合料试验规程[S]. 北京：人民交通出版社,2000.

[7] 中华人民共和国交通行业标准 JTG F80—2004 公路工程质量检验评定标准[S]. 北京：人民交通出版社,2004.

[8] 中华人民共和国行业标准 CJJ 43—91 热拌再生沥青混合料路面施工及验收规程. 北京:中国建筑工业出版社,1991.

[9] 美国地沥青协会著. 唐质勇译. 沥青热拌再生利用[M]. 北京:人民交通出版社,1988.

[10] 美国沥青再生协会. 深圳海川工程科技有限公司. 美国沥青再生指南[M]. 北京:人民交通出版社,2006.

[11] 日本道路协会. 王元勋,张文魁. 日本路面废料再生利用技术指南[M]. 北京:人民交通出版社,1985.

[12] 吕伟民,严家伋. 沥青路面再生技术[M]. 北京:人民交通出版社, 1989.

[13] 冯忠绪. 欧洲道路维护再生设备现状[R]. 长安大学.

[14] 李世坤. 沥青再生设备[J]. 筑路机械与施工机械化,2003(2).

[15] 陈启宗. 连续式沥青搅拌设备与我国沥青路面再生技术的发展[J]. 工程机械,2001 (5).

[16] 陈启宗. "工厂热法"沥青混凝土路面再生技术[J]. 工程机械,2001(5).

[17] 孙祖望. 沥青路面再生技术与设备的发展[J]. 公路养护,2006(1).

[18] 孙祖望. 连续式沥青混合料搅拌工艺的发展与新型的双滚筒搅拌设备[J]. 建筑机械,1999(4).

[19] 孙祖望,等. 连续计量系统的工作原理及其在连续式沥青搅拌设备使用上的要求[J]. 筑路机械与施工机械化,1996(5).

[20] 徐文山,刘益民,肖羽中.国内外沥青路面铣刨机的发展概况[J].筑路机械与施工机械化,2001,18(6).

[21] 王黎宏.我国路面铣刨机的发展现状与机遇[J].筑路机械与施工机械化,2004,21(1).

[22] 黄晓明,赵永利,江臣,等. 沥青路面再生利用试验分析[J]. 岩土工程学报,2001(7).

[23] 石红星.沥青混合料中沥青含量的几种测定方法[J].国外公路,1999(4).

[24] 李建才.沥青回收与再生[J].东北公路,2001(4).

[25] 吴少鹏,黄晓明,赵永利. 路用沥青再生剂的研究[J]. 外国建材科技,2001.(22).

[26] 沈国印. 沥青混凝土路面再生利用试验分析[J]. 公路,2003(5).

[27] BernardF. Kallas. Flexible Pavement Mixture DesignUsingReclaimedAsphaltConcrete[R]. October1984. AIRR-84-2.

[28] Peformance of Recycled Hot Mix Asphalt Mixtures. by Prithvi S. Kandhal Shridar S. Rao Donald E. Watson Brad Young. NCAT Report NO. 95-1.

[29] Pavement Maintenance and Repair Manuals. Federal Highway Administration (FHWA). 2001.

[30] Recommended Use of Reclaimed Asphalt Pavement in the Superpave Mix Design Method, NCHRP Web Document 30(Project D9-12): Contractor's Final Report , October 2001.

[31] 黄建跃,等. 谈发展沥青再生技术的几个关键问题[J]. 公路,2003(8).

[32] 翁大庆,等. 旧沥青混合料再生利用技术的探索与实践[J]. 公路,2002(7).

[33] Asphalt Recycling and Reclaiming Association[M]. Guide Specifications for Cold Planing. Annapolis, Maryland, 1999.

[34] 聂忆华,张起森.旧沥青混合料性能差异性分析方法及其回收质量控制措施[R].第四届亚太可持续发展会议论文集,2005.11.

[35] 杨平,聂忆华,查旭东. 旧沥青路面材料再生利用调查和评价[J]. 中外公路,2001(4).

[36] 王欣,何文峰,等. 旧沥青路面混合料检测及其性能评价[J]. 广东公路交通,2003(3).

[37] 李从光. 旧沥青混合料再生利用技术探索与实践[J]. 筑路机械与施工机械化,2002(19).

[38] 李永乐,等. 应用数理统计[M]. 长沙：国防科技大学出版社,1995.

[39] 王欣,刘先森. 厂拌热再生沥青混合料配合比设计[J]. 中外公路,2003(23):95-99.

[40] 季节,高建立,罗晓辉,等. 热再生沥青混合料的配合比设计[J]. 公路,2004(3).

[41] 吴平,崔鹏,谢军. APA 沥青混合料疲劳性能试验研究[J]. 中外公路,2006(3).

[42] 葛折圣. 沥青混合料疲劳性能研究[D]. 南京:东南大学交通学院,2001.

[43] 沈金安. 沥青及沥青混合料路用性能[M]. 北京:人民交通出版社,2001.

[44] 张俊标,王绍怀,张肖宁. APA 评价再生沥青混合料路用性能[J]. 石油沥青,2005(3).

[45] 刘先淼,等. 热再生沥青路面耐久性述评[J]. 中外公路,2003(1).

[46] 刘登普. 高等级沥青路面再生技术及施工[J]. 湖南交通科技,2002(6).

[47] 胡旭东. 旧沥青路面结合料的回收工艺与再生[D]. 长沙理工大学硕士论文,2007.

[48] 杨平. 沥青路面厂拌热再生利用研究[D]. 长沙理工大学硕士论文,2005.

[49] 范勇军. 高等级公路沥青路面厂拌热再生技术研究[D]. 长沙理工大学硕士论文,2007.

[50] 张辉. 沥青路面热再生技术研究. 长安大学硕士论文,2006.

[51] 再生沥青路面长期使用后的状况[J]. 国外公路,1991(2).

[52] Asphalt Recycling and Reclaiming Association (ARRA). Guidelines for Cold In-place Recycling [M]. ARRA, Annapolis, MD, 1991.

[53] National Center for Asphalt Technology (NCAT), Participant's Reference Book. Pavement Recycling Guidelines for State and Local Governments [R]. U. S. Department of Transportation, Federal Highway Administration, Publication No. FHWA-SA-98-042, 1997.

[54] 拾方治, 李秀君, 孙大权, 吕伟民. 冷再生沥青混合料设计方法概述 [J]. 公路, 2004, (11): 102-107.

[55] American Association of State Highway and Transportation Officials (AASHTO). Specification for SuperpaveTM Volumetric Mix Design: Designation MP2-97 [S]. AASHTO, Washington D. C.

[56] Asphalt Institute (AI). Asphalt Cold-mix Recycling. AI Manual Series No. 21 (MS-21) [M], 1983 First Edition, 1998 Printing, Lexington, KY.

[57] 交通部阳离子乳化沥青课题协作组. 阳离子乳化沥青路面 (修订版) [M]. 北京: 人民交通出版社, 1998.

[58] 吕伟民. 沥青混合料设计原理与方法 [M]. 上海：同济大学出版社，2001.

[59] Hodgkinson, A., and A. T. Visser. The Role of Fillers and Cementitious Binders when Recycling with Foamed Bitumen or Bitumen Emulsion [C]. Proceedings of the 8th Conference on Asphalt Pavements for Southern Africa (CAPSA'04), Sun City, South Africa, September 2004.

[60] 拾方治，赫振华，吕伟民，等. 泡沫沥青混合料设计方法的试验研究 [J]. 公路交通科技，2004，21(10)：1-4.

[61] American Association of State Highway and Transportation Officials (AASHTO). 1993 AASHTO Guide for Design of Pavement Structures [M]. AASHTO, Washington D. C.

[62] Liebenberg, J. J. E., and Visser A. T. Towards a Mechanistic Structural Design Procedure for Emulsion-treated Base Layers [J]. Journal of the South African Institution of Civil Engineering, 2004, 43(6): 2-8.

[63] Yoder, E. J., and Witczak M. W. Principles of Pavement Design (Second Edition) [M]. John Wiley & Sons, Inc., 1975.

[64] 肖杰. 乳化沥青冷再生混合料设计方法与使用性能研究 [D]. 湖南大学土木工程学院，2007.

[65] 曾梦澜，肖杰，吴超凡，等. 冷再生沥青混合料 RAP 含量对使用性能的影响 [J]. 中南公路工程，2007，32(2)：27-31.

[66] 董平如. 京津塘高速公路沥青路面就地热再生技术[J]. 西部交通科技，2006 年增刊.

[67] 2005 年公路水路交通行业发展统计公报[R]. 中华人民共和国交通部.

[68] 2004 年公路水路交通行业发展统计公报[R]. 中华人民共和国交通部.

[69] 2003 年公路水路交通行业发展统计公报[R]. 中华人民共和国交通部.

[70] 2003 年公路水路交通行业发展统计公报[R]. 中华人民共和国交通部.

[71] 2001 年公路水路交通行业发展统计公报[R]. 中华人民共和国交通部.

[72] 2000 年中国统计年鉴[R]. 中华人民共和国交通部.